青春语文
课堂微镜头20例

刘艳红／著

哈尔滨出版社
HARBIN PUBLISHING HOUSE

图书在版编目（CIP）数据

青春语文课堂微镜头 20 例 / 刘艳红著. -- 哈尔滨：哈尔滨出版社，2023.6
　ISBN 978-7-5484-7284-1

Ⅰ. ①青… Ⅱ. ①刘… Ⅲ. ①中学语文课－课堂教学－教案(教育) Ⅳ. ①G633.302

中国国家版本馆 CIP 数据核字（2023）第 100364 号

书　　名：青春语文课堂微镜头 20 例
QINGCHUN YUWEN KETANG WEI JINGTOU 20 LI

作　　者：刘艳红　著
责任编辑：赵　芳
封面设计：树上微出版

出版发行：哈尔滨出版社（Harbin Publishing House）
社　　址：哈尔滨市香坊区泰山路 82-9 号　邮编：150090
经　　销：全国新华书店
印　　刷：武汉市籍缘印刷厂
网　　址：www.hrbcbs.com
E-mail：hrbcbs@yeah.net
编辑版权热线：（0451）87900271　87900272

开　　本：710mm×1000mm　1/16　印张：15.75　字数：241 千字
版　　次：2023 年 6 月第 1 版
印　　次：2023 年 6 月第 1 次印刷
书　　号：ISBN 978-7-5484-7284-1
定　　价：78.00 元

凡购本社图书发现印装错误，请与本社印制部联系调换。
服务热线：（0451）87900279

序1 在"微镜头"里实现人生的"大追求"

王君

一

我们的"语文湿地",是一个一线名师云集的地方。近十年来,老师们在这个平台上打造自己专业成长的王国。借由这个平台,发现自我,成长自我。

近几年来,在"语文湿地",有一个栏目深深地吸引着我,感动着我。

这个栏目叫"课堂微镜头"。

这个栏目的作者,就是这本书的作者,刘艳红老师。

教师的专业成长有各种路径,但万千路径中,最基础的,最高端的,都是"课堂"。说其"基础",是因为课堂是教师工作的第一主阵地,是教师迈出成长步履的第一步,是第一个修炼场。说"高端",是指教师在教育的各种现场经历了千锤百炼之后,最后是一定会回到"课堂"接受检验的。最能够体现教师的专业素养的,最能够表现教师的专业格局的,最能够印证教师的专业水平的,还是"课堂"。

当一个教师,有心力、有精力、有目标地聚焦"课堂",创造不断,持续输出的时候,我们几乎大概可以肯定:她正在专业发展的高潮之中,她正在享受着作为教师最纯粹、最热烈的幸福。

我们的艳红老师,就是这样的一位幸福的老师。

而她的这个课堂研究栏目,我最感慨和最欣赏的,还有那个"微镜头"的"微"字。为什么呢?因为,"微"就是艳红老师的行动方针,是她自己的教科研逻辑,这对一线老师非常有借鉴意义。

"镜头"意味着聚焦,"微镜头",则意味着"聚焦"之中的"聚焦"——艳红老师正在对自己的课堂进行深度透视,深度剖析。她不断创造着自己的课堂作品，拥有了课堂的"面"，这已经不容易了。但她更有课堂的"点"。她从对课的浮光掠影的扫视，走向了对课的横截面、纵深处的研究。她不贪心，她有耐心。她要一个一个点地去琢磨，一个一个难点地去突破。她化整为零，她筛选提炼，她积少成多……她像一个好奇的孩子，在自己课堂的原野上，去种植，去寻找，最美的那朵花。

这样的科研方式，对于一线教师而言，是最脚踏实地的，最朴素诚恳的，最具生长力的，也最有说服力的。

所以，当你翻开这本书，你会看到艳红老师的成长，你更会恍然大悟：哦，原来我也可以的。如果我也像艳红老师那样，万分珍视课堂上的那些让自己牵肠挂肚的镜头，并且以研究的方式来对待它们，那我也能够如艳红，慢慢地，拥有一方属于自己的语文的小小世界啊！

二

永远年轻，永远热泪盈眶，永远保持热爱……

这样来形容艳红老师，再合适不过了。艳红，她热情，坦率，阳光向上，笑容极具感染力。2019年进入青春语文工作室后，我们交流渐频。在互动交流中发现，她是一位特别用心的语文人。她热爱语文，深爱讲台，痴心教研。她经常自谦地说，自己不够聪慧，所以必须足够努力。我想，用心和热爱，不就是一位教育者最可贵的品质吗？

生命中该遇见的人终究不会错过。2019年我第一次见到艳红老师的照片，便被她的笑温暖了。骨子里自带阳光气质的她，无论何时脸上都洋溢着自信温暖的笑，让人心生欢喜。交流中，我渐渐得知，十几年前，有了一定教学经验的艳红老师，就已经开始思考专业发展的问题。她觉得，启迪专业自觉，践行专业发展，才是一个优秀教师的必经之路。于是，她开启了大量阅读，用心实践，反思成长的自我发展之路。

她笔耕不辍，硕果累累。上课之余，她利用一切碎片化时间写作，课堂微镜头，教育随笔，教学反思……她喜欢在快乐中写作，在写作中成长。

艳红老师最喜欢的事情，莫过于研课磨课。研读课文，琢磨教法，琢之磨之，一个个鲜活的教学案例，一个个精心琢磨的课堂"微镜头"，便水到渠成，应运而生。对文本独特而精准的解读，或令人耳目一新，眼前一亮；

或引人深思，让人沉醉其中。从此，她的专业发展之路有了聚焦，有了方向，更有了力量。

在青春语文工作室的几年里，在我的指导下，她对语文课堂的理解又渐入佳境。她总结了优质课堂的六把"金钥匙"——对文本的深度解读，教学情景的创设，主问题的引领，高超的引导艺术，慢品细读，打通意识。带着这六把金钥匙，她努力打造"七彩课堂"。而今，她已经羽翼丰满，华丽转身。

三

刚拜读了艳红老师《明月几时有》课堂"微镜头"。在课堂上，她随着文字的起承转合，引领学生抑扬顿挫地诵读，在诵读中体悟东坡情感的或喜或悲。她会为了诗中的一字一句而热血沸腾或黯然神伤。就这样，孩子们在她的引领下悄然走入诗文的意境，走入苏子微妙的心境。老师与学生，学生与文本，学生与作者，融为一体，心有灵犀。一个怀有诗意的老师、一群拥有赤子之心的学生与一位怀有纯粹灵魂的古代圣贤就这样相遇了。她的课让我们明白，学习语文是可以温暖启迪灵魂的，让自己的灵魂与圣人的灵魂相通，让我们当下的生活能够富有诗意地栖居。

艳红老师把不同的课上出了不同的风采，我深切地体会到这份精彩、这份成功与她的努力是分不开的。记得她在《遇见更美的自己》一文中写道："我不是什么名师，我只是一位行走在教育理想与现实之间的草根型教师！我就像一只蜗牛，虽生于田野，却志向远大！我就像一只蜗牛，虽行动缓慢，却始终保持爬行的姿态！"她是这样说的，也是这样做的。她会为了一节常态课，反反复复修改教案几十遍，查阅无数资料。她会把语文课上出"小桥流水人家"的温馨，"把栏杆拍遍"的豪放，"断肠人在天涯"的悲伤，"千里共婵娟"的豁达，她的努力只为那一个个眼里闪闪发光的少年。

想到艳红老师的孜孜不倦，我就会想到臧克家先生笔下的闻一多先生。闻先生不动不响，无声无闻，几年辛苦凝结成一本本赫然巨著。"深宵灯火是他的伴侣，因它大开光明之路"，深宵灯火的陪伴为闻先生打开了光明之路，我想艳红老师必定也在无数的夜晚，在这深宵灯火的陪伴下，用笔写下她对教育的那份钟情。

一路成长一路收获，如今艳红老师的课堂发生了脱胎换骨的变化。她在常态课上实现了突围，逐渐打造成功体现自己风格的"七彩课堂"。"七彩课堂"，以生为本，直抵学生心灵深处，是追求有深度、有广度、有宽度的精彩课堂。

本书是从艳红老师数十篇优秀课堂"微镜头"中，择优选出的精品课例。旨在通过二十个微课堂镜头，诠释艳红老师的教育思想，展现她独特而又新颖的课堂亮点，借此和全国优秀的语文同道一起交流切磋。

艳红老师就是这样默默地努力发光，温暖而有力量地影响着我们每一个人。期待这样的老师越来越多，期待更多的老师像艳红老师一样，在课堂"微镜头"里实现人生的"大追求"。

【王君简介】

北京清华附中语文特级教师。广东清澜山学校首席语文教师。入选"百年中国语文人"。首届全国中语十大学术领军人物。2015年全国教育改革先锋教师。全国初中语文名师工作室联盟理事长。中国语文报刊协会课堂教学分会副会长。23篇文章被中国人民大学书报资料中心复印转载。出版专著22部。语文教学和班主任工作在全国有广泛影响。

序2 潜心课堂的逐梦人

赵方新

初识刘艳红老师是在一次优质课评选活动中,她的课扎实新颖,师生表现相当出彩,取得了全县第三名的好成绩,被推报参加滨州市初中语文优质课评选。当我把这一喜讯告知刘老师时,她竟然激动得热泪盈眶,语无伦次。当时的参赛课题是《老王》《背影》《中国石拱桥》。跟她一同被推报到滨州市的三位女老师都不约而同地选择了《老王》一课,唯独刘老师选择了经典散文名篇《背影》,这是一个不小的挑战,我不由得替她捏了一把汗。

为了上好《背影》一课,刘老师从网上购买并观看了诸多名家名师的课例,这其中包括王君老师、余映潮老师、程翔老师等名家视频课例。观课时,她把名家的课堂语言一一记录下来,课堂环节精心梳理下来,反复琢磨,反复研究。教案设计成型后,她又反复试课、磨课。本校的所有班级试完后,她又让我帮忙联系其他学校试课。就这样,她不停地磨课、调整,竟高达15节!终于,苦心人,天不负,一篇经典散文《背影》被她上得荡气回肠,感动了在场的所有人,她也由此获得了滨州市初中语文优质课一等奖。这一次参赛经历也改变了她教育生涯的走向,从此她破茧成蝶,华丽转身。

刘老师特别喜欢读书,她视书如命,每天都进行着生命的阅读。《听王君讲经典名篇》上圈圈点点,《听王荣生教授评课》中批批注注,《深度语文》里密密麻麻……一本又一本的读书笔记挤满了她并不算小的办公桌。她经常说的是读书在于精,而不在于多。她主张"吃"书,像蚕吃桑叶,一点点吞,慢慢消化。她说:班扬一生只读了一部书——《圣经》,却写下了著名的《天路历程》;瞿秋白正是阅读了马克思主义,才能以一介书生的柔弱之肩,担起救民于水火的大义,至死不渝……名师专家们是在用生命写作,是在用生命谱写人生之歌,所以我要用最虔诚的态度去细细地读!

伴着柳絮纷飞，秋雨淅沥，随着读书万卷，情思育人，她开启了常态课创新之旅。她用一节又一节常态创新课，为孩子们开启了晋朝文学之门，带孩子们领略陶潜的孤傲之情，带孩子们遨游桃花源，带孩子们梦回唐宋盛世，一首诗、一壶酒、一阕词、一座城，见古道扬尘、长亭唱晚；览泛舟江湖、纵酒豪饮；观月下采莲、红袖添香，听琵琶弦上……刘老师通过课堂让孩子们明白，看一场姹紫嫣红的春光，读一卷婉约柔软的诗词，则为乐也。

刘老师在课堂上犹如一个横亘于历史的文人，让孩子们在文本中看遍春花秋月的诗情，渔樵冷暖的故事……她总会在课堂上吟诵诗歌，如入烟雨之中，苍穹之下。她清亮的嗓音，一下一下叩打着孩子们的心灵。

刘老师又特别敬业，她时常抱着一大沓作业穿梭于家和学校之间。语文教材上小如蝇头、细若蚊足的字拥拥挤挤，令人叹为观止。她天生一副好嗓子，朗诵音色柔和、丝丝入扣，师情、文情唤来生情的"三情统一"。她始终微笑着面对学生，俯下身来倾听学生诉说，还和学生们一起分享刘欢的《从头再来》；她抑或披文入情，泪光盈盈……

古诗文课上，她的妙语连珠让每一个艰涩难懂的文字变得熠熠生辉。无数个清冷的深夜，她在办公桌前一遍遍地修改着教案，只为一节节入心、入情的常态课，此时，唯有孤灯相伴。课堂上，她激情四射，声如洪钟。每至动情处，她的眼睛总是灼灼地闪着奇异的光，坐在下面的孩子们也随之目光炯炯，心潮澎湃。就这样，刘老师在她深爱的课堂里，不停地探索着，记录着，一堂又一堂课堂微镜头应运而生。

经常听到她说："每一个生命就像一段旅程，每一个人都是伟大的，我们活着的意义就在于实现自己的价值，让自己有限的生命得到无限的延伸。"从这个意义上说，刘老师的成长本身就是一个奇迹，她用自己的勤奋、努力和执着，走出了一条属于自己的教育路，让自己的教育生活变得意义非凡。三尺讲台，她倾注了所有的热情！根根蜡炬诉不完她的敬业，支支粉笔写不尽她的认真。

秋风乍起，吹皱一池清水。荷叶田田，莲花点点，池水深处仿佛传来刘老师的心声：如果我的心是一株莲花，正中擎出一支点亮的蜡烛，荧荧虽则是那一剪光，我也要它骄傲地捧出辉煌！

踩过碱滩和礁石，刘老师骄傲地站在了灵魂的最高处。高处不胜寒，但是心中温暖的蜡烛一直在燃烧并照耀她前行。即使课有时上得不尽如人意，不得不推翻了重新设计；即使女儿高考迫近，身心俱疲；即使时光氤氲，落花流水东逝去……她都从未放弃。她用自己手中的笔写尽课堂的千山万水，课堂的喜怒哀乐，课堂的灵动丰盈，她更用自己的心为孩子们营造出了一个温暖的天堂。

刘老师，你是一树一树的花开，是燕在梁间呢喃，你是爱，是暖，是希望，更是孩子们的四月天！

刘老师，你是才华横溢的诗客，你是入木三分的评论家，你更是卓有成就的师者。你才气袭人，卓尔不群。你走过邹平的晨烟，穿过魏桥的夜雾，遥望远方时，便落进学生们的诗页；你着一件青衣，在课堂的庙殿，虔诚静修时，便绘入孩子们的画卷……

刘老师，你美丽的心灵，逾越漫长的时空，会定格在学生回眸的瞬间；你课堂的智慧，绕过激荡的暗流，依然徜徉在安稳的岁月。总有那么一个镜头变为经典，总有那么一个瞬间凝为永恒，总有那么一个人物写就传奇。

刘老师，一个美丽一季的师者！

【赵方新简介】

赵方新，正高级教师，山东省邹平市初中语文教研员。曾荣获山东省优秀教师、滨州市优秀园丁、滨州市师德标兵、滨州市创新班主任、滨州市十佳名师、滨州市教学能手、滨州市学科带头人、滨州市教科研先进个人、滨州市教学工作先进个人等荣誉称号。多年来一直致力于语文教学、师生同读同写和中考语文命题研究，致力于语文优秀教师团队建设，"简雅语文"的倡导者与践行者，主张课堂要简洁雅致、触动心灵，师生要同读同写，共同成长。

目 录

第一辑　现代诗文课堂"微镜头" ·· 1

1. 《我的叔叔于勒》课堂"微镜头" ······································ 1
2. 《背影》课堂"微镜头" ·· 13
3. 《叶圣陶先生二三事》课堂"微镜头" ································ 23
4. 《紫藤萝瀑布》课堂"微镜头" ·· 33
5. 《我爱这土地》课堂"微镜头" ·· 44

第二辑　文言文课堂"微镜头" ·· 53

1. 《桃花源记》课堂"微镜头" ·· 53
2. 《愚公移山》课堂"微镜头" ·· 65
3. 《富贵不能淫》课堂"微镜头" ·· 76
4. 《记承天寺夜游》课堂"微镜头" ······································ 88
5. 《马说》课堂"微镜头" ·· 102

第三辑　古诗词课堂"微镜头" ·· 113

1. 《石壕吏》课堂"微镜头" ··· 113
2. 《春望》课堂"微镜头" ··· 127
3. 《卖炭翁》课堂"微镜头" ·· 139
4. 《水调歌头·明月几时有》课堂"微镜头" ······························ 152
5. 《茅屋为秋风所破歌》课堂"微镜头" ·································· 166

第四辑　跟着课文学写作课堂"微镜头" ·············· 178

1. 《巧用课文的微仿写》课堂"微镜头" ·············· 178
2. 《跟着〈社戏〉学写心情》课堂"微镜头" ·············· 190
3. 《跟着〈春〉学写景》课堂"微镜头" ·············· 201
4. 《跟着〈飞天凌空〉学描写》课堂"微镜头" ·············· 212
5. 《跟着〈皇帝的新装〉学写人》课堂"微镜头" ·············· 223

跋　遇见更美的自己

——谨以此书献给我所深爱的语文和我生命中的贵人、亲人 ·············· 233

第一辑 现代诗文课堂"微镜头"

1.《我的叔叔于勒》课堂"微镜头"

授课学生	山东省滨州市邹平市魏桥实验学校九年级学生
文本类型	主题型＋诵读型
课堂特色	品读中慢慢浸润，多维中解读文本。
授课时间	2020年11月18日

【设计说明】

《我的叔叔于勒》是九年级上册第四单元的一篇经典小说。莫泊桑的这篇小说，情节波澜起伏，张弛有节；人物寥寥，却个性鲜明；立意深刻，语言明快而富于个性。法国作家左拉称赞莫泊桑的作品"无限的丰富多彩"，德国思想家恩格斯则称赞"应该向他脱帽致敬。"

按照"解读内涵三层次方法"：文本第一层显性内容是若瑟夫一家朝思暮想他们在国外发了财的于勒叔叔，可他们意外发现他不过是一个贫穷落魄的小贩时，竟然拒绝和他相认。这一层学生读完文本就能明白，是课堂的起点；第二层隐性意脉是隐藏在文字背后的人物形象。人物形象的解读是本文的重点，亦是难点。这一层需要教师搭建"支架"，引导学生反复品读、感悟、思考、交流，方能实现；第三层深层主旨是学生从"我"身上学着重视亲情，做一个富有同情心和爱心的人，这一层是课堂的终点。

【课堂微镜头】

"微镜头"之一 "一石激起千层浪"

师：于勒叔叔给"我"父亲菲利普寄来的一封信，就像一块石子扔到水面上，激起了阵阵涟漪。我们再来看这封信的内容：

亲爱的菲利普，我给你写这封信，免得你担心我的健康。我身体很好。买卖也好。明天我就动身到南美去作长期旅行，也许要好几年不给你写信。如果真不给你写信，你也不必担心。我发了财就会回哈佛尔的。我希望为期不远。那时我们就可以一起快活地过日子了。

师：这封信给菲利普一家带来了哪些不寻常的变化呢？请大家在1—18段中勾画出来。

生：这封信成了"我们"家里的福音书，有机会就要拿出来念，见人就拿出来给他们看。

师：他们把于勒的信当作了一种"荣誉"。

生：因为这封信，"我"的母亲也常常说："只要这个好心的于勒一回来，我们的境况就不同了。他可真算得一个有办法的人。"

师：因为这封信，于勒成了"好心的人"，成了"有办法的人"，甚至成了全家人的"救星"。

生：终于有一个看中二姐的人上门来了。他是公务员，没有什么钱，但是诚实可靠。我总认为这个青年之所以不再迟疑而下决心求婚，是因为有一天晚上我们给他看了于勒叔叔的信。

师：是啊，于勒叔叔的一封信竟然促成了二姐的婚事。

生：那时候，大家简直好像马上就会看见于勒挥着手帕喊着："喂！菲利普！"

师：是啊，一家人想念于勒都想到了出现幻觉。可见他们的期盼之切啊！

生：对于叔叔回国这桩十拿九稳的事，大家还拟订了上千种计划，甚至计划到要用这位叔叔的钱置一所别墅。我不敢肯定"父亲"对于这个计划是不是进行了商谈。

师：于勒还没回来，他们就想用他的钱置别墅，说明于勒的钱多么重要啊。

生：于是每星期日，一看见大轮船喷着黑烟从天边驶过来，父亲总是重复他那句永不变更的话："唉！如果于勒竟在这只船上，那会叫人多么惊喜呀！"每个星期天，全家人都盛装迎接于勒，仪式感越强，说明于勒的"出现"越重要。当然，必须是有钱的于勒出现才行。

师：父亲总是重复他那句永不变更的话："唉！如果于勒竟在这只船上，那会叫人多么惊喜呀！"这句话中的"唉"有何言外之意？请把"唉"延长声音再读读试试。

生试读。

师：你读出了什么？

生：失望、埋怨，还掺杂着有希望的喜悦，感情很复杂。

师：是啊，于勒已经变成了他们一家人的"梦想"，变成了他们一家人的"精神支柱"。盼了十年了，于勒还没有回来，所以只好"唉-----"请同学们重读红色字"竟""惊喜"，看还能读出什么呢？

生再试读。

师：你读出了什么？

生：全家对于勒的归来到了翘首期盼的地步。

师：仅仅是盼望吗？如果去掉那个"唉"，去掉那个"竟"，再读。

生：我还读出了菲利普的苦恼，他在深深地叹息。

师：他为什么叹息啊？

生：菲利普觉得于勒是不会在这条船上的。

师：你有什么依据？

生：因为菲利普说的是"如果于勒竟在这只船上"，"竟"是竟然的意思，连菲利普自己都不相信于勒会在这条船上啊！

师：是啊，这句话蕴含的情感十分丰富。下面，请同桌合作读，一人读旁白，一人读父亲。

小组展示。

师：老师读旁白，同学们齐读父亲的话，要试着读出菲利普一家的复杂情感。

师：父亲总是重复他那句永不变更的话：

生（齐）："唉！如果于勒竟在这只船上，那会叫人多么惊喜呀！"（声情并茂）。

师：非常棒。同学们读出了菲利普一家人的复杂情感。是啊，菲利普全家对于勒翘首期盼，望眼欲穿！假如在菲利普夫妇的热切期盼中，这天于勒衣锦还乡了。

（屏显）

他穿一件黑色宽幅呢子风衣，他那细绸子衬衫领上打着一个极阔极时髦的黑蝴蝶结，与他那一身纯黑的衣服配合得十分得体。

师：当这样的于勒突然出现在菲利普夫妇面前时，请展开你合理的想象，想象一下菲利普夫妇会有什么样的语言、动作、神态呢？同桌合作，一人饰演于勒，一人饰演父亲或母亲，加上恰当动作。

小组试演。

师：假如我就是那个衣锦还乡的于勒，哪个同学来展示一下。

生：于勒，我的弟弟，我的亲弟弟。我是你的亲哥哥啊，你不认识了？紧紧拥抱着于勒，激动、喜悦。

"微镜头"之二 "巧遇让人如此心伤"

师：菲利普夫妇的愿望是美好的，梦想是"丰满"的，但是现实却是"骨感"的。二女儿结婚后，菲利普全家到哲尔赛岛旅途中，竟然遇到了那个已经变成了穷光蛋的于勒！十年苦等，十年期盼，盼来的却是一个近乎乞丐的于勒！这意外而痛楚的相逢，把菲利普一家所有的梦想、所有的期盼击得粉碎，真可谓是"巧遇让人如此心伤"。

生静思。

师：请同学们速读课文34—47段，勾画描写菲利普夫妇神态、动作、语言的句子，并赏析自己最喜欢一处描写。示例：他坐在长凳上，结结巴巴地说："是他，真是他！"赏析：通过语言描写，写出了菲利普说话结结巴巴的样子，生动地再现了他内心的极度恐慌。

生边读边赏析。

生：我父亲脸色早已煞白，两眼呆直，哑着嗓子说："啊！啊！原来如此……如此……我早就看出来了！……谢谢您，船长。"通过对父亲的语言和神态描写，再现了菲利普说话语无伦次的样子，生动表现了他知道真相后的失望和沮丧，表达了他虚伪的性格特点。

师：你把自己的理解融入朗读中，传神地再现一下。

生：啊！啊！原来如此……如此……我早就看出来了！……谢谢您，船长。（有恐慌的味道）。

师：啊！啊！两个"啊"你没有处理好，作为短篇小说之王的莫泊桑，连用两个"啊"，肯定有他的用意，到底怎么读？第一个"啊"读二声，第二个"啊"读四声。你们试着读一读。

生试读。

师：采访一下，两个"啊"分别读出了什么？

生：第一个"啊"，我读出了父亲知道真相后的惊讶和震惊；第二个"啊"，我读出了父亲明白真相后的极度失望。

师：请同学们用近乎哭的声调再读父亲的话。

生再试读。

师：你又读出了什么？

生：绝望，从美好的天堂掉到痛苦的地狱，那种极度绝望的心情。

师：去掉"早"再读。

生：菲利普早就料到了这个弟弟是不会发财的。

师：你们说得真好。菲利普从天堂美妙的想象掉到地狱的感觉，非常不美好啊。至此，菲利普所有的"幻想""梦想"，在那一瞬间，都清零了。作为亲哥哥，菲利普真的是"冷酷无情"吗？他是不是有"苦衷"呢？谁能从文中搜索一下信息。

生：于勒当初行为不正，糟蹋钱。在穷人家，这是最大的罪恶……在生活困难的人家，一个人要是逼得父母动老本，那就是坏蛋，就是流氓，就是无赖了。于勒叔叔把自己应得的部分遗产吃得一干二净之后，还大大占用了我父亲应得的那一部分。

师："糟蹋钱"，按照现在的说法就是乱花钱，挥霍钱，不把钱当钱用。如果你有这么一个兄弟，你会怎样？

生：我会把他扫地出门，严重时会把他送到少管所。

师：菲利普夫妇和你们的选择是一样的，于勒的最后结局也是被他们送到了美洲，让他自己去闯荡。谁还有补充？

生：我小时候，家在哈佛尔，并不是有钱的人家，也就是刚刚够生活罢了。我父亲做着事，很晚才从办公室回来……我母亲对我们拮据的生活感到非常痛苦……

师：同学们，上面文字写的是菲利普一家的经济状况和生活状态。这是一个什么样的家庭？

生："刚刚够生活"就是一点儿多余的钱都没有，刚刚能够填饱肚子。若在今天，他们家就是需要精准扶贫的家庭啊。

师：是的，这是一个极度贫困的家庭。你看有人请吃饭，他们家都不敢答应，因为没有钱回请。买生活用品都是买打折的，降价的。姐姐们的衣服都是买最便宜的布料自己做成的。从中，我们可以窥视到这个家庭的极度贫困。

师：有人说，家庭的经济状况会深刻地影响一家人的幸福指数，这个家庭一定常常笼罩着阴霾。好在他们还有希望，他们全家唯一的希望就是"发了财"的于勒快点回来。可见，于勒对于全家人来说多么重要。谁继续分享"我"母亲的"言行"。

生：母亲突然暴怒起来，说："我就知道这个贼是不会有出息的，哼，早晚会回来重新拖累我们的。"通过神态描写和语言描写，刻画出"母亲"看到于勒重又变成分文不值的穷光蛋时，极端冷酷、自私贪婪的丑恶嘴脸。

师：全部希望都化成了泡影，于是旧怨新仇一齐发作，"突然暴怒起来"，破口大骂。你从中读出了母亲什么心情？

生：希望破灭后的绝望、愤怒。

师：如果老师就是于勒，你就是菲利普夫人，你指着我暴怒地说一说。

生："我就知道这个贼是不会有出息的，哼，早晚会回来重新拖累我们的。"（愤怒、绝望）。

师：可是得知于勒发财的时候，菲利普夫人又是怎么说的呢？

生：母亲也常常说："只要这个好心的于勒一回来，我们的境况就不同了。他可真算得一个有办法的人。"

师：同一个人，"有钱"时，他是好心的于勒，有办法的人；"身无分文"时，他是贼，是流氓。尝试着暴怒起来，读出母亲的愤怒。你又读出了什么？

生：我读出了母亲的暴跳如雷和歇斯底里。

师：母亲的愤怒是表面的，除了愤怒之外，你发现菲利普夫人心中的一点儿秘密没有？

生沉默。

师：把文中的"就"去掉，再读！

生对比读。

生：原来菲利普夫人早就知道于勒是不会有出息的，她早就怀疑于勒发财的问题了，她早就想到了于勒完全有可能回来重新拖累他们。

师：那这就奇怪了啊。既然菲利普两口子对真相都有所察觉，他们为什么不戳穿于勒的谎言呢？

生：菲利普夫妇其实有点儿自欺欺人。于勒就是他们的精神支柱，如果她把心中的怀疑摆出来了，不就是推倒了他们家的精神支柱了吗？

生：于勒其实是菲利普夫妇的一个梦，这十多年来他们就靠这个梦生活。要是戳穿了，他们的生活就更绝望了。

师：菲利普夫人的这一骂，表面上看起来是愤激之辞，但其实却是内心深处的情感的集中暴露。这个时候，她必须面对现实了，必须面对自己的内心世界了！菲利普夫人是如此，菲利普何尝不是。他们哪里是笨到了看不出于勒的书信是有问题的，而是他们一旦抓住了于勒这根稻草就再也不舍得丢下。于勒，是他们漫漫长夜里唯一可以看得见的一盏灯啊。虽然这盏灯若隐若现，飘忽迷离，但是菲利普夫妇却宁愿把它看作一轮永不降落的太阳。所以，这是一对守着于勒之梦的夫妇啊！他们也想追梦，他们也想过"体面""高雅"的生活啊。文中有多处端倪，谁说说看？

生：可是每个星期日，我们都要衣冠整齐地到海边栈桥上去散步，这是他们追求体面生活的具体表现。

师：这个"刚刚够生活"的家庭啊，在用这种方式来表达对幸福生活的向往和追求啊，难怪这么有仪式感。

生：父亲突然看见两位先生在请两位打扮得很漂亮的太太吃牡蛎……毫无疑义，父亲被这种高贵的吃法打动了，走到我母亲和两位姐姐身边问："你们要不要我请你们吃牡蛎？"。

师：父亲内心深处对高贵生活的向往。同学们，读到这里，你们怎样看待菲利普夫妇的言行？

生：我觉得他们真的很不容易。在这么困苦的经济条件下，还要追求精神生活。所以，表面看起来，他们是自私、冷酷无情、势力、唯利是图，钱重于情，但这些都是有原因的，都是情有可原的。

师：同学们，在法国，像菲利普一家这样贫困的家庭，岂止一家啊。我们看看当时的背景：法国19世纪工业发展迅速，却使广大农民流离失所，小资产阶级贫困破产成为普遍的社会问题，中下层人民生活辛酸，人们因钱而扭曲了自己的观念。所以，菲利普夫妇的性格是在社会的重压下才扭曲了。莫泊桑将细腻生动的笔触关注到了小人物，揭示了社会大现象，以小见大。这就是莫泊桑小说的魅力，它无限的丰富多彩！

"微镜头"之三 "称呼让人如此温暖"

师：幸运的是，我们在哲尔赛旅行快结束时，听到了一个让人感到温暖的称呼，谁有发现？

生：我心里默念道："这是我的叔叔，父亲的弟弟，我的亲叔叔。"

师：你读出了什么？

生：读出了"我"富有同情心，善良。

师：同一个于勒，这里运用了三个不同的称谓，老师觉得颇显重复，删掉"父亲的弟弟"行吗？为什么？

生："父亲的弟弟"强调了于勒和"父亲"的关系，暗含着我对"父亲"漠视兄弟情谊的困惑、苦闷和不满。

师：请同学们带着这种情感再读这句话。

师：你又读出了一个什么样的"我"？

生："我"富有爱心，重视亲情。

师：这是作为孩子的若瑟夫。那么，当他成年后是不是还一如既往的善良和富有同情心呢。《我的叔叔于勒》被选进教材的时候删去了开头和结尾，我们来看一看。

（屏显）开头：一个白胡子的老头儿向我们要求布施。我的同学若瑟夫给了他一枚值五个金法郎的银币。我吃惊了。他向我说了这样一个故事……

结尾：这就是你会看见我有时候拿出一块值得一百铜子儿的银币施给流

浪者的理由。

师：你还读出了一个什么样的"我"？

生：读出了"我""一如既往"的"善良"。

生：我读出了人生还是有温暖的。

生：我读出了作者悲悯的情怀。

师：你们觉得莫泊桑为什么要塑造"我"这样一个人物形象呢？

生：作者借"我"提醒人们不要失去对人的同情心、理解和爱。要保留一颗赤子之心。

师：对，你就是莫泊桑的知己。莫泊桑对亲情的呼唤，对美好人性的呼唤，让心明眼亮的你发现了。是啊，文章结尾那一声让人心动的称呼，让人感受到了亲切与温暖。无论贫穷与富贵，无论生老与病死，亲情永远都是人世间最温暖的感动。原来，在若瑟夫身上寄寓着莫泊桑的情感和希望，冷中还有热，还有光，还有希望。《我的叔叔于勒》当然是灰色的，但是作者寄寓在若瑟夫身上的对亲情的呼唤，对人性的召唤，犹如黑夜中的灯塔，穿过悲凉之雾，照亮人的灵魂！

【自评自悟】

《我的叔叔于勒》是我最喜欢的小说之一，我曾无数次解读、实践过。上面的课堂实录便是我最后一次实践的过程。整堂课，学生的思维被激活了，生成点和出彩点都异彩纷呈，我为学生的精彩表现点赞。

备课过程中，我一直在思考：作为三大短篇小说巨匠的莫泊桑，难道通过本文告诉我们"资本主义社会，人与人之间是赤裸裸的金钱关系"？以前的教参上，确实是这样解读的。但我对此一直存疑。莫泊桑一定想通过本文表达什么，文字背后也一定隐藏着我们看不到的"人性"。随着年龄的增长，阅历的增加，我忽然顿悟到了什么。对，是"小人物的灰色命运"。

此时，我忽然想到《骆驼祥子》中祥子的悲剧命运。只不过，祥子是一个人的"悲剧"，而菲利普是一家人的"悲剧"。他们同样处在"黑"地"密不透风"的社会里，他们同样在期待"明天"，在期待梦想的实现，但最后同样都以失败而告终。只不过，祥子的"堕落"是能"看见"的，而"菲利普"

一家的"痛苦"是难以言说的。他们的"命运"背后都是"社会"这双无情的"大手"在操纵。小人物反映大社会,这种以小见大的写法惊人相似。基于这样的解读,我设计了三个"微镜头",即"一石激起千层浪""巧遇让人如此心伤""称呼让人如此温暖"。这三个"微镜头"环环相扣,层层深入,引领学生走进了菲利普一家"真实"的"家境"、"真实"的"追求"和"真实"的"内心",并最终读懂了作者莫泊桑的"深情呼唤"。

【课例点评】

镜头连接,课脉一线
—— 品评刘艳红老师《我的叔叔于勒》课堂"微镜头"

司艳平

艳红发过她所有关于微镜头课例的时候,着实被惊艳到了。一个个课例犹如跳跃的红玛瑙,招摇着,舞动着,透着欢欣鼓舞、奋斗激越。这是青春语文聚焦思想的引领,这是草根教师聚焦研究的丰硕,这是语文湿地水草丰美的滋养。

仔细阅读艳红老师《我的叔叔于勒》课堂微镜头一课,油然而生的是:镜头连接,妙不可言;无缝辑合,课脉一线。蒙太奇不仅适用于电影,适用于写作,也适用于课堂。艳红聪慧。

镜头选择精巧。该课选取了三个镜头来连接,分别是"一石激起千层浪""巧遇让人如此心伤""称呼让人如此温暖",镜头一着眼在于勒的来信,镜头二立足于哲尔赛岛的巧遇,镜头三落脚于若瑟夫的称呼。这三个镜头的选择不但抓住重点,而且在排列上层层推进,直击文本心脏。细细探究,不难发现,课堂微镜头的选取须抓手明确,外向显性,艳红分明聪慧地觉知到这个技巧,课堂由此而下,抽丝剥茧,渐入佳境。信件、巧遇、称呼,当我们将这三个词语或者三个镜头链接起来的时候,甚至能惊奇地发现,若瑟夫最后的称呼竟也像是在给于勒默念信件的称呼。课堂镜头的智慧决定了教学内容选择的智慧。

以读助教体验。艳红非常注重学生读的参与,整堂课读的形式不拘一格,多样丰富,有默读、朗读、范读、演读等等,艳红老师与学生在朗读的场域里,渐渐地触摸人物的心理,感知人物的灵魂。

师:父亲总是重复他那句永不变更的话:"唉!如果于勒竟在这只船上,那会叫人多么惊喜呀!"这句话中的"唉"有何言外之意?请把"唉"延长声音再读读试试。

(生试读)

师:你读出了什么?

生:失望、埋怨,还掺杂着有希望的喜悦,感情很复杂。

师:是啊,于勒已经变成了他们一家人的"梦想",变成了他们一家人的"精神支柱"。盼了十年了,于勒还没有回来,所以只好"唉……"请同学们重读红色字(竟、惊喜),看还能读出什么呢?

(生再试读)

师:你读出了什么?

生:全家对于勒的归来到了翘首期盼的地步。

师:仅仅是盼望吗?如果去掉那个"唉",去掉那个"竟",再读。

生:我还读出了菲利普的苦恼,他在深深地叹息。

这里的指导非常漂亮,甚至有肖培东老师的影子。艳红老师的指导一环一环,环环相扣,及时抓住课堂契机,深度追读,深度追问。就是在这一连串的追读之中,学生参与体验,非常真诚地捕捉到菲利普的复杂难言的心理。这个朗读活动堪称课堂的一大亮点。

代入其中共情。好电影在于激发与连通观众的共情,好课堂也是如此。我们来看这个教学片段:

师:如果老师就是于勒,你就是菲利普夫人,你指着我暴怒地说一说。

生:"我就知道这个贼是不会有出息的,哼,早晚会回来重新拖累我们的。"(愤怒、绝望)

师:可是得知于勒发财的时候,菲利普夫人又是怎么说的呢?

生:母亲也常常说:"只要这个好心的于勒一回来,我们的境况就不同了。他可真算得一个有办法的人。"

师:同一个人,"有钱"时,他是好心的于勒,有办法的人;"身无分文"时,他是贼,是流氓。尝试着暴怒起来,读出母亲的愤怒。你又读出了什么?

……

艳红老师有很强的共情力,且将自己带入文本之中,不知不觉间,将学生、文本、教师融为一体,整个课堂呈现出水乳交融的态势。老师放低姿态平视学生,学生放松自如,在舒展的场域里尽情发挥。学生的演读入情入境,老师的引领渐次走高,直抵文本深处。

对文本意义的追寻,对语文意义的建构,会让我们始终处于一种对文本、对课堂的敬畏与紧张之中。但适度的敬畏与紧张,会成为我们挖掘课堂意义的不懈追求。王君老师说:"青春语文的底座是生活,是整个语文教学系统中每个人的生命状态。"读艳红的这堂课,深感艳红在语文与生活的融通里渐行渐远,未来可期。

司艳平,广东省东莞市清澜山学校语文教师,广东教材出版中心培训专家,出版专著《司艳平青春语文课堂18例》《古诗文同质同人群文教学13例》。

2.《背影》课堂"微镜头"

授课学生	山东省滨州市邹平市魏桥实验学校八年级学生
文本类型	主题型＋诵读型
课堂特色	拍照片，加底色。
授课时间	2020 年 10 月 28 日

【设计说明】

《背影》是现代作家朱自清于 1925 年所写的一篇回忆性散文。这篇散文叙述的是作者离开南京到北京大学，父亲送他到浦口火车站，照料他上车，并替他买橘子的情形。这篇文章把父子之间的真挚感情表现得淋漓尽致，但又不同于一般作品去着力于人物神情、音容笑貌的描绘，而是抓住人物形象的一个特征"背影"，不惜笔墨做细致刻画，以抒发特定环境下的思想感情。正因为作品写的是特定的家境、心境、慈父孝子之间的相爱相怜，字里行间有淡淡的哀愁，才显得更加真挚动人。

按照"解读内涵三层次方法"：文本第一层显性内容是父亲送"我"到浦口火车站，照料"我"上车，并替"我"买橘子的背影。这一层学生读完文本就能明白，是课堂的起点；第二层隐性意脉是隐藏在朴实文字中的父爱。父爱是本文的重点，亦是难点。这一层需要教师引导学生沉浸在朴实文字中，通过关键词法、想象法等，方能触摸到父爱的深沉；第三层深层主旨是学生从"我"身上学会感知父母深藏的爱。父母的爱隐藏在一言一行中，学生要学会感知、体味和回馈，这一层才是课堂的终点。

【课堂微镜头】

"微镜头"之一"拍照片"

师：2020 年 6 月 21 日，父亲节这天，百度随意搜索到 28700 个中国网站或博客转载了朱自清的《背影》，把它作为对父亲最好的感谢和祝福，共有几十万人回了帖子。其中有个叫"雪绒花"的网友说，今天是父亲节，友人在空间转发了朱自清的《背影》，我不敢看，因为每看一次，感触就多出几分，许是经历生死离别后再看才有了切实的痛感。谨以朱自清的《背影》献给天下所有的父亲。

生为之动容。

师：朱自清到底写了怎样的《背影》，还能够在我们这个年代，引起这么多人的情感共鸣。今天我们就一起走进1925年发表1935年开始就被选入各种版本教材的《背影》，看它究竟有何魅力，能像影子一样投射在几代人的记忆之中。请同学们自由朗读课文，边读边思考完成课文名片：主要人物、主要事件、表达情感。

生自由朗读课文——全班交流。

生：主要人物：我、父亲。

生：主要事件是父亲送我去车站给我买橘子的背影。

生：表达的情感是我对父亲的思念和父亲对我的关爱。

师：《背影》原来是一支爱之曲、情之歌。下面就让我们一起来寻找这支爱之曲、情之歌的最强音吧！请同学们快速寻找出那个让作者难忘让很多人魂牵梦绕、潸然泪下的背影片段。

生：第六段。

师：下面，跟随着老师的配乐朗读，走近父亲的背影。请同学们闭上眼睛，边听边想象画面，最后把父亲的背影定格成一张照片。

师：配乐诵读第六段。

生闭眼想象。

师：好，请大家睁开眼睛。我们一起交流：你拍到了一张（　　）的背影"照片"，可以是一个词语，也可以是一个句子。

生：我拍到了一个"艰难攀爬"的背影。

师：对，越艰难，这份爱就越深沉。

生：我拍到了一个"吃力攀爬"的背影。

师：越吃力，背后隐藏的爱便越浓厚。

生：我拍到了一个"勉为其难地为儿子买橘子"的背影。

师：同学们知道，当时父亲攀爬的月台有多高吗？据说民国时期的月台是1.8米，而朱自清的父亲身高只有1.68米，且父亲是一个胖子，又加上年岁已高。他想爬过去，就必须先"攀"着挂起来，再"两脚向上缩"。其中的困难程度可想而知。父亲为什么非要这样做呢？

生：他希望自己能为儿子做点力所能及的事情。

师：这就是"为父则刚"的道理。

生：我拍到了一个"因母亲离世而悲痛万分"的背影。

师：父亲因母亲离世，已经悲痛万分。而父亲却忍着悲痛来照顾我，可见，父亲是多么爱我啊。原来，父亲不仅身体肥胖、年事已高，他此时还承受着丧母的悲痛啊。

生：我拍到了一个"充满父爱"的背影。

生：我拍到了一个"父爱浓浓"的背影。

师：你们都是父亲的知音，因为你们读懂了父亲背影后隐藏的"爱"。感谢同学们给父亲的背影带来这么多精彩的瞬间，如果朱自清还在世，看了同学们的照片一定会泪流满面！

生沉浸其中。

师：其实，细细想来，同学们的照片之所以带给我们震撼，我们还要感谢朱自清先生的生花妙笔，因为这一经典文段的词语太有表现力了。这些词语把父亲在自己力不胜任的情况下，还要心甘情愿、勉为其难地为儿子买橘子的形象传达了出来，让隐藏其中的父爱变成了一杯"浓浓的咖啡"，沁人心脾。

"微镜头"之二 "加底色"

师：刚才同学们给父亲的背影拍摄了这么多精彩的照片，如果老师让同学们给你刚才的照片加上底色的话，你想用黑白色还是彩色呢？为什么？请从文章的1—3段找出你的依据。

生：若给照片加底色的话，我想用"黑白色"，因为父亲刚经历丧母之痛，心情一定是灰色的，悲痛、暗淡的。这一点从父亲的穿着得到了印证：黑布小帽，黑布大马褂，深青布棉袍。

师：对，父亲穿黑色衣服是为了给自己的母亲戴孝。儿子失去母亲，那份痛苦心情可想而知。那么，除了丧母之痛，父亲还面临着什么呢？

生：失业之悲。因为父亲的差使交卸了，也就是说父亲的工作没了，下岗了。

师：我补充一下资料：朱自清的父亲原来是江苏徐州烟酒专卖局的局长，相当于现在的公务员。但奔丧的时候，因为各种原因父亲失业了，公务员的身份也随之丢了。你们想一想，父亲曾经那么风光，如今一下子变得这样落魄，其心情是可想而知的。那么，除了丧母之痛、失业之悲，父亲还面临着什么？谁能从第三段中发现"玄机"。

生：父亲还面临着家境惨淡的现实。

师："家境惨淡"到了什么程度？

生：已经到了"变卖典质"的程度。

师："变卖典质"是什么意思？你能解读一下吗？

生：根据注释可以这样理解，就是把家里值钱的、贵重的东西都"当"了出去，或者说"抵押"了出去。

师：是啊，一家人从风风光光又殷实的家境，一下子掉到了惨淡的地步。从"天堂"的美好，跌到"惨淡"的现实，实在不是一个人可以承受的。据资料显示，此时朱自清还在北大读书，需要用钱。而当时读高三的弟弟本来梦想着考到上海交大，也因为家里经济陷入了困境，为此朱自清的弟弟放弃了自己的梦想。至此，丧母的悲痛、失业的悲哀、家败的无奈，像三座大山一样压在父亲的脊梁上，此时父亲的心情一定是什么样的？

生：父亲一定是悲痛沉重到了无助无望的地步。

师：是啊，这种情况下的父亲应该忍着剧痛急于找工作（用文中的话说"谋事"），可是在谋事和送儿子之间，天平的一头这么沉重，他却选择了天平的另一头送儿子，这里面凝聚的父爱是多么浓烈啊！真是可怜天下父母心。

生很动情。

师：下面，我们一起观看一下电视散文《背影》买橘子片段。

生看视频。

师：从同学们凝重的表情中我读出了感动，让我们带着这份感动和理解，全班配乐齐读买橘子的背影片段。

生配乐动情朗读。

师：听你们的朗读是一种享受，你们不但读准了音，而且读出了情。我很感谢你们！祸不单行的日子里，年老体衰的父亲吃力地爬月台买橘子的背影，永远地定格在了我们的心里。这一陌生而又熟悉的，清晰而又模糊的背影所表现的父爱，打动了作者，打动了同学们，也打动了我。其实细细想来，仅仅是父亲买橘子的关爱吗？不是。

"微镜头"之三 "体悟父爱之深"

师：文中还有哪些细节，同样凝聚着父爱呢？找出来并谈谈你的体会。提示一下，这份爱可能是一句话、一个神态或某个特别的举动。

生跳读课文 —— 全班交流。

师：我从同学们写字的潇洒动作中，感受到的是思维的火花，它非常灿烂。一起分享一下吧。

生：朱自清父亲的语言很朴实，但朴实的话语中蕴含着深情。

师：对，父亲话语不多，你找出一句，传情地读一读吧。

生：事已如此，不必难过，好在天无绝人之路！

师：咱们还原一下当时的情景，老师饰演朱自清，你饰演朱自清的父亲，再读一读这句话。

生：再读，再现了父亲当时说话时的语气、语调。

师：大家读出了这篇文章语言有什么特点？

生：朴实。

师：朴实的语言中饱含着深情。从大家的品读中，我们感受到父爱原来也可以无微不至。父亲的爱子之心真是情深似海！那个艰难的背影形象永远地刻在了我们的心里，那一个个爱的细节也永远地留在了我们的心中。其实生活中，我们的父母也在用一言一行传达着对我们的关爱。可能是一句话、一个眼神，也可能是一个拥抱，让我们一起分享一下这些爱的瞬间吧！

生：此时，困意袭来，我便迷迷糊糊地闭上了眼。这时，门被轻轻推开了，我一下子被惊醒了。我偷偷地眯起眼睛一看，噢，是妈妈来了。见她向我这边走来，我便赶紧假装睡觉。我假装翻了翻身，故意把脸扭向了里边，这时，我又使劲眯起眼睛偷着看，只见妈妈小心翼翼地替我掖了掖被子，然后把我露出来的手轻轻地放进被窝里，微笑着看了看熟睡的我，这才满意地悄悄离去了。

师：原来这篇文章之所以感人，除了朴实的语言外，还因为作者选取了生活中的动情之事，写最动情的事时又突出了最动情的瞬间，这些方法可以用到我们的写作中去。

"微镜头"之四 "体悟作者之情"

师：同学们，父亲这么无微不至地关爱我，可是我一开始理解父亲的言行吗？

生：不理解。

师：你能从第五段找找你的依据吗？

生：我暗笑他的迂。

生：总感觉他说话不大漂亮。

师：同学们，父亲买橘子的背影是1917年，本文写于1925年，八年后当朱自清也成为父亲，也心甘情愿地为自己的孩子做着一切的时候，他才慢慢地理解了父亲。请同学们选择其中的一句，有感情地读一读，体会一下作者写这篇文章时的复杂心情。

学生读——指生读。

师：你读得真好，听得出你是将自己的理解读出来了。采访一下你，你读出了作者多年后的什么心情？

生：自责、后悔、愧疚。

师：儿子由不理解——背影的感动——八年后的理解、自责、愧疚。

生顿悟。

师：幸运的是，朱自清的父亲在3年后收到了儿子的这份迟到的自责和愧疚。"1928年，我家已搬至扬州东关街一所简陋的屋子。秋日的一天，我接到了开明书店寄赠的《背影》散文集，我手捧书本，不敢怠慢，一口气奔上二楼父亲卧室，让他老人家先睹为快。父亲已行动不便，挪到窗前，倚靠在小椅上，戴上了老花眼镜，一字一句诵读着儿子的文章《背影》，只见他的手不住地颤抖，昏黄的眼珠，好像猛然放射出光彩。""父亲在看到《背影》的几年后，便带着满足的微笑去世了。"

师：从父亲看到《背影》后的满足，你感受到了什么？

生：我感受到了父亲的那份幸福。

师：朱自清的父亲是幸运的，他最后终于收到了儿子爱的回报。泪眼婆婆中，一切都变得模糊，唯有那幅沉重而又艰难的背影凝固在眼前。"背影"成了对父亲最好的诠释，《背影》也成了最动人最经典的篇章。现在我们终于明白：《背影》一篇娓娓道来的文字，何以在文坛不朽？正在于它是一记情感的重锤，重重地敲击在人的心灵共鸣点上，父子亲情感人肺腑。最后谨以此诗送给朱自清的父亲：

（屏显）

老照片
——读《背影》
斑驳的铁道、月台
青黑，黑
没有面容
佝偻的背，鲜红的橘，
叠加，浸滤，
树欲静而风不止
刹那，泪眼蒙眬。

他走了，留下一个背影
我们裹了进去
影子很长，很长……

【自评自悟】

"拍照片""加底色"的新颖设计引领着学生在文字中游走。他们从不同角度给父亲的背影拍摄了照片，慢慢地触摸到了作者朴实文字中的父爱。而给照片加底色，学生都选用黑白色，而非彩色，他们从文章1至3段中找到了依据。这两个"微镜头"巧妙地把父亲背影后的"境遇"凸显了出来。原来背影之所以感人就在于此。它不是普通的背影，而是"艰难境遇"中仍深藏"父爱"的背影。暗淡的气氛，悲凉的环境，与父亲对儿子满腔的爱形成了鲜明的对照。"祖母去世，父亲失业，家景惨淡，父子离别"犹如一层潮湿而厚重的雾气，弥漫其间。而在这浓雾散去时，父亲的背影却越来越清晰，形象也越来越感人。是啊，困境重重下，父亲还能处乱不惊、坦然面对。他毫无保留地爱护着儿子，其情实在难能可贵。

原来让国人近百年来感动的原因不是作者的父亲有多伟大，而是某种程度上把他视作父亲形象的典型代表。每个人都能从他身上看到自己父亲的影子，他是千千万万人的"父亲"。那"青布棉袍大马褂""蹒跚着走到铁道边"的肥胖背影被定格成了一幅最美的画面，刻在作者的心中，也镌刻在每一个读者心中，凝成每个人心目中最厚重的父爱形象。愿天下所有的子女理解伟大的父爱，那是天底下最无私、最美丽的情感。

"背影"所承载的岁月加诸父亲的种种磨难与辛酸，让朱自清走进了父亲孤独而坚韧的精神世界，荡涤着他那颗年轻的心灵。朱自清带着我们走进了父辈的心灵世界，让我们用理解和尊重驱走他们的孤独和失落，给他们的人生带来温暖和幸福。我想这应该就是《背影》的意义吧。

【课例点评】

小中见大的特写 微言大义的表达
——品评刘艳红老师《背影》课堂"微镜头"

胡盼

阿基米德说：假如给我一个支点，我可以撬起整个地球。是的，撬起地球看来是那么伟大，但这其中的那个点却是最纯正的精华。阿基米德给所有人留下了一个千古名句，但并没有能凭借自己的力量找到这个支点。

支点如此重要又那么不好找，这似乎是一个很大的难题。不由得想到了自己，想到了自己从事的教育职业，想到了自己和工作对象——学生之间也要找到一个支点，一个可以支起自己一头和撬起学生那头的合适的支点，她在哪里呢？

我努力地思考着，用心地寻找着。皇天不负有心人，在我的苦苦寻觅中，我遇到了艳红老师和她选择的"微镜头"教学方式，我发现这便是我苦苦找寻的无价的"支点"。

"微"这里我们可以理解为小的意思，镜头即是特写，连在一起便是借助聚焦到的可表现文章的点，通过特写的方式表达文章的主旨。我们带着这样的理解回到《背影》课堂"微镜头"中，可以清晰地发现这镜头之微，但微中却有极强的表现力。

比如微镜头之一"拍照片"，拍照只是把镜头定格，《背影》中的哪一部分值得定格呢？当然是最精彩、最经典、最感人的父亲为我买橘子的内容。艳红老师巧妙地把这全文最精彩的部分定格在学生的眼睛中，映射到心目中。不仅如此，老师还用倾注感情的配乐朗诵形式加深了学生对此段定格的印象。此微镜头的选择不可谓不艺术，教师的教授方式也同样如此。

微镜头之二"加底色"是顺承镜头一而来的，是对那个最经典的桥段最好的诠释。黑色的抑或是彩色的？学生们不仅是眼睛能看得到，心里也是清楚明了的。所以老师带着学生们畅游文本，在理解文本的基础上更加深了对这经典桥段的理解，加之视频片段的视觉冲击，学生自己动情地配乐朗读，一幅加了底色的富有情感的老照片便跃然眼前了。尤为重要的是这底色一加，学生便动情了。

动情之后，那就直接去感受吧！艳红老师巧妙地设置了微镜头之三"体悟父爱之深"。如何体悟，当然是在细节中。如此巧妙的问题：文中还有哪些细节同样凝聚着父爱呢？找出来并谈谈你的体会便成了微镜头三的主问题。父爱，是永恒的话题，更是亲情话题中永恒的主题，如何选取恰当的形式来表现，选择便成了关键。艳红老师选取了来自同学们平常生活中的言行举止，一句话、一个眼神、一个动作或某一个特别的举动，文中有这些，学生的现实生活中也有，这很好地联系了学生生活实际，加深了学生对父爱的理解。学生和母亲之间温情的片段展示与文中父亲的言行遥相呼应。正如刘老师所说，原来这篇文章之所以感人，除了朴实的语言外，还因为作者选取了生活中的动情之事，写最动情的事时又突出了最动情的瞬间。

是的，这样的瞬间越多越能表现文章的主题。就像行课至此本可以结束本课教学一样，但艳红老师并没有这么做，她又在此基础上设置了微镜头之四"体悟作者之情"。这一设置可谓是既锦上添花又雪中送炭，锦上添花在于她的设计加深了学生对父爱的理解，雪中送炭则因为学生在理解父爱已经找不到抓手时适时地给了实际的抓手。试问，谁对父爱的理解要更深呢？当然是父亲的子女们。文中谁最能理解父爱呢？当然是作者。如此，有了作者的

21

倾情人加上教者对作者的盛情邀请，文中关于父爱主题的表现和升华便自然而然得到了强化。

一千个读者就会有一千个哈姆雷特，但这一千个哈姆雷特却拥有一个共同的名字。就像这名篇《背影》，一千个读者会有一千种理解，一千个教者也会有一千种教授的方式，无论是读者还是教者都会抓住永恒的主题——父爱。

艳红老师在这中间运用的微镜头方式，既是对父爱小中见大的特写，也是对父爱微言大义的表达，更是按照学生的学习特点量身打造而来的。

我为艳红老师能找到这样的支点而敬佩不已。

胡盼，江苏省乡村青年骨干教师培养对象，江苏省宿迁市初中语文学科带头人，骨干教师。王君青春语文名师工作室成员。

3.《叶圣陶先生二三事》课堂"微镜头"

授课学生	山东省滨州市邹平市魏桥实验学校七年级学生
文本类型	诵读型
课堂特色	多样态咀嚼语言，多角度解读人物。
授课时间	2020 年 4 月 16 日

【设计说明】

《叶圣陶先生二三事》是张中行回忆叶圣陶先生的一篇散文。作者通过回忆与叶圣陶先生交往中的几件小事，表现了叶老谨严自律、待人宽厚的节操和风范，字里行间流露出作者的追思景仰之情。这篇文章最大的特色是以小见大，即用关于叶圣陶先生的小事，突出叶老的宽厚待人、律己修身的高贵品质，升华主旨。

按照"解读内涵三层次方法"：文本第一层显性内容是"我"与叶老交往的几件小事。这一层学生读完文本就能知道，是课堂的起点；第二层隐性意脉是叶老隐藏在诸多小事中的可贵品质。透过文字，学生多角度感受叶老的品质是本文的重点，亦是难点。这一层需要教师创设各种咀嚼语言的情景，如微课本剧、访谈录等形式，触摸叶老为人称赞的品质；第三层深层主旨是学生从叶老身上学着为人处世，学着严谨求实。让叶老的可贵品质濡染学生，这一层是课堂的终点。

【课堂微镜头】

"微镜头"之一 "初识叶老"

师：同学们，上课之前，请大家猜一猜他是谁？（1）他于1932年编写了中国第一本图文并茂的语文课本；（2）他是新中国成立后第一代人民教育出版社的社长和语文课本的总编辑；（3）他是20世纪20年代第一位写童话的作家,《稻草人》是其第一部童话集;(4)我们曾学过他的作品《爬山虎的脚》《记金华的双龙洞》。

生：叶圣陶。

师：对，他就是语文教育家叶圣陶先生。叶老逝世三个月后，他的挚友张中行先生写了《叶圣陶先生二三事》一文，以表达对他的追思之情。

生期待中。

师：下面，请同学们略读课文，边读边思考：文章写了叶圣陶先生的哪几件事呢？略读方法：略读侧重观其大略，粗知文章的大意；略读时可以根据一定的目的或需要，确定阅读重点，其他部分文字则可以快速阅读。

生略读课文，概括事件。

师：一起交流一下，文中写了哪7件事？你可以用自己的话说，也可以概括。

生：第三段两件事：第一件事是描标点；第二件事是修改文章。

师：还有谁继续说？

生：第四自然段是送客。

师：还有吗？

生：第五自然段是复信。

生：写了叶老写文如写话的风格。

生：写了叶老提倡文风简洁。

生：还写了叶老规范"做"与"作"。

师：同学们，文中有一个过渡句，将文章前后串联了起来，谁发现了？

生：第六段第一句。

师：文章3—5段写的是什么内容？

生：叶老待人厚。

师：6—8段写的是什么内容？

生：叶老律己严。

师：同学们，初读后，你认识了一个什么样的叶老呢？

生：宽厚待人。

生：一丝不苟。

生：对自己要求很严格。

师：认识了一个待人宽、律己严的叶老。

"微镜头"之二 "听其言"

师：下面我们就慢慢地走近叶老，听其言、观其行、念其情，触摸他最细腻的情感。

生全神贯注。

师：请同学们寻找一下叶老曾说过的话，有3—4处，找到一处就可举手。

生：第三段，他说："不必客气。……"

师：老师把这句话还原到了文段中，并提取了叶老和我的对话。请看（屏幕显示）：

【听其言】

他说："不必客气。这样反而费事，还是直接改上。不限于语言，有什么不妥都改。千万不要慎重，怕改得不妥。我觉得不妥再改回来。"

我说："您看怎么样好就怎么样，千万不要再跟我商量。"

他说："好，就这样。"

师：请大家以小组4人为单位，1人饰叶老，1人饰"我"，1人读旁白，组长为导演。

温馨提示：尽可能还原叶老和"我"说话时的语气、语调和情感，必要时可以加上动作。如"不必客气"可以加上摆手的动作。

小组演读——全班展读。

师：采访一下饰演"我"的同学，你感受到了叶老什么可贵的品质？

生：为人谦虚、待人平易。

生：认真、谨严。

生：诚恳、谦逊。

师：同学们，此时的叶老是出版社的社长，而"我"只是一名普通的编辑，这就是叶圣陶先生，其德行源于仁心，任何情况下都能如此保持。这只是生活中最平凡不过的小事，但留给作者的印象却是深刻的、温暖的。那通过微小的细节和平凡的小事，彰显叶老高大的人格，这种写法是什么呢？

生：以小见大。

师：继续交流。

生：他说，他非常悔恨，真不该到天坛去看花。他看我的地址是公寓，以为公寓必是旅店一类，想到我在京城工作这么多年，最后沦为住旅店，感到很悲伤。我看了信，也很悲伤。

师：同学们，"我"为什么会以临时户口的身份在妻女家小住呢？我们看看当时张中行的处境：那个时候，张中行在凄凉中告别了妻女，一个人回到了乡下快要倒塌的老房子里，一住很多年。最惨痛的是没有北京户口，每次去北京探望妻女，都遭受几番羞辱。

生：那么，叶老的处境呢？

师：在那段特殊的历史时期，叶老长期承受着与家人分离的痛苦，内心的孤独和焦虑，一直萦绕心头。

生默默点头。

师：都是落魄之人，我们结合他们的处境来猜测一下叶老回信的内容。老师给信写了头：我非常悔恨，因为去天坛看花，没有见到你，你……请同学们以小组为单位交流，推荐最佳作品，参与全班交流。

小组交流——全班交流。

生：我非常悔恨，因为去天坛看花，没有见到你，你一切都还好吗？环境越是艰苦，越能磨炼你的心性。老友，祝一切安好。

师：采访一下，若你是作者，读完信，你会是什么心情？

生：感动、温暖。

师：你感受到了叶老什么品质？

生：待人真诚、对朋友关怀备至。

生：宽厚、善良。

师：是啊，我只是一个小角色，但叶老竟写信表达悔恨。叶老一直坚持真善美，让"我"感动不已。在当时那个特殊的年月，叶老竟对作者这样一个落魄的人如此情重，又怎么能不让他感念至深呢？臧克家曾这样评价过叶老："温、良、恭、俭、让，这五个大字是做人的一种美德，我觉得叶老身上兼而有之。"

生：他不止一次地说："写成文章，在这间房里念，要让那间房里的人听着，是说话，不是念稿，才算及了格。"

师：叶老对别人总是宽厚仁慈，但对自己却甚是严格。

生：他对自己写话风格的坚持。

师：若你是叶老，你会怎样"不止一次"地表达自己的写话主张呢？以同桌为单位，一人饰叶老，一人饰叶老的朋友。看谁的表现最精彩。

推荐展演 —— 全班展演。

师：采访一下，您感受到了什么？

生：叶老对自己要求太严格了，还感受到了叶老对自己写话风格的坚守。

师：在作者的娓娓道来中，叶老宽厚待人、严于律己的形象已经跃然纸上。同学们，叶老主张的写话风格，张中行先生传承了吗？你能从文中找出这样的句子吗？

生：作者传承了这种写话风格。

师：你能推荐一段文字吗？

生：第二段从"我第一次见到叶圣陶先生……最重要的方面 —— 品德"。

师：为了让同学们感受本文的语言风格，我把第二段前2句话改编成了访谈录的形式。

【访谈录】

问：您和叶老怎么认识的呢？

答：我第一次见到叶圣陶先生，是五十年代初，我编课本，他领导编课本。

问：这次合作之前，您知道他吗？

答：我当然知道他，那是上学时期，大量读新文学作品的时候。

问：那您觉得认识之后和之前有不同吗？

答：相识之后，交往渐多，感到过去的印象失之太浅，至少是没有触及最重要的方面 —— 品德。

师：以同桌为单位，一人饰主持人，一人饰作者，感受本文"写话"风格。

同桌"访谈" —— 全班"访谈"。

师：不愧是挚友，张中行先生传承了叶老的"写话"风格，让我们倍感欣慰。

生默默点头。

"微镜头"之三 "观其行"

师：越靠近叶老，我们便越仰视他的高贵人格。刚才，我们听了叶老的声音，下面我们再"观其行"，继续感受叶老的人格魅力。两件事让我们印象深刻，你能找出来吗？

生：一次听吕叔湘先生说："当年我在上海，有一天到叶先生屋里去，见叶先生伏案执笔改什么，走近一看，是描我的一篇文章的标点。"

师：我把吕叔湘先生的转述做了修改，且在"是"前加了一个叹词"呀！"。

（屏显）改："当年我在上海，有一天到叶先生屋里去，见叶先生伏案执笔改什么，走近一看，（呀！）是描我的一篇文章的标点。"

师：以同桌为单位，一人饰吕叔湘先生，一人饰叶圣陶先生，做描标点的动作。

同桌表演 —— 全班展演。

师：采访一下，你感受到了叶老什么品质？

生：一丝不苟、认真、严谨。

师：你从中可以感受到作者对叶老的什么感情？

生：敬佩之情。

师：这就是叶圣陶先生，其德行源于仁心，任何情况下都能如此保持。

生：有人到东四八条他家去看他，告辞时，客人拦阻他远送，无论怎样说，他一定还是走过三道门，四道台阶，送到大门外。告别，他鞠躬，口说谢谢，看着来人上路才转身回去。

师：这一段有很多细微的动作和关联词语很有表现力，你能发现吗？

生：无论怎样，一定还是，三道门、四道台阶，才。

小组互读 —— 全班展演。

师：再采访一下，你感受到叶老是如何对待他人的？

生：真诚、亲切。

生：待人宽厚。

师：虚怀若谷，以德润身，他这样的风范又怎么能不让我们动容呢？这一段中有没有哪句话直接点明了叶老宽厚待人的品质呢？

生：首句。

师：对，这是对叶老直接评价的语句。在这种平静的叙述当中充满着情感，而他的评说随着叙述自然生发，这种写法叫什么？

生：叙议结合。

师：作者对待议论的援引，精要、庄重、承合自如，的确彰显了他"大家"的境界。有人这样评价叶圣陶先生：他既是出色的教员，又是高明的编辑，既是名噪文坛的作家，又是语言学界的前辈，真不愧是这样。这样一位德高望重的老者，忍不住让作者高声称赞。文中有句话，对叶圣陶提出了高度赞扬，谁能找到？

生："叶老既是躬行君子……"。

师：同学们，什么是"人之师表"？

生：做人和做学问的榜样、表率。

师：请同学们竖起大拇指，发自内心地夸赞一下教育家叶老吧！

生自由夸赞——指生夸赞——齐夸赞。

"微镜头"之四 "念其情"

师：这样一位教育界的大师，却在1988年2月16日逝世，作者的心情如何？

生：悲痛。

师：哪一段最能表达这份悲痛？

生：第一段：记得那是旧历丁卯年除夕，晚上得知这消息，外面正响着鞭炮，万想不到这繁碎而响亮的声音也把他送走了，心里立即罩上双层的悲哀。

师：为什么是"双重的悲哀"？

生：叶先生去世已经让人很悲痛，偏偏又碰上除夕这样热闹、喜庆的日子。

生："我"的一位挚友离去，教育界失去了一位有影响力的大家。

师：请同学们用悲痛的声音传达出作者的悲痛欲绝。

生自由读——齐读。

师：通过这节课，我们既了解到了这样一位宽厚待人的叶圣陶先生，也学习到了塑造人物的方法。请大家课后用本课所学到的方法写一写你印象深刻的一个人。用上本文的写话风格，及以小见大、叙议结合的方法哦。

生记笔记。

师：恰如巴金先生所言：虽然叶圣陶先生如今已经不在人间了，而"我"

拿笔的机会也已不多。但是，"我"每一执笔，总是觉得他在背后看我写些什么，"我"不敢不认真思考。所以，同学们去亲近语文、吟咏语文、书写语文、热爱语文吧！我想这将是对叶圣陶先生最好的缅怀！

【自评自悟】

本课是我在滨州市参加优质课评选时的课堂实录。

说实话，我一开始并没有被文章打动，所以，设计出来的环节总不能走入学生的心底。索性，我抛开一切私心杂念，反复素读文本。素读过程中，我一边读一边在头脑中想象叶老的形象。就这样，反复素读了20多遍后，叶老的形象在我的心中越来越丰满，越来越高大。但如何把自己的阅读感受转化为新颖的教学环节呢？我开始一遍遍地设计，一遍遍地磨课。上着上着，思路越来越清晰，从听其言、观其行到念其情，3个板块，层层推进，学生沉浸在创设的情境中，沉浸在朴实的文字中，慢慢走近了叶老的心灵世界。

执教过程中，我两次被学生打动。第一次是让学生结合他们的处境，猜测叶老给"我"的回信内容。我给信写了开头：我非常悔恨，因为去天坛看花，没有见到你，你……结果学生的回信内容竟然很精彩，有的同学的回信甚至让人忍不住动容。第二次是让学生进行访谈录。为了让学生感受本文语言朴实如话的风格，我把第二段改编成了访谈录的形式，并让学生试着用方言演绎。结果，访谈录一演完，文章语言明白如话的特色便凸显了出来。课堂结尾时，叶老的形象已经根植到了每个孩子的心里，我想，这就是立德树人吧。

【课例点评】

巧思妙想，落地生根
——品评刘艳红老师《叶圣陶先生二三事》课堂"微镜头"

张建国

初见此稿，顿觉眼前一亮。不承想一篇简简单单的叙事性文章，竟能够被艳红老师设计得如此丰满，如此精巧！

掩卷长思，又觉妙不可言。看上去每一个环节都是那样朴实而简洁，细细品读却蕴含了大智慧，又是提升语文核心素养的极好体现。

一、板块设计，环环相扣

在艳红老师的这节课上，我们看到了几个环环相扣的清晰的板块：

1. 巧妙导入，增加了课堂容量，激发了孩子们的求知欲。

2. 初识叶老，鸟瞰全文，高效地训练了学生的事件概括能力，将文中的"描标点""修改文章""送客""复信""规范做与作"等事件集中展现了出来。

3. 听其言，通过对叶老语言的揣摩与领悟，引领学生感受了叶老的处事风格。

4. 观其行，在这个环节中，让同学们探究文章是如何通过微小的细节和平凡的小事，来彰显叶老高大的人格。

5. 念其情，体味语言，感受了作者的悲痛之情。

以上五个环节，独立而又有交织，每一个环节，都是一处精妙的设计。尤其是"听其言"和"观其行"两个环节。其中穿插了当时的背景介绍，更有利于学生理解叶老的高贵人格——身处险境，却常思他人不易。

二、师生互动，细致入微

在上面五个环节的内容实施过程当中，艳红老师又绝不是浮光掠影般的一闪而过，她紧扣每一个细节，来让学生咂摸，体会，表达，交流。窥一斑，我们便可见全豹，例如这一处：

师：都是落魄之人，我们结合他们的处境来猜测一下叶老回信的内容。老师给信写了开头：我非常悔恨，因为去天坛看花，没有见到你，你……请同学们以小组为单位交流，推荐最佳作品，参与全班交流。

小组交流——全班交流。

生：我非常悔恨，因为去天坛看花，没有见到你，你一切都还好吗？环境越是艰苦，越能磨炼你的心性。老友，祝一切安好。

师：采访一下，若你是作者，读完信，你会是什么心情？

生：感动、温暖。

师：你感受到了叶老什么品质？

生：待人真诚、对朋友关怀备至、宽厚、善良。

师：是啊，我只是一个小角色，但叶老竟写信表达悔恨。叶老一直坚持真善美，让"我"感动不已。在当时那个特殊的年月，叶老竟对作者这样一个落魄的人如此情重，又怎么能不让他感念至深呢？臧克家曾这样评价过叶老："温、良、恭、俭、让，这五个大字是做人的一种美德，我觉得叶老身上兼而有之。"

通过猜测回信的内容，学生们可以还原叶老的语言风格，可以揣摩叶老的内心波动，可以感受叶老的高贵品质。这便是课堂细节的重要性。

艳红老师一直致力于课堂微镜头的聚焦与研究，她对课中的每一个细节都能有精准的把握，她能够见微知著，能够以小见大，能够借助这些课堂细节来进行师生互动，将课堂效果最优化。

三、沉浸体验，落地生根

反复观摩这节课，我发现艳红老师最令人惊艳的是她那沉浸体验式教学方法，几乎每一个环节，她都在带领着学生们进行角色体验。

在整个教学实录当中，多次出现了演读、展演、访谈这样的教学活动。这些活动看似简单，实际上是给了学生们很多语言建构与运用的机会。在这些活动中，学生们可以沉浸其中，体验人物的情感。从语言方面，从动作方面，从感情方面，全方位地体会与领悟，在这些逼真的情境当中，使学生们的语文素养落地生根。

这才是语文教学真正的魅力，以文本为媒介，打通语文与生活之间的通道，带着自己对文本，对生活的体验，走进语文最深处。

艳红老师的这节课，饱含对语文教学新理念的理解，为我们打开了一扇语文教学的智慧之门，于板块中见精妙，于细微处见功底，实乃用心雕琢之精品！

张建国，男，中学语文高级教师，全国优秀教师，河北省三三三人才，王君青春语文名师工作室成员。

4.《紫藤萝瀑布》课堂"微镜头"

授课学生	山东省滨州市邹平市魏桥实验学校七年级学生
文本类型	诵读型+主题型
课堂特色	诗化语言慢品，多维主题深解。
授课时间	2021年11月18日

【设计说明】

《紫藤萝瀑布》是一篇优美的写景抒情散文，文章围绕紫藤萝花抒发感情。作者从赏花写起，花的生机勃勃让她感到"精神的宁静和生的喜悦"，从而引发对花所受苦难的回忆。由花自衰到盛，感悟到生的美好和生命的永恒。全文脉络清晰，层次分明，不仅语言优美，而且表现手法多样。

按照"解读内涵三层次方法"：文本第一层显性内容是作者徘徊于庭间看见一树盛开的紫藤萝，被紫藤萝花旺盛的生命力所震撼。这一层学生读完文本就能感知，是课堂的起点；第二层隐性意脉是藤萝花所展现的生命姿态，这是本文的重点，亦是难点。这一层需要教师引导学生到文字中走几个来回，慢品细读，方能实现；第三层深层主旨是这一树盛开的藤萝花使作者心中的焦虑和悲痛化为宁静和喜悦，并由此领悟到花和人虽各有各的不幸，但生命的长河无止境这一永恒的哲理。这一层需教师引导学生对主题进行多样化解读，让学生认识到珍爱生命，积极乐观，奋发向上，才能让生命绚丽多彩，这一层是课堂的终点。

【课堂微镜头】

"微镜头"之一"赏花.感知"

师：课前先请同学们欣赏几幅美美的图片（紫藤萝花图片），认识这是什么花吗？

生：紫藤萝花。

师：面对一树繁盛的紫藤萝花，李白曾写下《紫藤树》一诗：紫藤挂云木，花蔓宜阳春。密叶隐歌鸟，香风留美人。李白春风得意时，在他的笔端流淌的是美丽、芬芳的藤萝花。面对同样繁盛的紫藤萝花，散文家宗璞又会有怎样的感悟呢？今天我们就一起学习宗璞的经典散文《紫藤萝瀑布》。

生慢慢进入状态。

师：这节课的学习目标有3个，请同学们齐读学习目标。

生（齐）：整体感知课文内容；品味优美的语言；把握文章主旨。

师：下面请同学们自由地、大声地朗读课文，边读边思考课文名片。

（屏显）

课文名片

题目	紫藤萝瀑布
推荐字词	迸溅　忍俊不禁　伶仃　仙露琼浆　伫立　盘虬卧龙
课文思路	（　）花（1-6）　（　）花（7-8）　（　）花（9-11）
读书感受	＿＿＿＿＿＿紫藤萝

师：我们一起交流一下课文名片。谁给大家读一读老师推荐的字词？

生：准确朗读生字词。

全班齐读生字词。

师：谁给大家理一理课文的思路，可以是一个字，也可以是一个词。

生：赏花 —— 忆花 —— 悟花。

师：你为大家理清了课文思路，真棒！请大家敞开心扉谈谈读完课文后的感受，可以根据老师的提示谈，也可以自由谈。

生：我看到了一树繁盛的紫藤萝花。

生：我仿佛看到了作者宗璞受到紫藤萝花激励的场景。

生：我仿佛看到了一树蓬勃有生命力的紫藤萝花。

"微镜头"之二 "品花.悟情"

师：下面我们就慢慢走近这一树勃勃生机的紫藤萝花，请同学们细品课文1—6段。勾画出1—6段中你最喜欢的描写紫藤萝花盛开的句子，思考：宗璞笔下的紫藤萝具有什么特征？作者是如何描写紫藤萝花的呢？（从修辞角度、用词角度等）。老师期待同学们精彩的赏析。

生自主赏析，批注——小组交流。

师：下面，我们全班交流一下，先从第二段开始吧。

生：从未见过开得这样盛的藤萝……也不见其终极。我的批注：采用了比喻的修辞手法，生动描绘了紫藤萝花的繁茂。由上至下，由远及近，好似一团紫色跃然纸上，给人一种心旷神怡的感觉。

师：你的语言真灵动，老师仿佛感觉到了那一团紫色在跳跃。

生：将一树盛开的紫藤萝花比作瀑布，从总体形象上赞美花的繁盛，显得气势非凡，灿烂辉煌。

师：你的赏析让老师想起了李白诗中"飞流直下三千尺，疑是银河落九天"的气势磅礴。你能尝试着读一读吗？读出那份气势。

生：试读。

师：哪个同学评价一下？

生：没听出气势。

师：你觉得应该用什么样的语速读？这种气势需要重读哪几个词突出呢？

生：语速要慢，重读"这样盛""辉煌"。

师：我们一起读，要读出那份"辉煌"下的"气势"。

生齐读。

生：此处用了比喻修辞手法，形象描写了辉煌盛开的紫藤萝花，突出花开得茂盛，数量之多，辉煌灿烂，生命力旺盛的特点，表达作者的喜爱、赞叹之情。

师：老师仿佛看到了那个默默赞叹的宗璞，你能把这份赞美读出来吗？

生：感情读得很饱满（充满赞美之情）。

师：继续交流。

生：只是深深浅浅的紫……在和阳光互相挑逗。我的批注：运用拟人手法，把紫藤萝写得很顽皮，也很可爱，仿佛一个个正在挤眉弄眼的顽童，对着阳光尽情表演，令人如闻其声如见其态。

师：你的想象力真丰富，老师眼前仿佛看到了顽童般可爱的花儿。

生：以"欢笑""挑逗"将花瀑拟人化，仿佛盛装的少女在欢歌笑语，细腻写出了每一朵花不同位置的深浅，既富有动感，又富有情趣。

师：你能试着把这种动感、情趣读出来吗？

生：动感和情趣读得不太到位。

师：我范读一下，请同学们拿起笔标画老师在哪里做了特殊处理。

　师范读 —— 生模仿读 —— 齐读。

生：作者运用拟人和比喻的修辞手法，细腻地写出了每一朵花靓丽可爱、玲珑别透。"在和阳光互相挑逗"写出了动感的情趣。

师：老师也特别喜欢第二段诗情画意般灵动的文字，我把它改成了一首诗，请听老师配乐朗读：

（屏显）

　　　　一片辉煌的淡紫色，
　　　　　像一条瀑布，
　　　　　不见其发端，
　　　　　也不见其终极。
　　　　　仿佛在流动，
　　　　　　在欢笑，
　　　　　在不停地生长
　　　　　她泛着银光，
　　　　　迸溅着水花，
　　　　　在和阳光互相挑逗。

师：老师怎样读的？模仿老师的语速、语气、语调、重音，小组排练读。

　小组排练 ——2 组展示朗读。

师：展示的同学，读得太出彩了。谁来评价一下？

生：有三大优点：声音低沉，缓慢；重读"辉煌""流动""欢笑""生长""挑逗"；读出了紫藤萝的生机与活力，他们真是最美朗读者。

师：我也为大家喝彩！

生：花朵儿一串挨着一串……好不活泼热闹。我的批注：运用了拟人手法，生动形象地写出了紫藤萝花的繁多茂盛、生机勃勃，表达了作者对紫藤萝花的喜爱之情。

师：你试读一下，读出喜爱之情。

生：读出了对藤萝花的喜爱。

师：你已经变身为作者的"知音"了。

生：运用拟人手法，使句子形象生动，富有情趣，突出了紫藤萝花的活力和可爱。

师：你觉得哪几个词能表现藤萝花的活力、可爱。

生："挨""推""挤"。

师：如果把"推着挤着"换成"依着靠着"如何？请大家做一下动作。

生：原词更有活力。

师：试着重读"推着挤着"表现紫藤萝的生机和活力。

自由读——齐读。

生："挨""接""推""挤"运用拟人手法，使紫藤萝有了生命，表现了紫藤萝花开得旺盛和富有生机，写出了花朵开得热闹灿烂的样子。

师：你让老师看到了一副生机勃勃、热闹非凡的动感紫藤萝图景。

生：我在开花！……它们嚷嚷。我的批注：用了拟人手法，写出花童稚般的欢乐，描绘神态，化静为动，突出它们旺盛的生命力。

师：你用快乐的心情读一读。

生：声情并茂地读。

生："我在开花"连续出现两次，运用反复的修辞手法，强调了盛开的紫藤萝的喜悦之情。"笑""嚷嚷"运用拟人手法，表现花的童稚和快乐。

师：你重读一下"我""笑""嚷嚷"表现一下花儿急切地想让别人看到它开花的情态。

生：用童稚的声音试读"我在开花"。

小组互读——全班齐读。

生：两句话独立成段，运用拟人修辞手法，形象生动地突出了花儿富有生命和活力。"嚷嚷"写出了花的多，它们争先恐后地开放。

师：老师仿佛看到了它们争先恐后的样子。

师：老师给大家配乐，再读这两处富有表现力的文字，读出花的勃勃生机和旺盛的生命力。

生齐读。

师：同学们，这样富有诗意的文字，作者是怎样写出来的呢？请小组交流一下写景的方法。

小组交流 —— 全班交流。

生：按顺序写景：整体到局部，由一树花到一穗花，再到一朵花。

生：观察要细致。

生：多修辞写景。

生：融情于景。

生：展开联想和想象。

师：同学们，在这一树繁花面前，作者的心情是怎样的呢？可用文中第七段词语回答。

生：震撼。

生：喜悦。

生：宁静。

师：同学们，眼前的繁花似锦让作者陷入了回忆，那么，十多年前的紫藤萝花是什么样的呢？你能用一个词形容一下吗？可用第8段中的词语哦。

生：稀落的藤萝。

生：稀零的藤萝。

生：伶仃的藤萝。

师：眼前的繁盛与十多年前的稀零形成了鲜明的对比。

师：（配乐读）写作此文时，作者的小弟身患绝症。一天，她独自徘徊在初夏的庭院中，忽遇一树藤萝。那淡紫色的瀑布一般的藤萝花闪烁着生命的光辉，使她不由得停住了脚步，欣赏，感悟。于是便有了这篇文章。

生点头示意。

师：她的弟弟去世后，她这样写道：1982年10月28日上午7时，我的小弟去了。这一天本在意料之中，可是我怎能相信这是事实呢？他躺在那里，但他已经不是他了，已经不是我那正当盛年的弟弟，他再不会回答我们的呼唤，再不会劝阻我们的哭泣。你到哪里去了，小弟！（《哭小弟》）。

生：作者的小弟不幸英年早逝。

师：对啊，宗璞和小弟的感情太深了！自己唯一的弟弟身患绝症，生命垂危。作为姐姐会是什么心情呢？

生：悲伤。

生：悲痛。

"微镜头"之三 "顿悟.哲理"

师：幸运的是，在作者最悲痛的时候，她见到了这一树盛开的紫藤萝。作者从藤萝花相似的经历中，顿悟到了一个人生哲理，谁告诉老师？

生：花和人都会遇到各种各样的不幸，但是生命的长河是无止境的。

师：对，这就是全文的点睛之笔。结合自己的经历、见闻或本文的背景，谈一谈你对这句话的理解？

生：我们不应该老沉浸于过去的痛苦之中，应放眼未来，做更多对人生有意义的事。

生：花和人都会遇到不幸，但是不幸是有限的，暂时的，而生命的长河无止境。我们不能被昨天的不幸压垮，应该像紫藤萝一样，以饱满的生命力和积极乐观的态度，投身到生命的长河中去实现人生的价值。

生：花有荣盛衰败，人有悲欢离合。人生遭遇的各种不幸和挫折，相对于漫漫一生，只是一瞬间，所以要懂得忘却和放手。

生：以花喻人，形容一个人一生会遇到各种不幸的事情，但生命就像河流一样，一个生命的逝去预示另一个生命的开始，所以生命长河"无止境"。

生：我们要热爱生命，珍爱生命，积极乐观，奋发向上，让生命绚丽多彩。

生：遭遇不幸时，我们不能被厄运压倒，要对生命的长久保持坚定的信念。厄运过后，不要让悲痛压在心头，应面对新生活，以昂扬斗志投身伟大事业中。

师：是啊，无论遭遇多大的困难，我们都要积极乐观地拥抱生活。同学们，作者借紫藤萝表达情感，这种写作手法是什么？

生：托物言志。

师：我们还学过哪些托物言志的文章？

生：《爱莲说》《陋室铭》。

师：请同学们说一说你最欣赏的花草树木带给你的生命感悟吧。

小组交流 —— 全班交流。

生：竹子告诉人们要学会谦逊礼让，坚韧刚强。

生：梅花让我们学会坚强、高洁。

生：松柏告诉我们为人要正直高尚、坚毅挺拔。

生：莲花告诉我们要成为高尚、高雅、圣洁的君子。

师：请把本文的主旨句背出，作为座右铭送给自己。

学生背——齐背。

师：最后老师送给大家两句名言：张海迪和泰戈尔的名言，请大家齐读。

生（齐读）：即使跌倒一百次，也要一百零一次站起来。——张海迪

上天完全是为了坚强我们的意志，才在我们的道路上设下重重的障碍。

——泰戈尔

师：希望同学们的生命之花能够绽放出绚丽的光彩！老师推荐大家赏读宗璞的《报秋》《丁香结》《好一朵木槿花》。

【自评自悟】

《紫藤萝瀑布》一文的教学结束了，但我的心情久久不能平静。毫无掩饰地说，这是我上过的最投入、最振奋、最能留下回味的一堂课。我感动于学生热烈的讨论、情感充沛的朗读和精彩不断的表达，也感动于这种师生共生共进的课堂氛围，让我和孩子们不由自主地完成了一程愉快而充实的文学之旅、生命之旅。不知是我感染了学生，还是学生带动了我，我们就这样相互搀扶着，一直抵达了作者的心灵深处，触摸到作者最真实的心跳，也听到了我们自己灵魂深处的生命吟唱——生命永恒，珍爱生活！

课堂之所以成功，我觉得是对课堂的定位准确，即定位为"品读—感悟"课。在教学中，我尽可能多地给学生以思考、感悟、品读、表达的空间，并在与学生的共同品读中完成本课的核心问题：反复品读，赏析精美的语句；理解主旨，深化人生感悟。这种有广度、有深度的挖掘和课堂生成是我未曾预料到的。这种意外，当然是学生带给我的，从他们闪烁的明亮的眸子里，我看到的是读书的快乐、学习的渴求和智慧的成长。

【课例点评】

基于"语文学习任务群"设计的生命课堂
—— 品评刘艳红老师《紫藤萝瀑布》课堂"微镜头"

吴玥

当前,国家试行双减政策,有效地减轻了学生的学业负担,同时这也对教师的课堂把控能力和整体教学设计能力提出了新要求。此外,在《义务教育语文课程标准(2022年版)》中提出了"语文学习任务群"并做了如下表述:

"义务教育语文课程内容主要以学习任务群组织与呈现。设计语文学习任务,要围绕特定学习主题,确定具有内在逻辑关联的语文实践活动。语文学习任务群由相互关联的系列学习任务组成,共同指向学生的核心素养发展,具有情境性、实践性、综合性。"

陆志平老师在《语文学习任务群的特点》中提出的"语文学习任务群以学生的学习为主线,突出了学生的语文实践,主要是三种学习方式:阅读与鉴赏、表达与交流、梳理与探究"这一观点。

在新课标中,语文学习任务群分为如下三个层次:

1. 基础型学习任务群:语言文字积累与梳理;

2. 发展型学习任务群:(1)实用性阅读与交流;(2)文学阅读与创意表达;(3)思辨性阅读与表达;

3. 拓展型学习任务群:(1)整本书阅读;(2)跨学科学习。

作为一线老师,一直很困惑到底如何在课堂中落实"语文学习任务群"的要求,直到我遇到了艳红老师的生命课堂——《紫藤萝瀑布》。

这堂课有无数可圈可点之处,从古诗导入的直切主题;从赏花感知中的梳理与探究、落实语言文字的积累与梳理任务群的任务;从品花感悟中进行多重形式的朗读形式的实践、多次小组合作后学生互评,从老师为主体的课堂转为学生为主体的课堂;从顿悟哲理中老师对学生回答的"聚焦";从名言激励环节中的"温故而知新",教导孩子们在生活中继续发现美,探索美,创造美,无一不精致巧妙,值得借鉴。

但如果要说聚焦"微镜头",最令人拍手称赞的就是老师在课堂中对学生朗读的不着痕迹的指引。

在课堂上，学生第一遍自由读：读课文，进行文章梳理；学生第二遍试读，学生分析，老师指引重读节奏，于无痕处指引学生朗读的语速和重音；学生第三遍齐读，在文本赏析中进行朗读指引，读出饱满的情感；第四次老师范读，读出在朗读时需要"特殊处理"的动感与情趣；第五次老师配乐朗读，读出散文变成诗歌的灵动与活泼；第六次小组进行排练朗读，读出语速、语气、语调、重音；第七次学生小组进行朗读展示，老师再次对学生的表现进行肯定与赞美；第八次学生在老师引导下重读"我""笑""嚷嚷"，表现出花儿急切地想让别人看到它开花的情态；第九次学生小组互读——全班齐读；第十次老师配乐，学生齐读。

一节生命课堂，学生在朗读中不断攀登，一层又一层，从开始的粗浅了解文本内容逐步过渡到了解作者生平、创作背景后的有情感的朗读，老师从课堂的中心转为课堂的指引者，将朗读的舞台留给了孩子们，充分落实了"学习任务群"的要求，在"微镜头"中切实落实在课堂上培养学生核心素养能力的目标。

在一次又一次的朗读中，学生增强了文化自信，对当时的社会背景深入了解，触摸到时代跳动的脉搏，在老师的指引下，通过"温故而知新"的方式，从眼前的"紫藤萝瀑布"走入作者宗璞的情感世界，感受在"紫藤萝瀑布"背后隐藏的生命哲理——不管遭遇多大的困难，我们都要积极乐观地拥抱生活，并将之付诸实践，在生活中继续探索生命的哲理，培养自己阳光积极乐观向上的精神面貌。

在一次又一次的朗读中，学生增强了语言运用能力，在师生对话中不断得到来自师长的肯定与鼓励，在小组合作交流分享中增强自己的综合能力，并在朋辈教育中一起成长，聚焦生命成长。

在一次又一次的朗读中，学生增强了思维能力，从小组合作分享中提炼，学会聚焦，在老师指引的课外拓展材料中，感受人事变迁，物是人非的沧桑，在联系《爱莲说》《陋室铭》的基础上进行"温故而知新"，在新旧知识的交互中对未来，对未来的生命有更深的领悟与思考。

在一次又一次的朗读中，学生在课堂上读出了气势；读出了赞美；读出了动感、情趣；读出了生机与活力；读出了喜爱；读出了生机勃勃、热闹非凡的动感紫藤萝图景；读出了快乐的心情；读出了花儿急切地想让别人看到它开花的情态；读出花的勃勃生机和旺盛的生命力。这何尝不是艳红老师带领孩子们在语文的花园里驻足欣赏美的过程？孩子们在朗读的过程中读出了美，品出了美，艳红老师还带给孩子们戴上语文的眼镜，以便于孩子们在生活中继续发现美，探索美，创造美。

乐声、读书声、点评声，声声入耳；笑声、讨论声、引导声，声声壮美。最美的画面，最重要的微镜头，这样的生命课堂，美不胜收，艳红老师的课堂美妙绝伦，正是一场美的历程，她正笑着，带着我们，一起往更美处漫溯。

吴玥，广东省佛山市科研组中心成员，南海区教育教学先进个人，王君青春语文名师工作室成员。

5. 《我爱这土地》课堂"微镜头"

授课学生	山东省滨州市邹平市魏桥实验学校九年级学生
文本类型	诵读型
课堂特色	短诗长教，爱国熏陶。
授课时间	2022 年 9 月 16 日

【设计说明】

　　《我爱这土地》作于 1938 年 11 月，其时正值国难当头，饱经沧桑的祖国正遭受日寇铁蹄的践踏。诗人面对满目疮痍的祖国，饱含着深沉的爱国之情写下了这首诗歌。诗人把深沉的爱寄托于一只饱受磨难的鸟儿身上，以鸟儿的三种行为：嘶哑的歌唱、连羽毛也腐烂和常含泪水来表达对祖国的挚爱。诗歌又通过鸟儿歌唱的对象"土地""风""河流""黎明"，用极富画面感的形象来表现复杂深沉的情感。象征手法的运用让诗歌既具有朦胧美、多义性，又浅易形象，极富感染力。

　　按照"解读内涵三层次方法"：文本第一层显性内容是声音嘶哑的鸟儿用情歌唱被暴风雨所打击的土地。这一层学生读完诗歌就能感知，是课堂的起点；第二层隐性意脉是诗歌象征手法下的深层内蕴，这是本文的重点，亦是难点。这一层需要教师提供诗歌的创作背景，解读"鸟""土地""风""河流""黎明"的象征意义，方能实现；第三层深层主旨是体会作者深沉的爱国之情。这一层需以诵读为手段，从意象入手，让学生由浅入深地感受作者深沉的爱国心，并濡染学生的心灵底色，这一层是课堂的终点。

【课堂微镜头】

"微镜头"之一 "曲径通幽花木深"

　　师：（出示我国壮丽山河图片）同学们，祖国如此多娇，引无数英雄竞折腰！但是，回眸历史，这土地也曾经遭受血雨腥风，满目疮痍。历史可以宽恕，但是不能忘记。这节课,就让我们一起走进著名诗人艾青于1938年写的《我爱这土地》,聆听诗人在那个特殊背景下对祖国大地最真挚的告白。

生充满期待。

师:谁能分享一下诗人艾青资料呢?

生:艾青,原名蒋海澄,浙江金华人,现当代著名诗人。

生:早期诗歌风格浑厚质朴,调子深沉忧郁。抗战时期的诗作,格调昂扬。新中国成立后,作品思想更趋成熟,感情深沉,富于哲理。

师:长知识了!谁能再分享一下艾青的作品?

生:主要诗集有《大堰河——我的保姆》《北方》《向太阳》《艾青诗选》等,成名作为《大堰河——我的保姆》。

师:常言道,诵读是理解诗歌的敲门砖。现在,就让同学们闭上眼睛聆听老师的配乐朗读。

师读生听。

师:听完老师的配乐朗诵,你觉得这首诗歌的朗读语调是怎样的呢?

生:以深沉的语调为主。

生:部分诗句非常悲愤激昂。

师:老师为什么这样朗读呢?

生:与作者的情感表达有关。

师:那你觉得这首诗歌表达了作者什么样的情感呢?

生:表达了作者对土地的热爱。

师:仅仅是对土地的热爱吗?还有没有更深层的用意呢?谁能分享一下诗歌的创作背景。

生:诗歌写于1938年,日本侵略军连续攻占了华北、华东、华南的广大地区,所到之处疯狂肆虐,妄图摧毁中国人民的抵抗意志。中国人民奋起反抗,进行了不屈不挠的斗争。诗人在国土沦丧、民族危亡的关头,满怀对祖国深沉的爱,写下了这首慷慨激昂的诗。

师:了解写作背景后,你觉得作者究竟想表达什么情感呢?

生:表达他对祖国的热爱。

生:对祖国的挚爱。

师:老师想问大家:这首诗歌运用了什么手法来表达这份深沉的爱呢?

生：象征。

师：你能具体解读一下吗？

生："土地"在这里象征祖国。

生：诗人借一只鸟儿的形象来表达自己对祖国的热爱。

师：是的。下面我们就化身为那只声音嘶哑的小鸟，进行创意朗读方案设计。设计完成后，小组内进行创意朗读展示。

生设计朗读方案——组内创意朗读展示。

师：下面请大家展示一下你们的创意朗读成果吧。

5名学生展示朗读。

师：谁能点评一下？

生：我觉得田意涵读得最有感情，有些诗句她读得悲愤激昂，听了让人动容。

生：我觉得宗运读得最好，他的语调深沉，让人情不自禁地湿了眼眶。

师：我感觉这5个同学读得都不错，只读了几遍就能有这样的效果，难能可贵。相信，只要大家用心朗诵，每个同学都能成为朗诵小能手。通过诵读，我们深切地感受到了作者那份挚痛的爱。

生默默点头。

师：同学们，这种爱的情感就要大声地读出来。我们有了良好的朗读基础，下面就可以更好地理解作品的内涵了。

"微镜头"之二 "嘈嘈切切错杂弹"

师：诗人是通过鸟儿的哪些行为来表现这种热爱之情的呢？

生：嘶哑的歌唱。

生：连羽毛都腐烂。

生：常含泪水。

师：对的。下面请以小组为单位，思考并讨论：这三种行为中，你认为哪一种行为最能表现作者对于祖国的热爱或最能打动你？为什么？温馨提示：组长统筹，先选定再解读，组员将理由汇总交给组长，由组长或者组内推举一名同学发言。

小组解读、交流——全班展示。

师：下面我们就来分组展示吧。

生：我们组认为"假如我是一只鸟，我也应该用嘶哑的喉咙歌唱"最打动人心，因为鸟儿声音"嘶哑"，已不能再唱出美丽悦耳清亮动听的歌声，但这"嘶哑"的歌声正能抒发对祖国的挚爱。

生：我们组也认为"假如我是一只鸟，我也应该用嘶哑的喉咙歌唱"最打动人心，因为诗人没有直呼"热爱"之类的口号，也没有直接宣泄自己的感情，而是运用象征的手法，让抒情主人公化作一只小鸟，把心底的全部情感浓缩在小鸟那"嘶哑喉咙"的"歌唱"中。

师：解读得真好。请用你的声音传达一下那份嘶哑中的爱吧。

生：读得声情并茂。

师：你通过低沉的语调和重读、拖音，实现了以声传情，为你点赞。

师：请继续分享。

生：我们组认为"然后我死了，连羽毛也腐烂在土地里面"最打动人心，因为诗人没有沉溺于对温柔、恬静"黎明"的欣赏中，为了自己的爱能永远留给土地，他做出了郑重庄严的抉择——献身。这种献身精神可以做这样的解读：我来自土地而最终归于土地，这样，爱才得以升华，得以永恒。这是一种多么超凡脱俗、悲壮高尚的爱国情结啊！

生：我们组也认为"然后我死了，连羽毛也腐烂在土地里面"最打动人心，因为作者以鸟的形象来抒发对祖国的热爱，直到死亡，他死后也要融入这片土地。羽毛是自由飞翔的依托，连羽毛也要腐烂在这片土地上，这份至死不渝的忠贞，死也不忘对祖国这片土地的热爱让人动容。

师：你读懂了诗人对祖国的挚爱。你能用声音传达这份至死不渝的挚爱吗？

生：重读"腐烂"，并做特殊拖音处理。

师：声音低沉，但与祖国融为一体的感觉读出来了，棒！

生：我们组认为"为什么我的眼里常含泪水，因为我对这土地爱得深沉"最打动人心，因为诗人为了表达自己对土地最真挚深沉的爱，把自己想象成是"一只鸟"，永远不知疲倦地围绕着祖国大地飞翔，永远不停歇地为祖国大地歌唱，既唱出大地的苦难与悲愤，也唱出大地的欢乐与希望，即使死了，也要将整个身躯融进祖国的土地中，以表示自己对土地的深沉之爱。

生：我们组也认为"为什么我的眼里常含泪水，因为我对这土地爱得深沉"最打动人心，因为它是那个苦难的年代，一切爱国知识分子对祖国最真挚的爱的表白。这种爱刻骨铭心，至死不渝，它不仅来自诗人内心深处，更是全民族普遍的爱国情绪的浓缩。

生：我们组也认为"为什么我的眼里常含泪水，因为我对这土地爱得深沉"最打动人心，因为"我"对这土地爱得深沉，目睹山河破碎、生灵涂炭的现实，对祖国爱得越深，心中的痛苦就越强烈。通过鸟儿常含泪水，作者表达了对苦难中的祖国无比热爱之情和决心为祖国献出生命的强烈愿望。

师：（播放抗战时期的图片，给学生视觉上的冲击）同学们，这就是诗人1938年所挚爱的祖国，今天再翻看仍难掩内心的激动和愤怒。

生热泪盈眶。

师：下面我们一起读这句震撼人心的诗句，读出诗人对苦难祖国的爱和决心为祖国献身的精神。

生齐读（前半句低沉，后半句昂扬，读出了作者的愤怒、激动和挚爱）。

"微镜头"之三 "大珠小珠落玉盘"

师：诗歌3—6句是怎样表达作者对祖国的热爱的呢？请大家自由品读这四句诗。巧用抓重音诵读的方法，边赏边品边读。（温馨提示：1. 找出应该重读的词语；2. 找到意象并品析象征意；3. 朗读的语气、节奏）。

生自主品读 —— 小组交流 —— 全班展示。

师：请大家展示一下解读的成果吧？

生："这被暴风雨所打击着的土地"，重读"暴风雨"和"打击"，意象"暴风雨"象征意：外来侵略者。

生："这被暴风雨所打击着的土地"，是正遭受日寇欺凌的国土的写照。

师：我们应该用什么语气读呢？

生：极度愤怒。

师：你试试？

生：愤怒地拍着桌子读，读出了那份愤怒。

师：请继续交流。

生："这永远汹涌着我们的悲愤的河流"，重读"汹涌"和"悲愤"。"汹涌"

修饰"悲愤"，因为它表现了我们在面对残酷无情的屠杀时的悲愤程度之深，意象"河流"象征意：中国人民不屈不挠的反抗精神。

师：你简直是诗人的知音啊！你能用你的声音传达出诗人的情感吗？

生："悲愤"愁苦的表情，"河流"则是昂扬、自信的表情。

师：表情、声音和情感都在线，读到了我们的心坎里，继续。

生："这无止息地吹刮着的激怒的风"，重读"无止息"和"激怒"，因为日寇侵略者正在侵略我们的祖国，我们的愤怒是无止息的，"激怒"照应了前文。

师：激怒的中国人，悲愤的中国人仅仅是激愤吗？你还读出了什么？

生：我还读出了祖国人民无止息、不屈不挠的反抗。

师：对，正是这无止息的反抗才迎来了我们的新中国，请大家读出那份愤怒中的反抗力量。

生齐读。

生："和那来自林间的无比温柔的黎明"，重读"温柔"和"黎明"，这里表现的是正义必将战胜邪恶，中国最后一定会取得胜利的美好憧憬。

师：意象，你是怎么解读的呢？

生：意象"黎明"象征意：光明和希望。

师：同学们，前三句铿锵有力，这一句应该读得充满向往、温柔。我们师生合作朗诵吧。

师生合诵，情绪饱满。

师：同学们读得入心，入情，非常感人。是啊，我们的祖国贫穷落后，多灾多难，然而，即使为它痛苦到死，即使势单力微，我也依然要为它而唱！这是一种不离不弃、生死相依的爱！

生情绪激动。

师：下面我们配上音乐进行全诗诵读：这首诗歌的前八句是蓄势，最后两句犹如情感的闸门轰然打开，洪流宣泄而下。我们将后两句重复一遍，第二遍比第一遍要更强烈。

（屏显）附：第一、二句：声音低沉、沙哑。

第三句：满怀悲愤哀痛，语速缓慢。

第四、五句：满怀激愤，语速稍快，一气呵成。

第六句：满怀惬意，语气慢而柔。

第七、八句：满怀悲壮，深沉，缓慢。

第二节两句：满怀对祖国的挚爱，深情。

师生配乐齐诵全诗。

师：大家的朗读让我非常感动，因为你们都读懂了诗人的心！

生情绪激动。

师：同学们，70多年前，祖国大地炮火纷飞，哀鸿遍野，是千千万万个像艾青一样的爱国志士投身革命的洪流，才有了今天这样强大的祖国，有了我们幸福快乐的生活！如今，70年过去了，忠魂不灭，英灵永存，山河犹在，国泰民安，身为后辈的我们又怎么能够忘记历史，忘记国耻，又怎么能够不秉承先辈的遗志呢！同学们，我们要用自己的实际行动去告慰那些永远不灭的忠魂！

学生热血沸腾。

师：送给大家两句话，我们一起读（生齐读）：勿忘国耻铭壮志，奋发图强扬国威！

【自评自悟】

诗歌以其高度概括、强烈的感情、丰富的想象、精练的语言，在文学领域一直被视为最高的艺术形式。"课程标准"中要求"欣赏文学作品，能设身处地地体验和理解作品""对作品的思想感情倾向，能联系文化背景做出自己的评价""品味作品中富有表现力的语言"。基于这样的课标要求，我教给了学生学习诗歌的方法，即："朗读（诗歌）——品味（语言）——理解（感情）——拓展（迁移）"品读法，这大大拓展了学生思维的广度和自由度。

这节课，我的设计意图是通过理解诗歌的意象，让学生体会诗人丰富的情感表达。对于九年级学生而言，把握诗歌的意象并不难，然而，要让生活在和平年代养尊处优中的学生做到读诗悟情，把握诗人极其复杂的情感，并用声音传达出来却并非易事。因此，我通过多样的诵读训练，让学生自己在阅读过程中感悟和体验，注重让学生说出自己独特的解读和感受，启发学生设身处地用"心"去读、去品味、去联想和想象诗中的意境，去感悟、探究诗歌中所深蓄的情感，提高了学生欣赏诗歌的品位及审美情趣。

【课例点评】

长出心灵的翅膀
—— 品评刘艳红老师《我爱这土地》课堂"微镜头"

郑丹

孙玉石先生说：诗人给人们创造了美好的作品却省略或藏起了"意象到意象之间的连锁，有如他越过了河流却并不指给我们一座桥。"而批评家的责任是给读者以"心灵的翅膀"，在作品文本内部的意象和语言的关系中"追踪作者的想象"和智性，从而理解世界而进入鉴赏世界。面对着诗歌的河流，老师与批评家责任的不同在于，老师不能直接给"翅膀"，而让学生自己长出来。这方面刘老师做了可贵的探索。

一、锁定意象

"羚羊挂角无迹可寻""不着一字尽得风流"，诗评家道出了诗歌只可意会不可言传之妙，也从另一角度传达了诗歌理解的难处。诗歌是凝练的语言艺术，如何穿越语言的丛林进入诗歌的腹地，意象是最好的指引。意象是寄托作者情感的承载物，凝聚着诗人的匠心。因此，诗歌教学锁定意象无疑是最好的选择。王荣生教授认为教学内容的选择比教学方法重要，强调了教学内容选择的重要。

作家聂华苓说，艾青的诗好在那雄浑的力量，直截了当的语言，强烈鲜明的意象。刘老师在教材分析里说"诗人巧妙借助意象来表达情感"，可见她敏锐的文体自觉。《假如我是一只鸟》中，刘老师将意象分为两类："鸟"为核心意象，"暴风雨、河流、风、土地"等构成背景意象群。不同于古典诗歌里的"鸟"都有具体的名称，"两个黄鹂鸣翠柳""几处早莺争暖树""杨花落尽子规啼"等，都有着鲜明的形象。但这只鸟不同，没有名称，既有普遍性也有模糊性。这就给理解带来了困难。刘老师善于抓住诗人的创造，从鸟儿的三种行为引导学生理解：歌唱到嘶哑，羽毛腐烂在土里，常含泪水，生前竭尽全力，死后融为一体，永远热泪盈眶，虽然弱小也要全力以赴热爱祖国，诗人对祖国的炽烈的爱通过鸟儿的意象表达出来。紧接着围绕"鸟儿"歌唱的背景，理解"土地""河流""风""黎明"等意像群，这不是在和平年代唱赞歌的鸟儿，而是在侵略者野蛮入侵时不屈不挠抗争的鸟儿，是千千万万不甘受辱勇于反抗的中华儿女的化身。选点准，分类巧，简约不简单。

二、"读"占鳌头

怎样把诗人倾注在意象里的情感表达出来，读是不二法门。本节课，刘老师把读的形式和读的作用发挥到极致。

一老师配乐朗诵，结合各种语言手段表达的思想感情，使学生直观地感受到诗人炽烈又深沉的情感，由此展开对诗歌基调及诗歌背景的讨论。二小组合作创意朗读，这是在初步感知诗意基础上的传情。三小组细读朗读，聚焦鸟儿的三种行为进行品析，再用声音将其表达出来。这个环节尤其值得称道。孙玉石先生说，分析一首诗的意义，要从意象的联络和语言的传达入手，一层层挨着剥开去，弄清每一个意象、比喻（显喻和暗喻）的内涵以及它们之间的关系，每行诗句和每个词语的相互关系。可见，要真正理解诗意，就要深入意象的腠理，"一层层挨着剥"，学生在剥鸟儿的"嘶哑""腐烂""泪水"中体会到了悲壮、至死不渝、痛苦、热爱，诗人面对多灾多难的祖国那种深沉复杂的情感生长在学生心里，再通过学生的朗读达到与诗人共情。在此基础上，刘老师适时出示抗日图片，直观呈现，蕴含在学生心里的情感喷涌而出，情不自禁吟出"为什么我的眼里常含泪水，因为我对这土地爱得深沉"。四自由品读，抓重音诵读的方法，边赏边品边读。同样是品读，这一环节和第三节又有不同。从学生活动看，前者是小组，这里是个人；从品析形式看，前者是先析后读，这里是先读后析。遵循学生认知规律，尊重学生阅读个性，同时也避免活动的单调。五师生配乐齐诵。但不是泛泛齐读，而是设计脚本，将学生泛滥的情感收束引导，达到以声传情以情传爱之效。

刘老师以意象为抓手，以读为线索，读中导引，读中推进，读中收束，层层深入，形式多样，内容多变。像一曲交响乐，激情澎湃；像一首抒情诗，起承转合。学生长出心灵的翅膀，和诗人一起飞翔。

郑丹，安徽省安庆市怀宁县振宁初中教师，安庆市学科带头人，王君青春语文名师工作室成员。

第二辑 文言文课堂"微镜头"

1.《桃花源记》课堂"微镜头"

授课学生	山东省滨州市邹平市魏桥实验学校八年级学生
文本类型	主题型
课堂特色	对话文本，悟古人情怀。
授课时间	2022年5月12日

【设计说明】

陶渊明在《桃花源记》中虚构了一个与世隔绝的理想社会，带有传奇色彩，引人入胜，可读性强。那么，陶渊明到底想通过本文告诉我们些什么呢？对，他告诉我们梦想就在前方，人们追寻梦想的脚步，不能停歇。

按照"解读内涵三层次方法"：文本第一层显性内容是渔人误入与世隔绝的桃花源，那里环境优美，人人幸福快乐，但出来之后却再也找不到的故事。这一层学生一望而知，是课堂教学的起点；第二层隐性意脉是桃花源的特点。桃花源是所有人向往的地方，那么桃花源究竟有什么魅力，能让所有人为之心动。这一层需教师引导，学生方能透过文本，读出"桃花源"的弦外音；第三层深层主旨是每个人都要执着追梦。这一层需教师点拨、引导方能实现，这是课堂的终点。

【课堂微镜头】

"微镜头"之一 "'我'向桃源行"

师:"后遂无问津者",南阳刘子骥之后就再也没有探寻桃花源的人了。今天,老师做你们的"导游",带领我们班的探险团队一起穿越时空隧道回到东晋陶渊明的年代,探寻传说中的桃花源,你们说好吗?

生:好!(情绪激昂)。

师:同学们,上一节课我们已经了解了探险路线,现在,我们准备出发啦。请大家带好装备,特别是我们的语文书——它是我们穿越时空的月光宝盒,特别提醒:注意安全,我们这次回去的东晋末年,社会动荡不安,战争频繁,人们生活在水深火热之中,我们要跟紧队伍,遇到困难要告诉我,不要走丢了。

师:划着船,优哉游哉地走着,忽然面前出现了一大片桃花林。哇,这桃林鲜花盛开,美不胜收,哎呀,我们的船先不要继续前行了,先赏一赏桃花吧。

生:哇,这片桃林好美啊。

师:怎么个美法,描绘一下?

生:在小溪两岸几百步内,全是盛开的桃花,粉色的桃花有的含苞待放,有的随风飘舞。

生:看,桃花落在小草上,小草好像害羞了呢。

生:这片桃林好神秘啊,我更加好奇前面的景致了,咱们出发吧。

师:好,咱们划船走到林子的尽头"一探究竟"吧,划啊,划啊。

生:咦,导游,快看,溪水的源头找到了,原来就在这片桃林的尽头呢。

生:驴友们快看,前面有一座小山,咦?小山上还有个小洞,洞里还有亮光,看来那边是"空"的。

生:太好奇了,咱们一起从洞口钻进去看看吧。

师:好,咱们一个一个钻啊,这个洞口很狭窄,只能容下一个人通过。

生做出"钻洞"的动作。

师:都"钻过"洞口了吗?往前走走,看看有什么景致?

生:导游,走了几十步,怎么突然变得敞亮了呢。

师：大家好奇吧。咱们再往前走走看看。

生：导游，我发现了一个社会主义"新农村"。

师：社会主义新农村？啥样啊？给我描绘一下呗。

生：土地肥沃，平坦，宽阔，房子是红砖绿瓦，并且排列得整整齐齐的。

生：你们看，还有美丽的池塘，水好清，鱼儿在水里自由自在地游来游去。

生：快看，还有桑树，还有竹子呢。

师：一幅美丽的世外桃源图景，确实像咱们社会主义的新农村。

生：导游，快看，田里还有来来往往正在干农活的人呢。

师：快用望远镜看看，穿的衣服跟咱们外面的人一样吗？

生：导游，衣服跟咱们外面的人一模一样。

师：走，咱们进村看看。

生：有个老大爷乐呵呵的。

生：小孩子也蹦蹦跳跳的，很快乐。

生：导游，有个人走过来了？

师：咱们过去问问吧，来一场模拟对话。

师：大爷，你们这里是什么村？

生：桃源村啊，你们是从哪里来的呀？（很惊讶）。

师：我们从很远的地方划船来的，划了很远，迷路了，结果就看到了一片唯美的桃林。我们很好奇，于是划船到桃林的尽头，看到了一座有着洞口的小山，我们爬过了洞，就看到了眼前的景象。

生：走，到我们家吃饭去。（桃源大爷）。

师：停留的几天，陆续有人邀请我们去吃饭，他们还经常约我们开"论坛"会议，我们的这趟"奇遇"，感觉真是太奇妙了。

"微镜头"之二 "'我'化桃源人"

师：下面我们就跟着这位大爷再去桃花源"游览"一番吧，咱们就地解散，大家各自找好玩的地方尽情地"游玩"吧。等会儿大家用这样的格式：从 _____ 中，我"读"出了桃花源的"_____"交流。

学生品读 —— 全班交流。

师：谁先说？

生：从"土地平旷，屋舍俨然，有良田美池桑竹之属"一句中，我读出了桃花源的"美"。肥沃的土地，整齐的房屋，美丽的池塘，还有桑竹等绿色植物，充满了田园气息。

生：从"阡陌交通，鸡犬相闻"中，我读出了桃花源的"静"。清晨，不时传来几声鸡叫声、犬吠声，村落间都能听到，桃花源太宁静了。

师：到底是哪个字写出了宁静？

生：我觉得是"相"字写出了桃花源的宁静，能相互听见。鸡叫、狗吠衬托出了乡村的宁静。

师：非常好！正是因为宁静，我们才听到了鸡鸣狗叫的声音。正是因为有一两声鸡鸣、一两声犬吠，才衬托出了乡村生活的宁静。南朝诗人王籍《入若耶溪》中的"蝉噪林逾静，鸟鸣山更幽"，王维《鹿柴》中的"空山不见人，但闻人语响"，都采用了这种以动衬静的手法。

生：从"黄发垂髫，并怡然自乐"中，我读出了桃花源的"乐"。老人和小孩都很安闲快乐。

师：老人高寿，小孩快快乐乐。除了这些，你还读出了什么？请大家关注"怡然"这个词。

生："怡然"的意思是"安适的样子"。老人之所以长寿，是因为他们生活得悠闲、安适。

师：通过品读词句，我们看到了桃花源的美丽、宁静，以及人们的生活悠闲、自在。那误入桃花源的渔人看到这些景象会有怎样的感受呢？现在，我们一起步入东晋太元年间。

师配乐读背景资料：（屏显）

太元，东晋孝武帝年号（公元376—396年）期间，政治极度腐败，统治集团内部生活荒淫，互相倾轧，赋税徭役繁重，战争频发，短短21年就爆发大小战争60场，结果是：白骨露于野，千里无鸡鸣。兵革既未息，儿童尽东征。

师：谁能解释一下这两句诗的意思？

生："白骨露于野，千里无鸡鸣"的意思是"士兵的尸骨暴露在荒野中，方圆千里之内没有鸡叫的声音"。

生：老师，"兵革"好像应该是指"兵器、铠甲之类的装备"，怎么能用"未息"呢？"没有休息"，说不通呀？

师："兵革"字面上是指"武器和铠甲等装备"，但是它还可以指代什么呢？

生：老师，这里的"兵革"可以指代"战争"。"兵革既未息"是说战争还没有停止，所以才"儿童尽东征"——连孩子也要被迫上战场。

生感叹，面带忧戚。

师：窥一斑而知全豹，借助这两句诗，同学们想象一下东晋太元年间的景象？

生：我看到了荒野。战争过后，很多人都死了，尸骨散落在荒野上，千里之内荒无人烟，连鸡叫的声音都听不到，一片死寂。

师：你看到的是战争结束后的图景。

生：我看到了村落。战争久久不能停止，官府又派人来抓壮丁，就连年幼的孩子都不放过，老弱妇孺，痛哭失声。

师：你看到的是村落间的景象。

生：老师，我想到了杜甫的《石壕吏》。"听妇前致词，三男邺城戍。一男附书至，二男新战死。存者且偷生，死者长已矣。室中更无人，惟有乳下孙。"

师：你能解说一下吗？

生：老妇人家里有三个儿子，都被抓去当兵了，一个儿子写信来说，其他两个儿子都战死了。老妇人还来不及伤心，官府又来抓人了，老爷爷翻墙逃走，老妇人只能跟随官吏连夜赶到军营去做饭。家里只留下儿媳和还在吃奶的孩子。这样的日子，老百姓真的很痛苦。

生倾听，面带同情。

师：这位同学知识面很广。看来，他平时很喜欢阅读。"兵革既未息，儿童尽东征"也是杜甫的诗句，表现的也是战争给百姓带来的灾难与苦痛。

生：背景资料中说，东晋太元年间，短短 21 年就爆发大小战争 60 场。在这样的社会中，老百姓只能过着家破人亡、颠沛流离的生活。

师：非常好！只有了解了作者所处的时代，我们才能更好地理解作者为什么会写下这样的桃花源。如果你是那位来自战乱中的渔人，看到桃花源内的景象，最惊叹的是什么呢？

生：如果我是渔人，看惯了荒野的白骨，最惊叹的就是"良田美池，阡陌交通"。

师：是啊！竟然还有这样美丽、和平的乡村！

生：如果我是渔人，听惯了交战的声音，最惊叹的就是"鸡犬相闻"。

师：不错，抓住了声音的对比。

生：如果我是渔人，看惯了家破人亡、流离失所，最惊叹的就是"黄发垂髫并怡然自乐"。

师：老吾老以及人之老，幼吾幼以及人之幼，让老人和孩子快乐地生活，一直以来都是古代先贤的社会理想。

"微镜头"之三 "'我'悟渊明心"

师：对于来自乱世的渔人来说，桃花源里的和平、宁静是多么可贵呀！那现实生活中，东晋士人又有怎样的理想呢？我们先一起看看成书于晋的《海内十洲记》中的记载：

（屏显）瀛洲在东海中，地方四千里。大抵是对会稽，去西岸七十万里。上生神芝仙草，又有玉石，高且千丈。出泉如酒，味甘，名之为玉醴泉。饮之数升辄醉，令人长生。洲上多仙家……

师：谁来说说东晋士人心目中理想社会的样子？

生思考——交流。

生：东海里，有一个岛叫"瀛洲"，占地四千里，离西岸七十万里，上面生长着灵芝和仙草，还有玉做的石头，有一千丈高。那里出产的泉水像酒一样，味道甘甜，叫玉醴泉，喝几升泉水，很容易就醉了，可以让人长生不老，瀛洲上住着许多神仙。

师：这位同学的理解非常到位。瀛洲这个东晋士人心中的理想境界像仙境。那里有让人长生不老的泉水，还有各种奇花异草。说到这里，老师想问：同样是在东晋，陶渊明笔下的"桃花源"与"瀛洲"最大的区别在哪儿呢？

生议论纷纷。

生：瀛洲充满神话色彩，可望而不可即。它地处东海，有七十万里之遥，凡人根本无法到达。它的泉水像酒，味道甘美，喝了就能长生不老，羽化成仙，太梦幻了。

师：那桃花源呢？

生：桃花源充满田园气息，良田、美池、桑竹，这些景象仿佛就在我们身边，触手可及，更贴近老百姓的生活。

师：一个梦幻，一个现实，差别如此之大。那么，陶渊明为什么要写下这样的桃花源呢？

生：我认为，陶渊明隐居田园十六载，他在田地里劳作，过着"晨兴理荒秽，戴月荷锄归"的生活，所以他笔下的桃花源才会充满农村的田园气息。

师：这位同学结合我们前面学过的《归园田居》中的诗句理解，非常好。谁还有补充？

生：刚才我们了解了陶渊明生活的东晋——战乱频繁，民不聊生。正因为现实生活如此残酷，所以他笔下的桃花源才呈现出和平、宁静的样子。

师：能结合时代背景进行解读，真的很棒。这样美的桃花源，这样的桃花源理想，到底能不能实现呢？陶渊明只在文章的结尾留下淡淡的六个字——"后遂无问津者"，这六个字该作何解？

生：后来就再也没有人去寻找桃花源了。

师：你们从中读出了作者怎样的情怀？

生：叹息世人为什么不再去寻找。

师：除了叹息，还能读出别的情怀吗？自由读一读。

生自由读。

师：谁试着读一读？

生：后遂无问津者（重读"遂"和"无"）。

师：你又读出了什么呢？

生：惆怅。

生：遗憾。

师：在深深的惆怅和遗憾中，陶渊明远去了，但是他追寻理想的身影却深深铭刻在世人心里。年轻时，陶渊明做官，希望大济苍生，可是官场黑暗，他不愿为五斗米折腰；隐居田园，他亲自劳作，即使战乱不断，依然固守着心中的理想——世外桃源。

生顿悟。

师："桃花源"一经面世，就成为历代文人追求的理想。从唐代的王维到当代的毛泽东，很多名人都有歌咏之句。

（屏显）春来遍是桃花水，不辨仙源何处寻。——王维

渔舟何似莫归来，想桃源、路通人世。——张炎

陶令不知何处去，桃花源里可耕田。—— 毛泽东

生齐读。

师：今天，我们这样一趟"不寻常"的"旅行"，老师相信大家肯定有许多话要说。现在，请同学们拿起笔，写下你们此时此刻的感受，可以采用对联、诗歌、读后感等形式，也可以联系课前查找的资料进行补充、迁移，写出你们对桃花源和陶渊明的理解。

生写 —— 全班交流。

生：对于我们来说，桃花源其实很寻常，然而手握大权的太守与品德高尚的隐士刘子骥，都无法找到它。隐居田园十六载，那个不为五斗米折腰的陶令公，为我们描绘了这样一个理想的境界，又安排了这样一个寻而不得的结局，我的内心十分苍凉。

师：谁再来说一说呢？

生：老师，我查到了一副对联，我觉得写得很有意思。上联是"源中一日，渔耕自得其乐，无论魏晋"，下联是"世外千年，饱暖皆为使然，何须有汉"。这副对联不仅巧妙化用了文中的"乃不知有汉，无论魏晋"，而且还写出了世外桃源与世隔绝的特点。

生：老师，我写了一副对联。上联是"入桃源，良田美池，怡然自乐"，下联是"出桃源，荒野白骨，家破人亡"。

生鼓掌。

师：写得真好，桃源内外，两重天地。还有吗？

生：老师，我写了几句感想。"幼时家贫，苦读诗书，不坠青云之志；初入官场，受人轻视，不忘济世报国。几度浮沉，一身傲骨，不为五斗米折腰。种豆南山，采菊东篱，不忘年少初衷。如椽巨笔，绘就桃源，言百姓之心声，千古之下，聆听此音，感圣贤之情怀。"

师生热烈鼓掌。

师：精彩！如果陶渊明能活到现在，他一定会和你成为朋友。他的经历，他的诗歌，他的理想，你都能懂。谁还想发言？

生：陶渊明辞官归隐，是妥协，也是无奈，然而其正是以这种方式向昏暗腐朽的官场发出了呐喊。种豆南山，负锄晚归，诗人感受到了百姓的辛苦，更体会到了战争带给人民的痛。所以，他才用自己的笔、自己的诗文，写下

了百姓的心声。"春蚕收长丝，秋熟靡王税"，即便是这样简单的理想都难以实现，所以桃花源难以寻找。也许，陶公从未想过一千多年之后还有人吟诵他的诗、他的文，甚至还有人被他的情怀所感染。其实，陶渊明并未离去，他的身影还在，他的桃花源还在，他的理想还在，他追求的脚步还在……。

生情绪激昂，师生都受到感染。

师：说得太好了！希望我们能追寻着陶公的脚步，执着地追寻我们的梦想。

【自评自悟】

文言文是语文教学中一道绚烂的风景，是中华民族优秀的文化遗产。《桃花源记》作为脍炙人口的千古名篇，被收入进各个版本的初中语文教材。作为一篇经典的文言文，它的丰富意蕴值得我们深度探究。这节课，我在"打通"这一点上引领学生漫溯在了文本的纵深处。

为了实现全方位的"打通"，我在这节课上使出了"组合拳"。其一是"品读"。让学生在文本最精彩处驻足、停留、欣赏、品味，引导学生在文字中"走个来回"，感受文言文的文字魅力。其二是"情境"。这个情境包括创设的读的情境和为学生创设的各种活动情境，情境的创设让学生在文字中游走，在文字中沉淀，在文字中慢品细读。其三是"打通"。即打通文本与生活的通道，打通古代与现代的通道，打通文本与学生的通道。这节课，我带领学生打通了文言文的任督二脉，让《桃花源记》重新焕发了生命的光彩，让"追寻梦想"变成了养分滋养并激励了学生。

【课例点评】

身临其境寻微光，品读经典巧打通
—— 品评刘艳红老师《桃花源记》课堂"微镜头"

张学慧

文言文有可意会不可言传的妙处，散发着无穷魅力，是我国古代宝贵的文化遗产。《桃花源记》作为千古名篇,语言凝练,意蕴深远,千古流传。正是因为太过经典,这篇文章的教学很难找到新的突破口,讲出亮点。刘艳红老师另辟蹊径,通过三个"微镜头",带领学生"探桃花源、游桃花源、寻桃花源"。让学生身临其境,乐在其中,让观者心适得意,击节赞叹。整节课教学脉络清晰,环环相扣,浑然天成。

一、在情境教学中体验

2022年公布的义务教育语文新课标中明确指出:"创设真实而富有意义的学习情境,凸显语文学习的实践性。"

北京师范大学王宁教授将真实有效的"情境"概括为:"从所思所想出发,以能思能想能启迪,向应思应想前进。"

刘老师巧妙地利用教学资源,创设真实有效的学习情境,激发了学生探究问题、解决问题的兴趣和热情。她将教学环节情境化地设置为"我向桃源行""我化桃源人""我悟渊明心"。每个环节都让学生置身于具体情境中,如老师化身"导游",带领学生一起穿越时空隧道,探寻传说中的桃花源。一路上学生欣赏到了鲜花盛开、美不胜收的桃花源;探寻到了溪水源头,发现了"社会主义新农村"。学生更是化身桃花源中人物与老师进行模拟对话,从而获得更真实的情感体验。教学在师生互动的过程中步步推进,每一步都是真实的,每一步都是在前进。

刘老师不仅创设了活动情境,更是在"课文画面感"处,以情境任务为驱动,创设阅读情境。如:咱们就地解散,大家各自找好玩的地方尽情地"游玩"吧,等会儿大家用这样的格式:从_____中,我"读"出了桃花源的"___"。学生在阅读情境中对语言进行想象构图,在"游玩"中读到了桃花源的"美、静、乐、悠闲"。巧妙的阅读情境不仅让学生获得了丰富的体验和真切的审美感知,更让学生与作品进行有意义的深层对话,促进学生对文本内容的个性化理解。

二、在品读语言中提升

《义务教育语文课程标准》(2022年版)有这样的要求:"能从多角度揣摩、品味经典作品中的重要词句和富有表现力的语言,通过圈点、批注等多种方法呈现对作品中语言、形象、情感、主题的理解。"

《桃花源记》语言精练,意蕴丰富,正文仅320字就描绘出了宛如人间仙境的"世外桃源"。基于此，引导学生品读语言就尤为重要。刘老师在课堂中抓住文中重要词句和富有表现力的词语，带领学生品读欣赏。一学生回答从"阡陌交通，鸡犬相闻"中的"闻"字，读出了桃花源的"静"。老师抓住契机，适时范读，学生品味语言后恍然大悟，原来是"相"字凸显出桃花源的宁静，乡村宁静到几声鸡鸣、狗吠都能相互听见；对课堂有挖掘力的刘老师并没有止步于此，而是引用诗句"蝉噪林逾静，鸟鸣山更幽"和"空山不见人，但闻人语响"，深挖语言，形象地说明这都是运用了以动衬静的手法。

语文教学要在语言文字里出生入死。刘老师带领学生在语言最精彩处驻足停留，挖掘作者情感，巧妙地设计了这样的问题"陶渊明只在文章的结尾留下淡淡的六个字——'后遂无问津者'，这六个字该作何解？"在学生回答出有叹息之意后，教师继续追问"还能读出别的情怀吗？"引导学生边读边品这六个字，最终学生品读出"遂"和"无"，饱含作者深深的惆怅、遗憾及叹惋之情。在深深浅浅的语言品读中，学生感受到了语言文字的魅力，语言文字的运用能力得到提升，思维能力得到发展，且对文本有了更深层次的理解。

三、在全面打通中疗愈

青春语文创始人王君老师说："青春语文追求经由语言文字的学习，探索生命幸福之道，青春语文呼唤打通教法与活法，实践语文意义疗法；青春语文号召语文人经由语文教学见自我、见天地、见众生。"

刘老师的课堂犹如汩汩注入的源头活水，鲜活且富有生命力，课堂全面打通：打通文本与生活的通道，打通古代与现代的通道，打通文本与学生的通道，真正实践了青春语文的打通和疗愈。

学生将自己的感受融于笔尖，写出对桃花源和陶渊明的理解。"也许，陶公从未想过一千多年之后还有人吟诵他的诗、他的文，甚至还有人被他的情怀所感染。其实，陶渊明并未离去，他的身影还在，他的桃花源还在，他的理想还在，他追求的脚步还在……"这位学生已经跨越了文字鸿沟，打破了时空界限，与陶渊明对话，与文本对话。这世间有桃花源吗？这位学生坚定地告诉我们，有！桃花源是我们不变的追求，是我们心灵的栖息地。未来，这位学生会继续循着陶公的脚步，不惧挫折磨难，不气馁不放弃，去追求自己的理想，去寻找自己心中的那片桃花源。何止这位学生，课堂中的每一位学生都会脚踏大地，仰望星空，去找寻自己心中的桃花源。

  这节课独具匠心，以"微"看"大"，在微镜头中将各种语文要素变成了千军万马，排列组合，灵活运用。让学生在千古之下，感圣贤情怀，抒个人理想。这节课，滋养了每一个学生，也治愈了每一个学生。

  张学慧，在济宁市汶上县南旺镇任教，王君语文名师工作室成员。追求并践行"在生活中进行写作，在写作中品味生活"的作文教学理念，在语文教学中见自我、见天地、见众生。

2.《愚公移山》课堂"微镜头"

授课学生	山东省滨州市邹平市魏桥实验学校八年级学生
文本类型	写作型+诵读型
课堂特色	创作剧本，多点品读。
授课时间	2021年11月10日

【设计说明】

阅读是神奇的，而阅读的发现又是多元的，更是可贵的。要识得"庐山真面目"，需要"横看成岭侧成峰，远近高低各不同"。打开阅读的思维，从不同角度去阅读，去发现，需要跳出"山中"，站在不同的立场和高度才会有意外的"惊喜"。基于以上思考，我进行了《愚公移山》一课的创意设计。

按照"解读内涵三层次方法"，文本第一层显性内容是愚公移山的故事。这一层学生结合课下注释翻译全文即可完成，是课堂的起点；第二层隐性意脉是"愚公移山"精神。这一层需要教师依托文本，引导学生多角度品读，方能实现；第三层深层主旨是引导学生传承"愚公精神"，这才是课堂终点。

【课堂微镜头】

"微镜头"之一"创作一个'剧本'"

师：我们今天要学习的文章是《愚公移山》，老师在读此文时，觉得它真像一部精彩的"剧本"。假如拍出电影来，没准真能得个什么大奖，再诞生一位影帝。现在我想给大家模拟一下这个"剧本"的诞生过程。现在老师就是这个"剧本"的作者——两千年前的列子了。

生兴致浓厚。

师：首先，我构思出了这部"剧本"的故事梗概，是这样的（屏显）：

太行王屋二山，本在冀州之南，河阳之北。北山愚公者，面山而居。惩山北之塞，出入之迂也。遂率子孙荷担者三夫，叩石垦壤，箕畚运于渤海之尾。

寒暑易节，始一反焉。

操蛇之神闻之，惧其不已也，告之于帝。帝感其诚，命夸娥氏二子负二山，一厝朔东，一厝雍南。自此，冀之南，汉之阴，无陇断焉。

生自由朗读。

师：哪位同学能根据老师的"故事梗概"为大家简单讲一下这个故事呢？

生：讲了愚公不畏艰难，坚持不懈，挖山不止，最终感动天帝而将山挪走的故事。

师：嗯，语言简洁，内容清楚，讲得不错。初读故事后，你的整体感受是怎样的呢？可以用一个词，或一个短语，或一句话表达。

生：智、诚、奇。

生：大智若愚、人定胜天、志在千里、眼光长远。

生：愚公不愚，智叟不智；事物不是静止不变的，是发展变化的。

师：同学们，一部精彩的"剧本"应该有曲折的情节，有矛盾冲突，有正面人物与反面人物的较量。那么，老师给它加一段（屏显）：

河曲智叟笑而止之曰："甚矣，汝之不惠。以残年余力，曾不能毁山之一毛，其如土石何？"北山愚公长息曰："汝心之固，固不可彻，曾不若孀妻弱子。虽我之死，有子存焉；子又生孙，孙又生子；子又有子，子又有孙，子子孙孙无穷匮也，而山不加增，何苦而不平？"河曲智叟亡以应。

师：如果愚公是男一号的话，智叟就是男二号了，智叟是个年轻人吗？

生：不是，是个老头，因为"叟"是"老头"的意思。

师：你们知道我为什么要给男二号、愚公的反对者起名叫"智叟"吗？

生：这是对比。愚公不愚，智叟不智，称"愚公"是贬词褒用，称"智叟"带有讽刺意味。您故意将两个人物颠倒，以愚公的大智大勇、坚定执着而命名为"愚"，以智叟的鼠目寸光、冥顽不灵而命名为"智"。从中可以看出老师的情感态度：颂扬"愚公"，讽刺"智叟"。

师：你就是我的"知音"啊，读懂了我的"用意"。谁能说一下老师加入这个情节有什么用意呢？

生：从"河曲智叟笑而止之曰"这句话中的"笑"和"止"，我读出了愚公移山这件事遇到了阻碍，智叟的阻碍从侧面衬托出愚公移山之难，愚公移山的意志之坚定，移山精神之强大。

师：对，是为了衬托愚公的坚定信念。这两个称呼既加重了对比色彩，又增强了讽刺效果。除此以外，"公"和"叟"也是带有一定感情色彩，"公"是敬称，相当于"老人家"；"叟"是"讽刺"称谓，相当于"老头子"。拿智叟的鼠目寸光突出愚公的高瞻远瞩，妙啊！愚公反驳智叟的话读起来特别有气势，请大家自由读一读，体会一下。

生自由读。

生：读"愚公"的话，读得铿锵有力。

师：你读出了什么？

生：读出了愚公的智，因为，愚公能够从长远的角度、发展的角度看问题，这让很难的事情变得越来越有实现的可能。

师：你不仅读出了愚公意志的坚定，还读出了愚公眼光的长远，不错。下面，老师再加上三号演员和群众演员，我再加一段（屏显）：

聚室而谋曰："吾与汝毕力平险，指通豫南，达于汉阴，可乎？"杂然相许。其妻献疑曰："以君之力，曾不能损魁父之丘，如太行、王屋何？且焉置土石？"杂曰："投诸渤海之尾，隐土之北。"

学生自由朗读。

师：谁能说一说老师加这一段的用意？

生：移山的难度虽然大，但是得到了家人的支持。

师：愚公的妻子提出异议了，也支持移山吗？

生：他的妻子是支持移山的，只是她考虑事情周全，跟全家商量山上的土石放置地点。

师：对，可见移山得到全家人的支持啊。我再加个特写镜头（投影显示）：邻人京城氏之孀妻有遗男，始龀，跳往助之。

学生齐读。

师：这个孩子愿意加入移山的行列吗？

生：这个孩子非常乐意加入移山的行列，从"跳往助之"中能看出来。

师：移山这么艰难，他爸爸同意他去吗？

生：他没有爸爸，只有妈妈，从孀妻、遗男中可以看出来。

师：老师这个特写镜头有什么用意呢？

生：众人对移山都很支持，连邻居寡妇七八岁的儿子都来当啦啦队了。

师：可见，移山多么得民心啊！老师再加一点细节和环境描写，我的剧本就大功告成了，我也将和我的剧本一起流芳千古！

（屏显）：太行王屋二山，方七百里，高万仞。北山愚公者，年且九十。

生齐读。

师：说了半天，愚公到底多大岁数？

生：将近90岁了，年老体衰。

师：移山团队的队长近90岁了，却依然有着移山的梦想，令人敬佩啊。那么，愚公团队一共有几个人参与移山？

生：队长是愚公，队员是子孙三人（都能干活），还有啦啦队员一名。

师：只有5人参与了移山啊。人员极少。那么，他们要移的山是什么样的呢？

生：两座山很高大，且地域很广。从"方七百里，高万仞"可以看出来。

师："方七百里，高万仞"使用了什么修辞手法？

生：夸张。

师：老师用这7个字有什么用意？

生：说明移山多么艰难啊！山之高大，与人力的薄弱之间形成了鲜明的对比，这让"移山"这件事变得异常艰难，几乎是不可能完成的。

师：对，愚公面临的"山"越高越大，越能衬托愚公的移山精神之艰。通过老师的"剧本"创作过程，你得到了哪些写作方面的启发呢？

生：好的文学作品，不仅要有完整的情节，还应有波澜起伏、矛盾冲突。

生：还要有对比、铺垫。

生：还有细节。

生：还有环境描写。

师：老师希望大家把获得的写作方面的启发，用到自己的写作中去。

"微镜头"之二 "多角度品读"

师：宋代苏轼诗《题西林壁》：横看成岭侧成峰，远近高低各不同。不识庐山真面目，只缘身在此山中。这首诗启发我们：阅读文学作品，要站在不同的立场之上，从多个角度切入，多位地阅读、探究，这样的阅读，可以帮助我们多层次发现文本内涵，更全面地把握和体悟经典文学作品。

生做笔记。

（一）人物态度阅读法

师：面对移山，我们从文本中"窥视"众人的态度。

生：从"杂然相许"这句话中的"许"，我读出了愚公移山这件事，得到了众人的支持，也说明了愚公做出移山的决定，是经过深思熟虑的，并不是一时冲动。

生：从"其妻献疑曰"中的"献"字，我读出了愚公的妻子对移山这件事的担忧和顾虑，也从另外一个侧面写出了愚公移山会遇到的困难之大，任务之重。

生：从"邻人京城氏之孀妻有遗男，始龀，跳往助之"这句话中的"助"字，我读出了愚公移山这件事，得到众人的支持，是顺应民意的行为。这说明，凡是得到众人的支持，即使再难，也有实现的可能，反之，则容易的事情，也会变得艰难。

生：从"操蛇之神闻之，惧其不已也，告之于帝"这个句子中的"惧"，我读出了愚公"移山"的决心之大，可见一个人要做成功一件事情，决心和意志是非常重要的因素。

生：从"帝感其诚，命夸娥氏二子负二山，一厝朔东，一厝雍南"这个句子中的"感"字，我读出了愚公"移山"这件事，有了美好的结果，也说明了愚公移山的精神和发展地看待问题的态度，得到了肯定。

师：通过文本中不同人物对待"移山"的态度，我们能够发现这件事情的导向在哪里，并能从中阅读发现文本本身的价值取向。

（二）言语比较阅读法

师：比较"愚公之妻"与"智叟"的语言，进行深度阅读。

其妻献疑曰："以君之力，曾不能损魁父之丘，如太行、王屋何？且焉置土石？"

河曲智叟笑而止之曰："甚矣，汝之不惠。以残年余力，曾不能毁山之一毛，其如土石何？"

生："其妻"是"献疑"，是担忧和顾虑，是为愚公着想。而智叟是"笑而止之"，是嘲笑和阻止，是反对愚公移山。

生：通过这两种态度的对比，从这一"忧"一"笑"中，我们发现愚公

69

移山这件事是"一波三折",并不顺畅,从中也能衬托出愚公移山的艰难和不易,更显出移山精神的可贵。

师:"愚公之妻"与"智叟"的语言应该分别用什么样的语气去读呢?请小组讨论交流。

生:其妻献疑曰:"以君之力(关心),曾不能损魁父之丘,如太行、王屋何?(担忧,语气较轻)且焉置土石?"(疑虑)。

师:能沉淀在文本中解读人物,很赞。谁能再说一说"智叟"?

生:河曲智叟笑而止之曰:"甚矣,汝之不惠!(倒装强调,严厉责备)以残年余力(轻视,嘲笑),曾不能毁山之一毛(有意挖苦),其(加强反问语气)如土石何?"

师:谁能发现两人说话的句式有何不同?

生:句式方面,愚公之妻用的大多数是陈述句和疑问句,而智叟用的是感叹句和反问句。

师:"汝之不惠,甚矣。"和"甚矣,汝之不惠!"有什么区别?请以同桌为单位,一人读"汝之不惠,甚矣。",一人读"甚矣,汝之不惠!"

生:倒装句加感叹句,双重强调了愚公的"愚",表现出智叟的傲慢和自以为是。

师:"其"表示加强反问语气,双重加强足以表示智叟的语气很强烈啊。请同学们以小组为单位演练读,读出妻子的关心,担忧,疑虑,读出智叟的责备,挖苦,嘲笑。

小组竞赛读。

生:其妻献疑曰:"以君之力,曾不能损魁父之丘,如太行、王屋何?且焉置土石?"读出了妻子的关心,担忧,疑虑,很赞。

生:河曲智叟笑而止之曰:"甚矣,汝之不惠。以残年余力,曾不能毁山之一毛,其如土石何?"智叟的责备,挖苦,嘲笑味道很浓。

生齐读智叟的语言(声情并茂)。

(三)重点词句阅读法

师:下面就聚焦咱们的男一号最精彩的台词,看看你能读出什么?

生:"虽我之死,有子存焉;子又生孙,孙又生子;子又有子,子又有孙;子子孙孙无穷匮也,而山不加增,何苦而不平"这句话中,一个"而"字将"无穷匮"和"不加增"的对比凸显出来,"而"表示转折,语言加重,读出了愚公移山的意志之坚定,眼光之长远。

生:从"虽我之死,有子存焉。子又生孙,孙又生子,子又有子,子又有孙"和"子子孙孙无穷匮也,而山不加增,何苦而不平"可以看出愚公站得高、看得远,有恒心,有毅力,有坚定的决心和意志。

师:对啊,一个高瞻远瞩的愚公形象呼之欲出。大家自由朗读,要读出愚公的坚定和决绝。

生自由读 —— 齐读(重读"无穷匮""而""何苦而不平",感情到位。)

(四)写作视角阅读法

师:谁能从写作的视角,再"看"文本呢?

生:反讽:"愚公不愚"与"智叟不智",讽刺了智叟的短见,赞扬了愚公的远见。

生:做铺垫:"太行、王屋二山,方七百里,高万仞。本在冀州之南,河阳之北"这句话中的"方"和"高"突出了山之高大,为后文的"移山"做了铺垫。

生:神话结尾:"操蛇之神闻之,惧其不已也,告之于帝。帝感其诚,命夸娥氏二子负二山,一厝朔东,一厝雍南"这句话,以神话的方式结束,让"愚公移山"这个故事变得美丽动人。

师:你们的眼光很是独到,真棒!

(五)跳出文本阅读法

师:文章的结尾"自此,冀之南,汉之阴,无陇断焉"怎么读?应该读出怎样的语气? 你们能分别从愚公、智叟和读者的立场读一读吗?

生:从愚公的立场读 —— 读出了欣慰、喜悦之情。

师:你试着读一读?

生:从智叟的立场读 —— 读出了沮丧、懊恼之情。

生:从读者的角度读 —— 读出了愉悦、满足之情。

师:一句话读出了不同的"味道",为同学们的精彩"解读"点赞!

生整理笔记。

师:老师带领大家感悟三个"重要年份":1918 年:曾担任过北京大学校长的著名历史学家傅斯年,当时他还是北大的一名学生,他发表文章,指出"愚公精神"有三大精华：为公思想、民众意识、努力精神。1945年：对我们国家来说，这又是一个重要的年份。我们取得了抗日战争的胜利，并即将开始解放全中国的战斗。毛泽东主席引用了愚公移山的故事，号召人们发扬愚公精神，推翻压在我们头上的大山。2021年：为实现中国梦，努力奋斗。在实现我们祖国伟大梦想的路上，更需要愚公精神！

生记录。

师：同学们能分享一下你们查到的当代愚公吗？

生：当代愚公黄大发，一辈子修一条渠：黄大发的家乡，位于贵州遵义播州区平正仡佬族乡，一个叫团结村的村子。在这里曾流传着这样一首民谣：山高石头多，出门就爬坡，一年四季包沙饭，过年才有米汤喝。如今，潺潺渠水，涓涓流过，润泽了当地1200多人，使曾经闭塞的贫困村面貌一新。

生：愚公支书王光国，悬崖上凿出路，绝境中闯坦途："成为党的十九大代表，肩上的担子更重了，我会继续发扬不等不靠、艰苦奋斗的新愚公精神，让家乡越变越美，老百姓越来越富。"王光国说。说起王光国，地处武陵山腹地的店子坪村村民，无人不竖起大拇指。"要想富，先修路。""5年修不完，就修10年。10年修不完，就修15年、20年。"面对村民的质疑，王光国坚定地说。

师：可见，愚公精神已经很好地传承了下来，它影响了一代又一代人。习近平总书记在几次讲话中提倡要发扬愚公移山精神，他在讲话中谈到的踏石留印、水滴石穿、久久为功、功成不必在我、战略定力、咬定青山不放松、善作善成等等，实际上就是在新的历史条件下，呼吁发扬光大愚公移山精神。

生激情澎湃。

师：让我们继承并发扬愚公精神，正视学习生活中的困难，做一个有远大目标，不怕困难，坚持不懈，顽强奋斗的新时代"愚公"吧。

【自评自悟】

"愚公"身上那些闪光的品质，让我忍不住竖起大拇指。但最感动我的还是愚公勇于追梦的精神。年近90岁的愚公依然有梦想，这一点实在难能可贵。这让我想起了现年82岁被称为最帅老模特的王德顺老人。王德顺老人可以说是大器晚成的典范。他已经 82 岁，但他和许多北漂的年轻人一样有着自己的梦想。值得高兴的是，他最终通过自己的坚持不懈成功了，这样"愚公式"的追梦精神值得我们所有人学习。

是啊，梦想和年龄无关，82 岁才火起来的王德顺老人都没有放弃，我们又有什么资格谈放弃呢？人的一生若要精彩，不管到了什么时候，都要心中有梦想。只要心中有梦，勇敢地追梦，就一定能够实现梦想。上完课，我迫不及待地为愚公写了一首诗：

你，是山脚下普通的百姓；

你，为了子孙和别人的方便而决心移山；

你，不惧怕山高路远，不轻信别人的嘲笑，更不相信无法战胜自然；

你，象征着坚持不懈，矢志不渝的追梦精神，这正是中华民族永久的传承！

愚公，我们敬你！我们敬你！我们敬你！

【课例点评】

祇觉移山兴味长
—— 品评刘艳红老师《愚公移山》课堂"微镜头"

魏萍

"当年敢有愚公志，祇觉移山兴味长。"—— 钱梦龙。

细细品读刘艳红老师的《愚公移山》课堂"微镜头"教学，莫名地读出刘老师的课堂竟有钱老诗句的韵味。王君老师说过"青春之语文，是恪守最不完美的创新也比最完美的守城伟大一百倍之信条。"此句话被无数师者愚公奉为专业研究之信条。教学像雕塑一件艺术品，无数的一线教师，在教学的路上，思考探究，力求把课上得美一点，再美一点，就像此刻层林尽染的秋。课堂是教师的王屋太行，如何把课上得与众不同，需要教师具有移山之志，不断耕耘，终会挖出蕙质兰心的教学"微镜头"。

寓言是一种寄托了深刻道理的简短故事，作者往往把要寄寓的道理或教训借助一个虚构的有趣故事表达出来，具有明显的劝导或讽刺意义。刘老师设计这节课，可谓是用心到了极致。本节课刘老师设计了两个"微镜头"。"微镜头"之一"欣赏一个'剧本'"，刘老师把《愚公移山》设计成一个剧本，老师是"剧本"的作者——两千年前的列子。然后学生根据老师设计的"剧本"概述文章内容，老师则用给"剧本"补白的方式引导学生一步步地研读文本。曲折的情节，矛盾的冲突，正面人物与反面人物的较量。男一号，男二号，在师生共同品读中变得性格鲜明，人物形象丰满。再设置一个特写镜头：邻人京城氏之孀妻有遗男，始龀，跳往助之，群众演员的形象也立体起来。最后加上一点细节和环境描写，剧本大功告成。

《愚公移山》这篇寓言入选语文课本，自然离不开它是一篇文学性很强、结构严谨、生动有趣的文学作品。它有浓厚的浪漫主义色彩，它有环环相扣、曲折离奇的故事情节。但它是一篇文言文，学生一怕文言文，二怕周树人。如何让学生喜欢这篇文章？刘老师想必也是花了一番心思的，构思出用欣赏一个"剧本"的活动带领学生在文本漫溯。学生在活动中自然有兴趣感和带入感，学起来也更有劲儿。

教育家苏赫姆林斯基说过："课，就是教育思想的源泉；课，就是创造活动的源头。"

欣赏"剧本"微镜头设计，刘老师是巧具匠心。把自己设计为千年前的列子，这一构思与寓言写作借助一个虚构的有趣故事揭示一个道理不谋而合。写剧本也是当代学生喜闻乐见的活动形式，学生的学习兴趣一下子被激发出来。剧本，刘老师不是一次完成展示的，而是犹抱琵琶半遮面，缓缓地一点一点在互动中完成。学而不思则罔，思而不学则殆。再好的教学形式如果脱离了学生的学、思的过程，教师良苦用心的设计自然也是错昼。刘老师借助情境加活动教学的方式，循循善诱和学生一起"读"进去，"品"出来，"想"进去，"拓"出来。"语文，不应仅仅是教语文，而应是用语文教"。刘老师带领学生贴着文本走，用语文的方式教学生学语文。情境设计不是为了创新而创新，这一点刘老师做得很好，值得我好好学习。

卢梭曾说："问题不在于教他各种学问，而在于培养他爱好学问的兴趣，在这种兴趣充分增长起来的时候，教他以研究学问的方法。""微镜头"之二"打开角度，多'点'阅读"，刘老师实现了阅读文学作品，站在不同的立场之上，从多个角度切入，多位阅读、探究。这样的阅读，可以帮助我们多层次地发现文本的内涵，能更全面地把握和体悟经典文学作品。

人物态度阅读法、言语比较阅读法、重点词句阅读法、写作视角阅读法、跳出文本阅读法，"打开角度，多'点'阅读"。这一设计让我想到统编教材的编写，名著导读都设计了读书方法指导，《骆驼祥子》圈点批注，《钢铁是怎样炼成的》摘抄和做笔记等。这也是有别于先前教材编写的突出特点。"课文无非是个例子"，教师教学生"授人以鱼，不如授人以渔。"

法国作家左拉有一句话："在读者面前的不是一束印着黑字的白纸，而是一个人，一个读者可以听到他的头脑和心境在字里行间跳跃着的人。""愚公"形象在某种意义上已经成了中国人为实现梦想努力奋斗的象征。徐悲鸿的名画《愚公移山》在抗战时期鼓舞了中国军民的斗志。"梦想、奋斗"是学生们永不过时的精神底色。本镜头自然落在"聚焦人物，拓研寓意。"

教学镜头设计，是教师教学智慧的闪光点。刘老师通过阅读方法的指点，人物形象的解读，拓展了文章的寓意。刘老师思考文本角度独特，令人惊叹。整堂课从宏观到微观，从整体到细节，无不透露着设计者的匠心独运。真可谓是古有愚公移山志，今有"微镜头"课堂兴味长。

魏萍，安徽省淮南市凤台县第四中学语文教师。淮南市骨干教师、淮南市优秀德育工作者。王君青春语文名师工作室成员。

3.《富贵不能淫》课堂"微镜头"

授课学生	山东省滨州市邹平市魏桥实验学校八年级学生
文本类型	诵读型＋主题型
课堂特色	品读语言美，传承精神美。
授课时间	2021年11月12日

【设计说明】

《富贵不能淫》是部编版初中语文八年级上册第六单元《〈孟子〉三章》中的第二篇文言文，这一章主要探讨何谓大丈夫。景春提出观点，孟子反驳，有破有立。对于文言文教学，我一直认为除了必要的积累外，还应该让学生沉浸在文字中，感受文言文的语言魅力。基于这样的思考，我在课堂上十分珍视学生阅读时的独特感受、体悟和理解。

按照"解读内涵三层次方法"，文本第一层显性内容是景春与孟子关于"大丈夫"的"辩论"。这一层学生结合课下注释即可完成，是课堂的起点；第二层隐性意脉是"大丈夫"的内涵。这一层需要教师抓住文中的关键句，引导学生边品读边思考边总结，方能实现；第三层深层主旨是引导学生学做"大丈夫"，这才是课堂终点。

【课堂微镜头】

"微镜头"之一 "品读《富贵不能淫》之语言美"

师：有一位老人，名叫孟子，早在两千多年前就以仁爱之心感动中国。他游走四方，将自己的足迹遍布各国；他能言善辩，将自己的事迹载入历史；他博大精深，将自己的思想流传后世。一盏青灯，数片竹简，140个篆体汉字，记载了他倾尽一生的治国理想。其光辉的思想闪耀经年，传诵至今。现在，就让我们用心灵去感受这段文字的独特魅力。

师生配乐齐诵《富贵不能淫》。

师：《孟子》一书，被尊为儒学经典，为"四书"之一（即古代读书人的"课本"之一）。像《孟子》这样时代久远意蕴深厚的儒学经典，我们应该用怎样的方法高效地学习呢？

生：应该多读，在读中品悟。

师：宋代苏东坡曾言：旧书不厌百回读，熟读深思子自知。苏东坡给我们提供了哪两种学习文言经典的方法呢？

生：熟读，精思。

师：对，我们先熟读，感受《孟子》之"语言美"。先来个简单的"对答式朗读"，即到原文中摘录语句，进行朗读式回答。

生跃跃欲试。

师：景春于公孙衍、张仪之评价，何如？

生：公孙衍、张仪岂不诚大丈夫哉？一怒而诸侯惧，安居而天下熄。

师：孟子同意景春的观点吗？

生：不同意。是焉得为大丈夫乎？

师：丈夫之冠也，父何如？女子之嫁也，母何如？

生：丈夫之冠也，父命之；女子之嫁也，母命之，往送之门，戒之曰：'往之女家，必敬必戒，无违夫子！'

师：妾妇之道，何也？

生：以顺为正者，妾妇之道也。

师：大丈夫之为，若何？孟子之大丈夫，复若何？

生：居天下之广居，立天下之正位，行天下之大道。得志，与民由之；不得志，独行其道。富贵不能淫，贫贱不能移，威武不能屈，此之谓大丈夫。

师：刚才的"对答式朗读"让我们对课文内容有了大致了解。接下来咱们换一种朗读方式，进行品味式朗读。这篇文章记载的是一段对话，即景春和孟子之间的对话。那么他们两人对"大丈夫"的看法有何不同呢？下面，我们边"品"读边感受"大丈夫"的"内涵"。

生做准备。

师：同学们，你们认为什么是"大丈夫"呢？

生：男子汉大丈夫，能说到做到的人就是大丈夫。

师：我们用追本溯源法，探究一下这个词的本义。甲骨文"大丈夫"本义：

成年男子束发，并用发簪固定。男子 15 至 16 岁束发，标志着告别童少时期，20 岁加冠，表示成年，已经是顶天立地的成年人。篆文《说文解字》中也说"从又持十，十尺也。"表示高大。"大丈夫"后来延伸为"有大志，有作为，有气节的男子"。

生做笔记。

师：那么，景春认为什么样的人是大丈夫呢？

生：景春认为像公孙衍、张仪这样的人是大丈夫。

师：哦，景春对公孙衍、张仪持肯定态度，你从哪里看出来的？

生：公孙衍、张仪岂不诚大丈夫哉？

师：哦，从反问句式中看出来，从"诚"中看出来。那么，景春为什么这样认为呢？

生：因为他们"一怒而诸侯惧，安居而天下熄"。

师：哦，他们的"威力"无穷大啊。为什么他们会有这样大的"威力"呢？原来他们俩都是纵横家。我们了解一下"纵横家"，谁能介绍一下？

生：纵横即合纵连横。公孙衍主张合纵，张仪主张连横。他们凭借三寸不烂之舌在各诸侯国君主间游说，策划了诸侯国之间的多次兼并战争。这两个人还都曾是当时的丞相，一人之下万人之上，自然能呼风唤雨，左右诸侯，挑起国与国之间的战争。

生：对，他们有才能，有权力，有威势。

师："诚"是"真正，确实"之意。景春说这句话时应该是什么语气呢？

生：赞美、崇拜，甚至是羡慕。

师：你现在就化身为景春，通过重读"岂不""诚""怒""惧"，读出景春的赞美、仰慕、敬佩、崇拜、羡慕之情。

生：读得感情不到位。

师：景春说他们"一怒而诸侯惧，安居而天下熄"，他们那么威风，所以，在景春眼中，他们是真正的大丈夫。在朗读的时候，竖起大拇指，再试一试。

生：读得声情并茂了。

师：这一遍读进步太大了，看来你这一遍才读懂了景春。据说孟子是辩论高手，我们看孟子是如何进行"高级""辩论"的。

生若有所思。

师：孟子赞同景春的观点吗？从文中哪个地方可以看出来？

生：不赞同。从"是焉得为大丈夫乎？"看出来。

师：对，孟子用一个反问句否定了景春的观点。你能重读"焉得"，读出孟子的不满、不屑的语气吗？

生：读得感情很投入。

师：孟子附体了啊，读得相当不错。那么，孟子否定的理由是什么？

生：孟子认为公孙衍、张仪他们不是大丈夫，而是妾妇之道。

师：回答很利落，你还会用"不是……而是……"的句式说话，思路很清晰。孟子为什么会说他们不是大丈夫而是妾妇呢？

生：以顺为正者，妾妇之道也。

师：孟子的这个结论是如何得出来的？你能从文中找出表明孟子理由的原句读一读吗？

生：丈夫之冠也，父命之；女子之嫁也，母命之，往送之门，戒之曰：往之女家，必敬必戒，无违夫子！

师：孟子为什么会这么说？

生：男子成人之后，要听从父亲的训导；女子出嫁的时候，母亲告诫她到了夫家要听从丈夫的话。公孙衍、张仪他们对诸侯的态度就像女子出嫁后要顺从丈夫的意愿一样，所以孟子认为他们的行为就是妾妇之道。

师：哦，在孟子眼中，公孙衍、张仪他们只是一味地顺从君主的意愿，其实并没有自己的做事原则，因此孟子说他们是"以顺为正者，妾妇之道也"。

生有恍然大悟之感。

师：公孙衍、张仪做事就像妾妇一样，只知道一味顺从君王，不合男人应遵循的"礼"，他们就不能算男人，只能算妾妇。这里孟子把公孙衍、张仪类比作妾妇，表现了孟子说话时的什么语气？

生：对他们的极度鄙视。

师：那么为什么孟子如此鄙视公孙衍和张仪呢？请齐读一下朱自清先生对他们的评价：（屏显）"他们凭他们的智谋和辩才，给人家划策，办外交；谁用他们就帮谁。他们是职业的，所图的是自己的功名富贵；帮你的时候帮你，不帮你的时候也许害你。翻覆，在他们看来是没有什么的……他们自己没有理想，没有主张，只求揣摩主上的心理，拐弯抹角投其所好。"所以，他们这样的行事方式，当然是固守儒家仁义之道，强调为人要有原则的孟子所不齿的。

生记笔记。

师：请大家重读"妾妇"，读出孟子极其轻蔑的语气。

生齐读（读出了轻蔑的语气）。

师：读到这里，请大家回看一下，有没有发现整篇文章在写作结构上的特点？

生：先写景春的观点和理由，再写孟子自己的观点和理由。

师：对，从体裁上看是议论文。议论的方式有两种，一种是立论，就是提出观点再论述观点，另一种是驳论，就是先提出对方的观点进行批驳，驳倒对方后再提出自己的观点。这篇文章属于哪一种方式？

生：驳论。

师：对，文章先提出景春的观点再进行批驳，这就是议论文中的"破"，也就是直接批驳。

学生做笔记。

师：那么，在孟子的眼中，怎样才算是真正的"大丈夫"呢？请大声朗读"居天下之广居……此之谓大丈夫"，边读边做好批注。

生读并批注。

师：在孟子心里，"大丈夫"的标准有三条，评选的标准很高。谁先分享？

生：居天下之广居，立天下之正位，行天下之大道。这句话分别代表着"仁""礼""义"，应该是说人内心应该坚持的道义。

师：对，这是孟子眼中大丈夫的第一条标准，即坚守道义。你能根据自己的理解，用仁、礼、义分别组词吗？

生：居天下之广居——要有"仁德"；立天下之正位——要有"礼节"；行天下之大道——要有"义行"。

师：对，这是进入社会生活前（入世前）的修身立场。《孟子·离娄上》言"仁，人之安宅也；义，人之正路也"，而《论语·季氏》中又言"不学礼，无以立。"谁继续分享？

生：得志，与民由之；不得志，独行其道。这句话是说：得志的时候和百姓一同遵循正道而行，不得志的时候独自走自己的道路。

师：在孟子看来，一个人进入社会生活会遇到不同的境况。顺境时就是"得志"，逆境时就是"不得志"，无论得志不得志，都要坚守什么呢？

生：自己的行为准则。

师：对，这是孟子眼中大丈夫的第二条标准，即坚持原则。孟子常说"穷则独善其身，达则兼济天下"就是这个道理。这一条讲的是大丈夫的修行，不论生活如何改变，大丈夫都会坚守自己的行为准则。谁继续分享？

生："富贵不能淫，贫贱不能移，威武不能屈"，意思是说富贵不能使他迷惑，贫贱不能使他动摇，威武不能使他屈服。

师：请你用自己的语言概括一下孟子眼中大丈夫的第三条标准。

生：要有坚定的信念。

师：对，这是孟子眼中大丈夫的第三条标准，即坚定信念。这是最著名的一条做人标准，被后人广为流传。这一层讲"大丈夫"进入社会生活后的处事原则，即不管在什么境况中，都不能动摇自己内心的气节。这是讲大丈夫修心问题。孟子认为，以上三点都做到了，才能称得上是真正的"大丈夫"。

生记笔记。

师：这三方面按照由内到外，由一般到特殊的顺序旗帜鲜明地亮出了孟子心中的"大丈夫"标准。请同学们再读这段话：重读"广居""正位""大道""与民""独""不能"等词，要读得语气坚定，铿锵有力。

生自由读——齐读。

师：孟子的"大丈夫"观和景春的"大丈夫"观区别在哪里？

生：孟子重"德"，景春重"才"。

师：对，只有德才兼备方为"大丈夫"。孟子把景春的观点批驳倒之后，从三个层面树立"大丈夫"的观点。到这里，孟子很好地树立了自己的观点。从而做到有"破"有"立"，结构严谨，一气呵成。

生记笔记。

师：这场辩论的结果：孟子赢了。同学们分享一下《富贵不能淫》的语言特色？

生：对比鲜明。

生：排比铺陈。

生：句式工整。

生：气势磅礴。

生：说理透彻。

"微镜头"之二 "精思《富贵不能淫》之思想美"

师：都说"半部论语治天下，一部孟子耀中华。"《富贵不能淫》就像一座宝藏，虽然历经千年，却依然在不同时代熠熠生辉，影响着中国人的人格修养，培养了一代代正气凛然的民族精英。开动我们的思维想一想，你知道历史上有哪些人的身上有着"大丈夫"的浩然正气？

生：富贵不能淫——关羽、文天祥、方志敏。

生：贫贱不能移——陶渊明、杜甫、朱自清。

生：威武不能屈——颜真卿、闻一多、刘胡兰。

师：你能选择自己最敬佩的一位"英雄"，说说他的事迹吗？

生：关羽面对曹操的极尽笼络，不为所动，千里走单骑寻刘备。

生：文天祥拒绝高官厚禄，决不投降元朝，用自己的头颅，为南宋王朝画上完美的句号。

生：方志敏不为高官厚禄的利诱所动摇，毅然选择为革命抛头颅洒热血。

生：陶渊明因"不为五斗米折腰"，获得了心灵的自由、人格的尊严。

生：杜甫贫穷至极也坚定自己的信念，力行写作，终成就"诗圣"之名。

生：朱自清宁愿饿死也不愿吃美国人的"救济粮"。

生：颜真卿宁可跳向火堆，也不归附叛军，慷慨走向小人设置的陷阱。

生：闻一多拍案而起，横眉怒对国民党的手枪，宁可倒下去，不愿屈服。

生：刘胡兰面对敌人的威逼利诱，毫不退缩，宁死不屈，自己躺向了敌人的铡刀。

师：党的十九大报告中指出，文化是一个国家、一个民族的灵魂。文化兴则国运兴，文化强则民族强。没有高度的文化自信，没有文化的繁荣兴盛，就没有中华民族的伟大复兴。

生记笔记。

师：你认为"大丈夫"精神就是一种_____的精神，请填上一个四字词，谈一谈你对孟子"大丈夫"精神的理解。

生：仁爱宽厚、崇高正义。

生：乐于奉献、无所畏惧。

生：宏毅坚定、大义凛然。

生：见义勇为、勇于担当。

生：洁身自爱、坚持原则。

师："亚圣"孟子不仅是这样说的，他也是这样做的。他以孔子为榜样，前半生风尘仆仆于各诸侯国的王庭，不畏权势，不慕名利，不贪安逸，只求救民于水火。后半生则忠诚教育，著书立说，将儒家的思想发扬光大。孟子以自己一生的言行树立了一个为民救世的典范，他就是一个顶天立地的"大丈夫"。

生竖起大拇指。

师：同学们，历朝历代的"大丈夫"们用生命和鲜血践行着孟子的崇高理想，这种精神血脉流传至今。在当今时代，"大丈夫"的精神内涵已不局限于性别了。无论男子与女子，都有可能做出"大丈夫"的英雄举动。想想看，当今时代，有哪些"大丈夫"的事迹在感动着我们，在激励着我们？

生：戍边英雄的事迹。

师：清澈的爱，只为中国，其中陈详榕年仅19岁，为了维护祖国的利益做到了"威武不能屈"。

生：科学家袁隆平，为了让全世界人民摆脱贫困而发明高产水稻。

师："禾下乘凉梦"，是90岁的袁隆平一生的追求。

生：华坪女高校长张桂梅。我认为她也体现了孟子说的"大丈夫"精神。为了改变山里女孩子的命运，完全不顾自己的身体，日夜劳损。

师："素心托高洁"，是对张校长最美的赞美。

生：还有航天英雄，也体现了大丈夫的精神。

师：当之无愧的当今大丈夫。请用一句话表达你对"大丈夫"精神的理解。

生：愿意为他人付出哪怕是为此献出了自己的生命也在所不惜。

生：真正的大丈夫要有社会责任感。

生：大丈夫从"小我"走向"大我"，诠释了人间大爱。

师：同学们说得都很好。老师借用吴中胜教授的评价来总结"大丈夫"的精神意义：孟子的"大丈夫"精神，以"仁心"为根本，以"大道"为正路，仕途穷达不离道，富贵贫贱甚至生死都不改操守，极大地挺立了中国士人的精神品格，提升了中国文化包括文人的精神境界。

生情绪激动。

师：作为新时代的中学生，你们准备怎么做呢？

生：我要追求崇高的理想。

师：对，这样的人生才有意义和价值。

生：我要培养自己坚强的意志，找到个人的奋斗目标和努力方向。

生：我要增强自己的文化自信，为实现中华民族伟大复兴而奋斗。

师：同学们，今天的古文经典学习之旅就要结束了，你们的激情，你们的思考都给老师留下了深刻的印象。是啊，经典是一个民族传承的精髓，是一个民族的精神之花。正如习近平总书记所说："站立在960万平方公里的广袤土地上，吸吮着中华民族漫长奋斗积累的文化养分，拥有14亿中国人民聚合的磅礴之力。我们走自己的路，具有无比广阔的舞台，具有无比深厚的历史底蕴，具有无比强大的前进定力。中国人民应该有这个信心，每一个中国人都应该有这个信心。"最后，老师送你们一句话，大声读出来吧，"读经典之书，做有根之人，让经典改变人生。"

【自评自悟】

本文是教材的新增篇目，较为短小。但作为阐述儒家思想的重要篇章，它短短的内容，牵涉了儒家、纵横家等思想学说，更涉及战国社会极为广阔、复杂的时代背景。因此，我课前布置学生查阅了大量资料，这为课堂的精彩生成做足了铺垫。

教学过程中，我采用诵读法和全班讨论探究法，真正地把课堂还给学生，学生的热情被点燃了。在教学设计上，我采用了由浅入深、由表及里的渐进方式，取得了非常好的效果。

总之，文言文是中华民族的瑰宝，我们应该重视学生对文言文学习兴趣的培养，采取多样的形式，调动学生学习文言文的兴趣和积极性，创造性地学习古诗文，汲取民族文化的营养和智慧，让文言文这道风景这边独好。

【课例点评】

心壤之上,万花绽放
—— 品评刘艳红老师《富贵不能淫》课堂"微镜头"

冯燕

好美的微镜头,好震撼的师生对话。在我的眼里,艳红老师的课堂激情演绎出了一幕精彩绝伦的剧幕。

《富贵不能淫》来源于中国战国时期伟大的思想家、教育家、儒家学派的代表人物孟子之作,其名言"富贵不能淫,威武不能屈,贫贱不能移"成为众多仁人志士不畏强暴、坚持正义的座右铭,虽时隔千年,至今仍熠熠生辉,点亮无数人的梦想。

细观刘老师课堂两个微镜头的教学实践,真是一课繁花,处处灿然!

一、读之灿然

为了让学生更好地学习语言,应用语言;积累知识,训练能力;让学生有更多的语文学习实践的机会,刘艳红老师对文本解读周密、精致,她那别出心裁的创意课堂,如电影放映般呈现两个特写画面:品读语言美;精思思想美。熟读精思乃学习文言经典之妙方,刘老师巧用课文进行朗读训练,朗读里渗透对课文内容的解读。在"对答式朗读—品味式阅读—有感情朗读"中,感悟出景春与孟子对"大丈夫"理解的内涵差异,不同的朗读方式促进学生在语言文学中品出其语言之美。

在进入课文学习之初,刘老师说:"我们先来个简单的对答式朗读,即到原文中摘录进行朗读式回答"激起不少学生朗读的欲望。学生们在摘录中熟悉课文、理解文本,老师的几个"何也"连问,孩子们皆能对答如流。趣味教学设计;学生朗读兴趣被激发;预设与生成相得益彰。充分预设,生成精彩的环节,一朵朵含苞之花急于绽放,如有无数光的投射,灿然至极。

进入品读环节,刘老师引经据典,把学生带入情境,让学生分享"大丈夫"的三条标准,在思考诵读中,由内到外,由一般到特殊,亮出孟子心中的"大丈夫"的三条标准,"破""立"结合,一气呵成。学生朗读,语气坚定,铿锵有力,顺其自然地完成情境诵读,经典文化在一次又一次的品读中,其魅力之魂灿然闪现。

李镇西有言:"课堂、社会、心灵应是语文教学的三块有机联系的空间"。孟子的文章长于修辞,气势磅礴,非反复诵读不能有会于心。刘老师恰好利用这一点,让学生反复诵读,达到体会孟子说理的特点,从而深入理解文本内涵。一个精神灿烂的人,可以活成一座花园;一个精神灿烂的集体,可以活成一种传奇。文本之意与传授之意,意意相连;文本之情与学生之情,情情相通;孟子伟大的人格魅力在师生之间彼此熏染,相互递接、传承。刘老师的适时引导、及时点化,在反复诵读中训练了学生的思维与学法实践,加深了学生对文字的理解,深化了学生语言品析能力的提升,达到了一举多得的教学效果。

二、情之灿然

赞科夫强调指出,教学法一旦能促进学生的情绪和意志领域,触及学生的精神需要,这种教学法就能发挥高度有效的作用,在这样的情景中,学生的知识、能力、智力、情感、思维都得到了发展。教学中,刘老师入情入境,充满激情的引领与评价,学生的求知欲被调动、被激发,在情境中读说、观察、想象与思考。渐入式朗读点燃学生的热情,在感情朗读具体可感的语言中,孟子的论断触及学生的心灵,老师的造境为课堂营造出一派生机,情与境相连,彼此间形成链接,凝练成一股强大的吸引力,感染力。

慷慨激昂、掷地有声地诵读让文本之意逐渐明朗,重视德行仁义。内修圣人之道,外行圣人之事。无视名利、不行私权的崇高品质与社会责任感及使命意识在学生心中升腾,个中滋味在细品慢嚼、师生对话中得以升华。

灵敏的教学机制需要老师广博的知识,宽广而又饱满的热情。刘老师以她那敏锐的眼光和思维及时捕捉灵光一闪的生成,因势利导以不变应万变,课堂生成的朵朵浪花不断闪耀,高潮不断迭起。

刘老师对文本教学的处理艺术与课堂魅力显示出大师风范,让人受益颇多。首先,逐层剖析,教而有法,足见教者研读文本的功力。溯根求源一一击破,学生在高亢激昂的学习情境中,解读文本的能力得到很大提升,灵魂与文字相互触碰,撞击出点点银光,激起朵朵有志之花,在氤氲的读思结合中蔓延、怒放。

其次,步步为营,处处点拨,高手也。刘老师通过对"大丈夫"的资料助读，再加上旁敲侧击的智慧启发，让学生的脑洞大开，认知思维不停地扩大，聚焦化，高层化，没有高超精妙的教学艺术，何来这神奇的"点化"。"富贵不能淫，贫贱不能移，威武不能屈"正是孟子一生的写照，是他高洁傲岸志向的彰显。把孟子的精神迁移到课堂传承给学生是老师的智慧、技能与自身魅力与精神的再现，大开大合的课堂教学的背后是刘老师的精血凝成。

最后，课堂进入尾声，刘老师收束有力，小结中连串的排比句式的运用，道出大丈夫的品行与精神，新时代"大丈夫"所应有的涵养与素质，课堂教学的要旨得到进一步深化，学生们从中受到启发，其思维品质的提升是不言而喻的。

反观刘老师课堂教学的两个微镜头，不难得出其专业的素养及日常的精思细磨。每堂课的大放异彩皆与老师的教学能力水平以及综合素质密切相关。我欲努力向之驶近，在这金秋时节，如满树飘香的桂花芬芳于校园，溢满于孩子们的心田。

冯燕，王君青春语文名师工作室成员。市"师德标兵"区"优秀教师"；教学、论文等多次获国家级、市级奖。创意教学在第三届"语文报杯"全国微课大赛中荣获初中组一等奖。

4.《记承天寺夜游》课堂"微镜头"

授课学生	山东省滨州市邹平市魏桥实验学校八年级学生
文本类型	主题型＋诵读型
课堂特色	文本细读，寻闲人之境。
授课时间	2021年11月25日

【设计说明】

《记承天寺夜游》写于苏轼被贬黄州期间，全文虽短小，却意蕴丰富，字字有玄机。它不仅记录了"元丰六年十月十二日夜"的空明月色，更记录了苏轼刹那间涌起的微妙曲折的动人情感。与张怀民"相与步于中庭"开启了那夜悠闲、静谧、不可多言的月下神游，从而诞生了千古写月名篇，既让我们看到了苏轼那坦然真诚的自得与自赏，更让我们顿悟：这摇曳多姿的"乐"源自作者那颗处逆境而不忧愁、化苦难为诗意的"闲人"之心。所以我的教学设计以品读作者的"乐"为主线，由"乐"及"闲"，去领悟苏轼空灵之心境，学习乐观豁达之人生态度。

按照"解读内涵三层次方法"：文本第一层显性内容是作者描绘了承天寺夜游所见的月下美景。这一层学生借助注释这个"拐杖"，就能知道，是课堂的起点；第二层隐性意脉是作者隐藏在字里行间的情感，即"乐"与"闲"。这一层需要教师搭建支架、补充背景资料，引导学生字字品读、回味，方能实现；第三层深层主旨是让学生跟着苏轼学做乐观豁达之人。苏轼面对逆境，永葆乐观的态度，是学生人生路上的必备精神养料。这一层才是课堂的终点。

【课堂微镜头】

"微镜头"之一"品读作者之'乐'"

师：2000年，法国《世界报》评选了1000年前的12位英雄，其中有罗马帝国的皇帝，有拜占庭帝国的皇帝等等。在这12位英雄里还有一位中国人，他就是——苏轼。《世界报》用了两个整版的篇幅详细介绍了一个中国人的生平，尚属首次。那么苏轼究竟有什么魅力能让外国人如此欣赏和敬重呢？这也是同学们课前质疑最多的问题。今天，通过《记承天寺夜游》一文的学习，我们来一探究竟吧。

生眼神中充满好奇与期待。

师：老师配乐范读，请同学们边听边想象画面。

生闭眼想象画面。

师：睁开眼，谁能描绘一下你刚才想到的画面？

生：我脑海中浮现出清幽宁静的画面。淡淡的月光，几竿青绿的竹子，被小小的窗子剪成了一幅画，周围一切景物仿佛都是静止的，月光洒落像细纱一样，偶尔还能听到几声不知道名字的小虫的鸣叫，更衬托了夜晚的寂静。原来月亮也是一个调皮的孩子，与作者一起在美丽画卷中荡漾着，享受着。

生：我看到了一副"竹影横斜水清浅"的画面。皓月朗照，一泻千里，激发了作者夜游的兴趣。至承天寺，眼前"庭下如积水空明，水中藻、荇交横，盖竹柏影也"，寥寥数笔，为我们勾画出了一幅优美的寺院月下竹柏图。构图简洁，画面清晰。笔墨淋漓畅达，仿佛触手可及。画面静中有动，动中愈见其静。天上人间，几乎都在水中浮动、摇曳，浑然相融。创造出了一个竹影横斜、水色清浅的透明世界。

师：你们想象的画面太美了。林语堂《苏东坡传》说："苏轼最快乐时，就是写作之时。能使读者快乐，是苏轼作品的一大特点。"此时此刻，这份快乐感染了我们，让我们试着读出这份快乐。

生：用欣然的愉悦的语气齐读课文。

师：在朗读中，我们听出了苏轼内心浅浅的快乐。接下来，让我们潜入文本，逐字逐句反复品读，细细咀嚼，发现并还原作者蕴藏在文章词语和句子中的快乐。以下面格式在课文空白处写下自己的解读。示例：月色入户————我在"月色入户"一句中发现了苏东坡因月色不期而至的快乐。这个"入"字写出了月色如老友般的善解人意，她知道，对月亮情有独钟的苏轼，是不会放弃一个美好的有月色的秋夜的；正是这个"入"字引发了苏轼无尽的惊喜——我本无意见月，月色自"入"我胸怀，不邀而至的月色带来了一份不期而至的快乐。

生自主品读赏析。

师：谁先第一个分享？

生：我在"欣然起行"一句中发现了苏东坡因月色入户而迅即产生的快乐，以及迫切想与朋友分享的愿望。一个"起"字和一个"行"字说明他内心涌起的那份快乐是多么强烈，多么真诚！他是多么率真可爱！

生：我在"欣然起行"一句中发现了苏东坡因月色突然造访的快乐，一个"欣"字和一个"行"字说明他对月色的喜爱和对月光突然到来的欣喜，以及马上与铁哥们儿分享的急迫心情。来一场说走就走的旅行，快乐！兴奋！

生：我在"欣然起行"一句中发现了苏东坡因月色入户而产生的快乐，一个"起"字和一个"行"字说明他为了观赏美丽的月光，开心、急迫的心情！苏轼当时一定兴奋到了极点！

师：苏轼的这份快乐溢于言表。我们再读这句话，加上"呀"感受作者的兴奋与快乐。

生：元丰六年十月十二日夜，解衣欲睡，（呀）月色入户，欣然起行。

师：你读出了作者对月亮的喜爱之情，读出了作者的兴奋与快乐。谁继续分享？

生：我在"念无与为乐者，遂至承天寺寻张怀民"一句中发现了苏东坡因与朋友心意相通的快乐。一个"念"写出了苏轼瞬时的沉吟、思量与搜寻，正是这一转念间，张怀民"跃上"他的心头。"遂"和"寻"字写出了苏轼当时的兴致勃勃，而从"念"至"遂"也涌动着一份难以言表的快乐：月色常有，但又有谁能和你共赏呢？

生：我在"念无与为乐者，遂至承天寺寻张怀民"一句中发现了苏东坡能有铁哥们儿一起赏月的快乐。一个"念"写出了苏轼一瞬间就想到了张怀民，能有朋友一起分享，真是快乐无穷。一个"遂"和"寻"字写出了苏轼带着激动开心的心情去寻找张怀民。

生：我在"念无与为乐者，遂至承天寺寻张怀民"一句中发现了苏东坡看到美丽景色，心中又有那个可以陪他欣赏美景的人的快乐。一个"念"写出了苏轼喜欢美景，更喜欢和好友一起欣赏美景。一个"遂"和"寻"字写出了苏轼有了想法就一定去实现的兴致勃勃，还有与好友一起分享美景的急切心情也十分强烈！

生：我在"念无与为乐者，遂至承天寺寻张怀民"一句中发现了苏东坡因与朋友相见的快乐。一个"乐"字写出了苏轼当时内心的激动、快乐。一个"遂"和"寻"字写出了苏轼十分着急地寻找张怀民赏月的激动心情，也有马上见到好友的无尽的惊喜。

师：苏轼赏月，为什么单单去寻张怀民呢？他会找王安石吗？

生：张怀民是作者的朋友，当时也贬官在黄州。

师：仅仅是同被贬的经历吗？一起看看张怀民的名片：张怀民，1083年贬黄州，起初寓居承天寺，心胸坦然，绝不挂怀于贬谪之事。公务之暇，以山水怡情悦性，处逆境而无悲戚之容，为品格清高超逸之人。你们读出了什么？

生：张怀民和苏轼一样心胸坦然，爱好山水，不挂怀贬谪之事，同为品格清高超逸之人。两人处境相似，志趣相投，是人生知己，也是审美知己。明月相邀，知己相伴，自是人生一大乐事！

师：你真是他们的知己，因为你读懂了他们。我们再读"念无与为乐者，遂至承天寺寻张怀民"，读出作者的激动、兴奋与快乐。

生：念无与为乐者，遂至承天寺寻张怀民。（前半句语速适中，后半句语速较快。有激动，有快乐）。

师：继续分享。

生：我在"怀民亦未寝，相与步于中庭"一句中发现了苏东坡知己相伴悠闲漫步的快乐。一个"亦"字中蕴含着至巧至好的快乐，写出了知己间心有灵犀的妙趣！而"相与步于中庭"是两个热爱山水、心有诗意的人在月下并肩漫步的静谧画面。

生：我在"怀民亦未寝，相与步于中庭"一句中发现了苏东坡因张怀民在等他相邀的快乐。一个"亦"字写出了苏轼和老友心意相通、志趣相投的激动。而"相与步于中庭"是与好友一起悠闲散步赏月的默契，还有与铁哥们儿张怀民在庭院中漫步、仰望苍穹的欣喜与快乐。

生：我在"怀民亦未寝，相与步于中庭"一句中发现了苏东坡与老朋友心意相通的快乐。一个"相"字写出了张怀民与自己心有灵犀，他也没有入睡。这个'相'字引发了苏轼的无尽喜悦。而"相与步于中庭"是知己一起漫步在院子里赏月的欣喜。与自己的好友一起悠闲地散步和分享乐事，的确快乐。

生：我在"怀民亦未寝，相与步于中庭"一句中发现了苏东坡与知己共赏美景的快乐，一个"亦"字写出了苏轼和知己共同赏月的悠闲与惬意。而"相与步于中庭"写出了苏轼与张怀民有同样乐趣的欣喜，有同样闲情雅致的心有灵犀。

师：这里的"步"与"欣然起行"中的"行"能否交换？

生：不能。因为"行"写出了苏轼心中强烈的欣喜，迅即起行，不假思索，率性而为；而"步"则写出了苏轼与张怀民月下漫步时的悠闲、从容、惬意。

师：这里有没有写二人如何"交谈取乐"？

生：没有写二人如何交谈取乐。

师：这样写有什么好处？

生：一为留白，给人以无尽的遐想；二是他们心意相通，会心一笑胜过千言万语，宁静之中更显情味悠悠。

师：重读"亦"，体会"怀民亦未寝"的惊喜。

生自由读。

生：怀民亦未寝，相与步于中庭。（后半句语速稍慢，读出了悠闲的感觉）。

师：你读懂了文字背后的情感。继续分享。

生：我在"庭下如积水空明，水中藻荇交横，盖竹柏影也"一句中发现了苏东坡沉醉月下美景、因错觉而引发的意外发现之快乐。这个看似平淡的句子中蕴藏着令人惊喜的情感波澜：庭院下恰似有一汪澄澈空明的积水，积水中还有纵横交错的藻、荇，仔细一看，那婆娑的阴影原来是竹柏的影子啊！这个波澜，来自苏轼的真实感受，也带动着我们的惊喜。

生：我在"庭下如积水空明，水中藻荇交横，盖竹柏影也"一句中发现了作者因庭院的美丽景色而产生的快乐。庭下月色如积水般空明、澄澈，积水中似乎有藻、荇，抬头一看，呀，原来是竹柏的影子啊，真是人间仙境。

生：我在"庭下如积水空明，水中藻荇交横，盖竹柏影也"一句中发现了苏东坡发现庭院中美景的惊喜。啊！这简直是人间天堂啊！如此美的景色，好似一幅美丽的画卷，真是让人神往。悲伤的心情也因这美景和身旁的友人而变得豁达、欣喜。

师：这个句子历来被誉为写月色的绝唱。我们采用比较法来体会写景之妙。把"庭下如积水空明，水中藻、荇交横，盖竹柏影也"一句改成"庭下月色空明澄澈，地上竹柏之影交横"，比较哪个句子好？

生：原句发挥奇特的想象，用了两个新奇的比喻，语言更加生动形象，能唤起人心中的美感。

师：把句子中的"盖"字去掉，再比较有没有原句好？

生："盖"字的使用，有错觉之美，增添文章的情趣。

师："盖"前加上"哦"再读，读出惊喜之情。

生齐读，再次感受月色之美。

师：是啊，月光如水，所以竹柏的影子就成了水中的藻荇。藻荇的浮游，又让人感到水的流动。月光在朗照，那无形的静态的月光便有了动态的美感，使人产生丰富的联想。古人有：明月松间照，清泉石上流。苏轼描摹的却是：明月庭中照，藻荇影中游。月色之美尽在其中啊。同学们用几个美词来修饰一下这明月吧？_____的朗月世界。

生：澄澈透明！

生：空灵！

生：皎洁无瑕！

生：清朗幽美！

师：澄澈透明、皎洁空灵、清朗幽美……的朗月世界。同学们再读写景句，试着读出月色的空明澄澈，读出竹柏的清丽淡雅，读出苏轼的宁静喜悦。

生自由读。

师：区区85字，竟然蕴含了这么多的快乐：月色不期而至的快乐、朋友心意相通的快乐、知己相伴悠闲漫步的快乐以及沉醉月下美景、因错觉而引发的意外发现的快乐。短短几十个字，就给了我们无穷的想象。

"微镜头"之二"探寻'闲人'之心境"

师：齐读"何夜无月？何处无竹柏？但少闲人如吾两人者耳"。

生齐读。

师：太平淡了。这一个个问号，问天，问地，问芸芸众生，问自己，千年的声音就这么读出来吗？

生再读。

师：闲人是什么意思？

生：清闲的人。

师：清闲无事，便去赏月，还有深意吗？

生思考。

师：本文是苏轼因乌台诗案被贬黄州时所作，我们通过几段文字，了解一下苏轼在乌台诗案中的遭遇。

（屏显）：

元丰二年（1079年），苏轼因为被人指出用诗歌来诽谤新法，其政敌以"讪谤朝政"的罪名把苏轼投进监狱，这就是历史上有名的"乌台诗案"。

两个差人用绳子捆扎了苏东坡，像驱赶鸡犬一样上路了。

究竟是什么罪？审起来看！怎么审？打！通宵侮辱，摧残到了其他人听不下去的地步，而侮辱摧残的对象竟然是苏东坡。

那位太皇太后，她病得奄奄一息，神宗皇帝想大赦犯人为她求寿，加之多方营救，皇帝放了苏东坡，贬谪黄州充黄州团练副使（宋代闲散不管事的官职），但不准擅离该地，并无权签署公文，没有薪俸。

他从监狱走来，带着极小的官职，实际上以一个流放罪犯的身份走来，他带着官场和文坛泼给他的浑身脏水走来，朝着这个当时还很荒凉的小镇走来。（余秋雨《苏东坡突围》）

师：同学们，把苏轼换作你，你受得了这般对待吗？

生：受不了，估计我早都被折磨死了。

生：我可能会得抑郁症，我也受不了。

师：苏轼是怎么做的呢？

生：苏轼选择赏月去，来温暖自己寂寞的心灵。

师：苏轼还选择了写下这段经历，来宽慰自己。还记得那个"夜"字吗？这也是他的人生之夜，尽管会有一些被贬后淡淡的失落，可是仅仅失落那不是苏轼，他没有像杜甫那样郁郁而终，也不像李白那样求仙问道，他努力生活，欣赏身边美景，他活得很坦然。

（屏显）：

为了生活，他租数十亩荒地经营，筑水坝，建鱼池，移树苗，种植稻麦和蔬菜，并在坡边自筑茅屋，号"东坡居士"。

生：齐读。

师：没有薪俸，关心粮食和蔬菜，有一所房子，面朝大海，春暖花开呀。

你又读出了什么呢？

生：他的内心也像月光一样澄澈明净。

生：他是一个很乐观很豁达的人，遇到困难，能够自己开导自己，能够看到自己想要什么。

师：他想要什么呢？

生：想要战胜困境，获得新生活吧。

师：澄澈明净、乐观豁达。所以闲还是无事的清闲吗？

生：不是了，而是一种面对逆境时的从容，是一种宁静和旷达的心境。

师：所以，一个"闲"字，也是一种至高的人生境界，生活给苏轼关了一扇门，又给他打开了一扇窗。再把"闲"放到嘴里咀嚼一下，有贬谪的忧伤，但更多的是赏月的欣喜，漫步的悠闲和人生的旷达。这"闲"不只是不得签书公事的"清闲"，还有面对逆境的"从容"，是超然于劳累的身体生活的"悠闲"，是诗意面对逆境、率性面对生活的"真淳"，是清空了世俗名利的"宁静"与"空灵"，是超越了生死的心灵的"大自由"。

生自由读全文。

师：看看苏轼被贬黄州的成就：在黄州的四年又四个月，他作诗220首，词66首，赋3篇，文169篇，他还给天下写出了四篇他笔下最精的作品。一首词《赤壁怀古》，两篇月夜泛舟的前、后《赤壁赋》，一篇《记承天寺夜游》。

师：其实苏轼很忙。他忙着做农夫，忙着盖房子，忙着制作美食，忙着酿酒……所以这美景不是有了时间就可以赏到，而是必须有着热爱生活的心，有着闲情雅致的人才会有一份闲适人生！透过这空明的月色，你看到了一个有着怎样人生态度的苏东坡？请用几个美词来赞颂一下苏轼的旷达胸襟吧？

_____的旷达胸襟。

生：乐观积极向上。

生：从容面对苦难。

生：豁达乐观。

生：不汲汲于名利，坦荡豁达。

师：再齐读全文（加上虚词），感受情感变化之美。

生：元丰六年十月十二日夜，解衣欲睡，月色入户，欣然起行。念无与为乐者，遂至承天寺寻张怀民。怀民亦未寝，相与步于中庭。啊！（读出惊喜）

庭下如积水空明，水中藻荇交横，噢！（读出顿悟）盖竹柏影也。唉！（读出不甘、不平）何夜无月？何处无竹柏？但少闲人如吾两人者耳。

师：不只是此夜，不只是此文，翻开《东坡志林》，这样的文章比比皆是。师激情读诗句外的叙述文字，生读诗句。

（屏显）：

贬杭州——"我本无家更安往，故乡无此好湖山"；

贬密州——"老夫聊发少年狂""但愿人长久，千里共婵娟"；

贬黄州——"长江绕郭知鱼美，好竹连山觉笋香"；

贬惠州——"日啖荔枝三百颗，不辞长做岭南人"；

贬琼州——"垂天雌霓云端下，快意雄风海上来"。

面对赤壁的滔滔江水，他豪迈奔放地说："大江东去，浪淘尽，千古风流人物"；

面对青春一去不复返，他积极乐观地说："谁道人生无再少，门前流水尚能西，休将白发唱黄鸡"；

面对自然界的风吹雨打，他从容洒脱地说："竹杖芒鞋轻胜马。谁怕？一蓑烟雨任平生"。

师：大家从这些诗句里读懂了什么？

生：我感受到了诗人百折不回的气概。

生：想不到他被贬了这么多次，还依然坚强，那我们生活中遇到的那点困难真的不算什么。

生：我也会像苏轼这样愈挫愈勇。

师：这就是苏轼，他率性自然，敢于袒露真性情；他诗意面对逆境、智慧面对得失；他超然于世俗名利、拥有空明自由的心灵；他始终热爱自然、热爱生活，身在俗世却能发现别人即便在天堂也无法感到的美……他的一生是载歌载舞的一生！当代散文家余秋雨说"苏轼成就了黄州，黄州成就了苏轼。"黄州是苏轼最重要的人生驿站。被贬的苦难如重锤敲击着他的心灵，更像雕塑家塑造了他的精神世界！在人生的低谷，他完成了自己豁达乐观人生观的塑造，达到了自己创作的巅峰！明月不老，经典永远不朽；明月不老，精神永远年轻！面对生活的风雨坎坷，请常读一读苏轼吧，愿我们的心灵永远澄澈明净，愿我们的人生更加豁达从容！

【自评自悟】

我一直崇拜苏东坡。崇拜他的那份才情，更崇拜他面对逆境豁达、乐观的心境。《记承天寺夜游》虽然只有85个字，但却是一杯浓得化不开的"咖啡"。在这杯浓浓的"咖啡"里，既有甜甜的"主料""欣喜""乐观""豁达"，还有一丝微苦的"佐料""贬谪"之"悲凉"。细细品味，甜甜的咖啡中虽有丝丝苦入口，但甜味却是"主调"。我喜欢这杯甜中略带微苦的咖啡，因为它为我的人生点亮了一盏前行的"灯"，照亮了我未来前行的"路"。特作诗一首，送给我的偶像苏东坡先生：

那一夜
月光相邀
你与怀民
漫步在承天寺的庭院
如水的月光
空明澄澈
斑驳的树影
纵横交错
那一夜
你的悲伤
被月光融化
你的欣喜
在怀民的陪伴下长大
心中有明月
再黑的夜晚也不怕
人生多风雨
怎奈你满怀的豪情与豁达
人生有风雨
怎奈你满怀的豪情与豁达

【课例点评】

"空明之景"融入"空明之境"
—— 品评刘艳红老师《记承天寺夜游》课堂"微镜头"

陈建红

"天地有大美而不言,四时有明法而不议,万物有成理而不说",观艳红老师的课例后,突想此句以其总说内心感受。《记承天寺夜游》是苏轼的一篇小品文,全文不盈百字,却是宋代笔记小品中之"妙品";全文言简而意丰且境深,要带领学生读懂苏子的内心世界并不容易,然艳红老师以其扎实的文本解读功夫深入进超然意境后,浅出地通过两个微镜头进入课堂,构思之精巧,视角之独到,值得赞叹。以品读作者的"乐"为主线,咀嚼字词、链接背景、涵泳比较、朗读体验,由"乐"及"闲",还原文本中蕴含的美妙情思,通过三层解读(显性、隐性、深层),走进作者细腻丰富的心灵,感悟苏轼从容面对人生的审美态度。

一、"读"融入情节

朱自清先生曾说:"诵读是一种教学过程,目的在培养学生的了解和写作能力,教学的时候先由老师范读,后由学生跟着读……"一堂好的文言课,"读"的环节是必不可少的,读是核心,是关键,是精髓,亦是助推,是文言学习的立足点。艳红老师在读的态度上,在读的情感上,在读的价值取向上,在读的方法引导上颇费一番心思,她精心地布局,用心地铺展。

首先,让读将学生引入文本中。课堂伊始老师配乐范读,学生边听边想象画面,待老师深情读完后让学生描绘所听的画面。那一幅"清幽宁静的、竹影横斜水清浅的"画面中,学生描绘了"淡淡的月光,几竿青绿的竹子,仿佛触手可及,画面静中有动,动中愈见其静"。这些美景美画通过读被学生捕捉到了,并绘声绘色地描述出来,听者在美丽画卷中荡漾着,享受着。最后老师顺势让学生用欣然的愉悦的语气齐读课文,读得淋漓酣畅,自然情动于心。学生想啊,说啊,老师脸上绽放着笑容。刘老师时时点拨,师生便朝更深处去体悟文中的情感变化。

其次,让读带领学生潜入字句中。美美读,一定会有美美品,艳红老师是深谙其教学之道的,她让学生潜入文中,细细咀嚼字语,咀出"乐"味来。艳红老师通过示例搭架,用"＿＿＿句,发现＿＿乐,理由是＿＿＿＿。"这样的句式说话。

学生顺着老师提供的学习支架顺利通过"欣然起行""念无与为乐者""遂至承天寺寻张怀民""相与步于中庭""盖竹柏影也"等句细细读来,美美品来,抽丝剥茧。最终艳红老师总结出:区区85字,竟然蕴含了这么多的快乐——月色不期而至的快乐、朋友心意相通的快乐、知己相伴悠闲漫步的快乐以及沉醉月下美景、因错觉而引发的意外发现的快乐。随着读的深入,文言的味道、宁静的味道、乐的味道便沉淀出来,其苏轼的形象也逐步清晰且立体起来。

每行进处,便有老师"加上'呀'感受作者的兴奋与快乐",语速适中,有激动,有快乐;读到"与知己共赏美景的快乐"时,便让学生在"盖"前加上"哦"再读,读出惊喜之情,感受月色之美。艳红老师读的设计,在字词句中品"乐"中就给了我们意想不到的收获。可见艳红老师在读中很是下了一番功夫,在读中去品"乐",苏轼的"乐"意全在那抑扬顿挫的诵读里了。

二、"闲"赋入情感

《说文解字》云:"闲,隙也。从门,中见月。"其"闲"赋入文中,艳红老师着此一"闲"字,尽得风流。本文写人,突出一点——"闲";入"夜"即"解衣欲睡"——"闲";见"月入户",便"欣然起行",——"闲";与张怀民"步于中庭",连"竹柏影"都看得那么仔细,那么清楚——"闲"。别人是忙人,"吾两人"是"闲人"。

艳红老师抓住文本这一核心原点,引领学生走进——苏轼细腻丰富的心灵,"闲"背后又蕴藏着怎样的"忧"与"乐"呢?在这个环节中,艳红老师通过"添、补、增、引"的教学手段来解读"闲"。

通过添加"被贬"的背景资料,让学生们看到——带着满身的伤痛,被抛弃在穷乡僻壤的黄州的苏轼,不但没有沉沦几何,却依照享清风,赏雨露,笑谈人世间的赏心乐事。

通过补上"东坡居士"的资料,让学生们了解——十余年的贬谪生涯改变了苏轼的生活环境,其条件越艰苦,其思想心态也越稳定成熟,也越形成了一种面对逆境的从容,一种宁静和旷达的心境。

通过增加"苏轼被贬其成就"的资料，让学生明白——在生命的长河中，他消解了生与死、名与利的矛盾，生命的长度应把握当下。贬谪生涯不仅把苏轼推上了宋代文学的巅峰，也让其找到了精神的旨归。

通过引入《东坡志林》中的诗句，贬杭州、密州、黄州、惠州、琼州，面对赤壁的滔滔江水，他豪迈；面对青春一去不复返，他积极乐观；面对自然界的风吹雨打，他从容洒脱。至此，艳红老师顺境小结道：这摇曳多姿的"乐"源自作者那颗处逆境而不悲忧、化苦难为诗意的"闲人"之心——这"闲"不只是不得签书公事的"清闲"，亦不只是超然于现实生活的"悠闲"，而是清空了世俗名利与个人得失的"宁静""空灵"与"真淳"，是超越了生死的心灵的"大自由"、一种至高的人生境界。

三、"境"溢入情理

境由心生，知人方论世。袁宏道曾说过："东坡之可爱者，多其小文小说，使尽去之，而独存其高文大册，岂复有坡公哉？"在艳红老师执教的课中，每一个环节，每一处文字，哪怕加上"啊、哦"等语气词朗读都有其深意，都是将学生无痕地引向作者特殊的内心情愫。随着"月"与"寺"、景与人，一步一步引向深入，学生其境其意自会溢入文本情理，融入苏轼那无与伦比、豁达自然的人格魅力，这魅力自然也在学生心中慢慢生发开去。

刘老师最后的自评自悟中，拓展开出，又是点睛之言，其"如水的月光，空明澄澈"意化"水中藻荇交横"一句，不得不令人佩服，其句之理全然投入一汪清且浅的水体之中，其影便映射出"一切有为法，如梦幻泡影……"的迷雾之中，回归之前艳红老师带领学生朗读的"盖"句，让我们彻底回悟：我们无时无刻不是在这样的迷茫中看待这个世间的一切，回归当下，不去执着，便不被束缚，皆是解脱自在的本性呀。唯在心放得下，才不会生烦恼，才不妄想。

原来，作者沉醉的"空明之景"悄然融入了"空明之境"。"寺"虽然只有"尺寸之地"，却容纳了无数的有为之景——月、竹、柏、庭、影和人，其实这一切只是因缘的聚合罢了，一切都是虚妄，一切便不复存在，此时的苏轼随着艳红老师的引入便可窥见其心境的一尘不染。

艳红老师的高明皆在于抓实了"乐——闲"这一点睛之细节，环环相扣、由表及里、由浅入深，其境界全溢入情理中。

评着艳红的课，我仿佛也在这样的情理之下，深深领悟了苏轼"心中被贬谪的悲凉、人生不如意的感慨"，更是去领悟了那一颗澄澈豁达的心境，如天之洁净明月，其浩浩乎，其荡荡然。

这一切，皆感谢艳红老师执教的《记承天寺夜游》一课。

陈建红。中学高级教师，重庆市语文学科带头人，现任教于重庆渝北区实验学校，副校长。系语文湿地栖居者，王君青春语文名师工作室成员。倡导"智爱"教育，用爱心，用智慧，创新方式，因材施教，享受教育人生。

5. 《马说》课堂"微镜头"

授课学生	山东省滨州市邹平市魏桥实验学校八年级学生
文本类型	主题型
课堂特色	聚焦，打通。
授课时间	2022 年 5 月 27 日

【设计说明】

　　刘勰在《文心雕龙》里说："夫缀文者，情动而辞发。"大凡好文章，无不是作者在情感的激发下写成，并且将此情感一直贯注其中。抒情诗文之外，以理性为核心的文字，同样蕴含了作者的思想感情。只是有的表现得较为明显，有的较为曲折隐晦，还有的似乎更为淡然。但不管如何，每一篇文章都有作者的价值取向、情感寄托，根本不可能做到纯客观的不偏不倚。《马说》就是充满韩愈一段仕途生活体验，寄寓自己不遇之叹的文字。其情感的强烈不亚于一首直抒胸臆的抒情诗。因此，这节课我大胆地采取了异于一般议论文的"品读"教学法，得到了王君老师的极大肯定。

　　按照"解读内涵三层次方法"：文本第一层显性内容是作者对千里马被埋没的同情。这一层学生借助注释翻译完全文，就能明白，是课堂的起点；第二层隐性意脉是作者借千里马的遭遇抒发自己的情感。这一层需要教师聚焦"不"、补充背景资料，引导学生有感情地朗读，方能实现；第三层深层主旨是让学生跟着韩愈学做面对逆境仍积极进取的人。这一层才是课堂的终点。

【课堂微镜头】

"微镜头"之一"聚焦'不'，听韩愈'吐槽'"

　　师：同学们，全文共 151 个字，但作者却用了 11 个"不"字来表达自己的怀才不遇和壮志难酬。请找出一句含"不"的句子，细细品读并批注！

　　（屏显）"不"——

细读课文，

边读边想象，边做批注。

示例：千里马常有，而伯乐不常有。

批注：品读这句话，我仿佛看到了千里马渴望遇到伯乐时的焦急不安，我仿佛听到了千里马因没有遇到伯乐而整天唉声叹气，我仿佛感受到了韩愈因未能被重用而焦躁不安的样子。

师：看着同学们兴奋的样子，老师很开心。期待同学们更精彩的赏析！

生边读边赏边批注。

师：老师非常高兴地听到了写字的沙沙声，多么悦耳，多么动听。

师：谁第一个站起来说？

生：故虽有名马，祗辱于奴隶人之手，骈死于槽枥之间，不以千里称也。我的批注：一匹千里马就这样庸庸碌碌地度过了一生，连施展才华的机会都没有，真是可惜啊！我从中感受到了韩愈的痛惜和怜悯。

师：平时什么人在喂马？

生：奴隶。

师：对！奴隶人之手。古时人的等级分得很严。有贵人、贱人、主人、仆人、大人、小人，这里的奴隶是指低贱的赶马人。能辨别马的是谁？

生（齐）：伯乐。

师：同学们再读这句话，我们加上一个"唉"，深入体会"千里马"难遇"伯乐"的痛苦：祗辱于奴隶人之手，骈死于槽枥之间，（唉），不以千里称也。

生自由读。

师：谁来试着读一读？

生：充满感情地读，读出了韩愈对"千里马"的痛惜之情。

师：我听出了作者的无限惋惜之情，读得声情并茂，真赞。老师也想读，看一看老师加了什么动作和表情？祗辱于奴隶人之手，骈死于槽枥之间，（唉）（摆手的动作）不以千里称也（愁苦的神情）。

师：采访一下，老师加了什么动作和神情？

生：老师加了摆手的动作和愁眉不展的神情，把"不幸"的千里马读"活"了。

师：你是老师的知己，是千里马的知己，更是韩愈的知己。请同学们模仿老师读的方式,再读这句话,你们都要变身为被"埋没"的千里马。

生小组读 —— 推荐读 —— 齐读。

师:继续赏析。

生:食不饱,力不足,才美不外见,且欲与常马等不可得,安求其能千里也?我的批注:对于千里马来说,才能和美好的素质能不能被别人看见,关键是有没有遇到伯乐,如果遇到了伯乐,这个句子应该变为:食饱,力足,才美外见!

师:对啊,你的解读让老师想起了《伯乐识马》的故事:在我国古代战国秦穆公时有一位善于识马的人叫伯乐,伯乐本姓孙,名阳,叫孙阳。相传有一次伯乐赶路经过虞坂这地方,在一条崎岖陡峭的山路上,一匹马拉着满满的一车盐,缓缓地行进着。伯乐看见了,跑过来,轻轻地抚摸着马瘦骨嶙峋的脊背,眼里含满了泪水,一阵风吹过,马打了一个哆嗦,伯乐立马脱下自己的棉衣披在了马背上。说也奇怪,马见到伯乐这样爱惜、赏识它,浑身起劲,突然仰啸而起,飞驶前去。后来这匹马被伯乐买了回去,经过精心的喂养,它竟成了一匹日行千里、四蹄生风的宝马。这匹千里马是幸运的,所以它才能"食饱,力足,才美外见。"

生整理笔记。

师:同学们,你们听了这个故事,是不是激起了对千里马爱惜的感情?是不是对爱马识马的伯乐肃然起敬?

生:是!

师:所以作者有一天从"伯乐相马"联想到人才问题,挥笔写下他心中的无限感慨:"世有伯乐,然后有千里马。千里马常有,而伯乐不常有"。现在你就是那匹千里马,我们用山东快板的形式读一读"食饱,力足,才美外见!"(开心表情)。

生用山东快板形式自由读。

师:采访一下,你作为一匹被伯乐"看见"的"千里马",什么心情?

生:开心。

生:快乐。

生:兴奋。

生:幸福。

师：下面，同学们都化身为韩愈，你看着眼前这匹幸运的"千里马"，用咱山东快板的形式再读"食饱，力足，才美外见！"（敲桌子打拍子）。

生自由读。

师：采访一下，你读出了韩愈的什么心情？

生：羡慕"千里马"的好运气。

生：渴望自己也能被"伯乐""看见"。

生：为"千里马"感到庆幸。

师：我们一起打着拍子，羡慕、渴望地再齐读"食饱，力足，才美外见！"

生齐读（感情饱满）。

师：可是没有遇到伯乐的千里马却是另外一番景象，"食不饱，力不足，才美不外见，且欲与常马等不可得，安求其能千里也？"你试着拍着桌子读一读，看你又能读出千里马什么样的心情？

生拍桌子自由读。

师：同学们，因为吃不饱，力气不足，直接导致了"千里马"的才能被"雪藏"。你读出了"千里马"被埋没时的什么心情？

生：郁闷。

生：苦闷。

生：愤怒。

师：你拍着桌子，试着把这种郁闷、苦闷、愤怒等复杂的感情读出来吧。

生：拍着桌子读，愤怒、苦闷跃然纸上。

师：老师也想试试，看我怎么用拍桌子配合自己愤怒的情绪。

师拍桌子，愤怒地读————生沉浸其中。

师：我拍着桌子读时，你听出了作者什么心情？

生：愤怒中带着惋惜。

生：郁闷中带着讽刺。

师："讽刺"谁？

生：讽刺那些"不识千里马"的人。

生：我觉得主要讽刺那些封建统治者。

师：你读懂了韩愈的那颗心。下面，我们以小组为单位轮读，看谁最能表现作者愤怒中的惋惜和讥讽。

105

小组读 —— 推荐比赛 —— 齐读。

师：继续交流。

生：策之不以其道，食之不能尽其材，鸣之而不能通其意。食马者却说，"哎呀，天下无马！"我的批注：千里马身体上受摧残，精神上得不到交流和倾诉，太可怜了。这时候喂马的人还扬言"天下哪有千里马啊"。老师，这是不是跟当时韩愈的处境相似呢？

师：好，我补充一下背景资料：自幼刻苦读书满腹经纶的韩愈在19岁时，踌躇满志地来到了长安考试，却屡试不中，直到25岁才考中了进士，而后接下来的三次大考"三试吏部皆不中"。他曾三次上书宰相请求重用却遭冷遇，甚至三次登门都被守门人挡在了门外。他郁郁不得志，所以才作了《马说》。你感觉这时候的韩愈最想得到什么呢？

生：得到别人的肯定。

生：得到别人的提拔。

生：希望得到统治者的重用。

师：可现实却总不能遂人愿啊！下面，以同桌为单位，一人饰演韩愈，一人饰演食马者，站起来，面对面，韩愈手指着食马者说话，食马者手指着韩愈说话。"台词"自己创编即可。

同桌站起来表演。

师：采访一下"韩愈"，面对不知你是千里马的食马者，你是什么心情？

生：郁闷。

生：愤怒。

生：着急。

生：愤懑。

一组全班展演 —— 男生饰演韩愈，女生饰演食马者。

师：作者面对此情此景，愤慨地大声疾呼：其真无马邪？其真不知马也！请同学们饱含感情地从心底里大声读出此句，预备起。

生：齐读最后一句。

师：这两句太有力量了，它似深沉的感叹，从心底里发出呐喊，又似犀利的解剖刀，不留情面地揭露。这里的"其……其……"为"是……还是"

的表达选择的反问句，寓肯定于反问，斩钉截铁，掷地有声，意为"不是真的没有千里马，是真的没有识别千里马的人！"

师：唉！其真无马邪？其真不知马也。请大家加上叹词"唉"，再读"主旨句"。

生自由读——指生读。

师：天下真的没有千里马吗？如果千里马能说话，它可能会怎么说？唉！其真无马耶？其真无_____！

生：其真无伯乐也！

生：其真无明主也！

师：这句话说出了作者的心声啊！作者说得痛快淋漓，说得慷慨激昂，令人群情激昂！你能用这样的句子表达作者的复杂感情吗？这一个个"不"，包含了作者多少（　　　）；这一个个"不"，包含了作者多少（　　　）。

小组交流——全班交流。

生：无奈。

生：悲凉。

生：辛酸。

生：抑郁。

生：苦闷。

生：感伤。

师：韩愈想通过本文告诉我们什么呢？请你们以作者的口吻说一说。

生：我们要懂得欣赏身边的人，要爱惜他们，不要让他们受到冷落。

师：要有眼光，要懂得识别、发现别人的优点。

生：我虽然有怀才不遇的愤懑之情，但我会继续努力。

师：韩愈是有大才的，他从小家境贫寒，父母双亡，靠兄嫂过生活。后来他仕途上不得志，所以借此文表达了自己怎样的心声？

生：对封建社会黑暗的讽刺，对整个封建社会埋没人才的不满。

师：对，他希望统治者用心去发现人才，培养人才，任用人才。

师：对于这篇经典的文章，我们能够背诵下来将终身受益。让我们带着"韩愈"的复杂情感，转化为有声的朗读，有感情地齐背这篇文章，愤怒处可以拍桌子哦！

生有感情地齐背。

"微镜头"之二 "'打通'文本与生活"

师：大家读得声情并茂，真好！同学们，让我们倍感欣慰的是初登仕途的不如意，并没有使韩愈就此沉沦，他最终选择了崛起，从人生的山重水复走向了柳暗花明。面对曾经的"不得志"，他用一生的辉煌成就给我们做出了最完美的解答。谁能"晒一晒"韩愈一生的主要成就？

生：韩愈是唐宋八大家之首，他不仅散文出众，诗歌也颇有成就。他的诗力求险怪新奇，雄浑而重气势，开创了一个全新的诗歌流派，对后世影响深远。

生：韩愈三进国子监做博士，招收弟子，广招后学，亲授学业，留下了论说师道激励后进和提携人才的文章，是一位有创造性见解的教育家。

生：他提出了"业精于勤，荒于嬉，行成于思，毁于随"的至理名言，以激励后学者。

生：韩愈还积极倡导古文运动，改变了汉魏六朝以来的骈体文，恢复了先秦时代的散文体。古文运动成功改变了唐以来古文的发展走向。

生：韩愈以文为诗，把新的古文语言、章法、技巧引入诗坛，增强了诗的表达功能，扩大了诗的领域，纠正了当时的平庸诗风。

生：苏轼称韩愈是"文起八代之衰"。韩愈的文学主张对于后代文学理论的发展和文学实践活动都有积极影响。

师：同学们，韩愈辉煌的一生值得我们为他狂赞啊！跟韩愈相比，我们是幸福的。生活在今天的幸福时代，只要你是一颗珍珠，沙土都难掩你的光芒。你"看见"了哪些"草根"明星？

生：从星光大道走出来的凤凰传奇、李玉刚。

生：从"我是大明星"走出来的大衣哥朱之文、"空竹达人"周天、"舞神"张俊豪、草帽姐徐桂花。

生：从网络平台火起来的神曲《忐忑》《小苹果》。

师：是啊，这些"草根"明星、"名"曲都证明了，是金子总会发光的！只要你是人才，就有不同的"舞台"等你来！你可以借助哪些"平台"？

生："抖音"短视频。

生：微信公众号。

生："快手"短视频。

生：网络直播。

生：央视的"是金子总会发光的"节目平台。

生：山东台的"我是大明星""快乐向前冲"。

师：同学们，韩愈这匹"千里马"，何以能彪炳史册，是因为"伯乐"吗？显然不是，而是因为他自己没有放弃。历史上的蒲松龄、曹雪芹、苏轼，哪个不是生前不得志，甚至穷困潦倒，最后一样成了"千里马"。老师坚信，只要你是人才，你有足够出众的才华，中国的大舞台，就一定会给你展示的机会，所以，努力"学习"，努力"修炼"，努力"成长"，让自己成为"人才"吧！

生兴奋中。

师：那你认为今天的"千里马"应具备怎样的素质？

生：我认为一个人应先有大的志向，像毛泽东那样"孩儿立志出乡关，学不成名誓不还"！有梦才有远方，有目标才有未来。

生：我认为还应该有恒心，正所谓"水滴石穿、绳锯木断"，只有持之以恒，才能学有所成。

生：我们学过《愚公移山》，明白了一个道理，只有坚持不懈，战胜一个又一个困难，才能达到理想的境地。

生："三人行，必有我师焉"，我认为人才应该谦虚好学、见贤思齐、虚怀若谷、三省吾身、不断进取。

生：俗话说"一个篱笆三个桩，一个好汉三个帮"，在竞争日趋激烈的今天，更应有团队精神，有合作意识，这样才能达到双赢局面。

生：我想到，还有最重要的一条：要有爱国思想，做一个有利于社会、人民的好人。

师：同学们说得都很好，人要先立志，既要有"会当凌绝顶，一览众山小"的志向与气概；也应有淡泊名利，安贫乐道的高洁情操；既要有愚公移山的坚韧与恒心，也要有以苦为乐，苦中作乐的豁达胸襟；既要虚心好学，"见贤思齐，见不贤而内自省也"，也要有"岁寒，然后知松柏之后凋也"的品格。李白说过"天生我材必有用"，愿同学们都能成为社会的栋梁之材！

【自评自悟】

贯注《马说》一文的作者情感之流,可以这样描述:起于满腔悲愤,继以凄然悲梗,终于无限感叹与愤怒。为了让学生潜入文字中,直观地感受和体验韩愈的心灵世界,我聚焦了文中 11 个"不"字句。学生边品边读边批注,在反复咀嚼中,慢慢地成了韩愈的知己。而作为教师的我则变身为学生交流的倾听者和引导者,通过我的引导和点拨,学生对韩愈的处境感同身受,进而为韩愈的遭遇鸣不平。

凡好文章,无不是作者生活生命的深刻体验和思想情感的真实流露。《马说》正是韩愈年轻时科举仕途坎坷生活经历的沉淀,是他对现实社会的批判和长期郁结内心的情感爆发,也是一位大唐豪杰独立苍茫之境时,前不见古人后未见来者时的一曲悲歌。这曲折起伏慷慨悲愤的文字,借助杂感的形式呈现,便形成《马说》一文特殊的情感内蕴。所以,我引领学生解读它的时候,准确把握住韩愈的情感起伏变化脉络,边品边读,起到了事半功倍的效果。

【课例点评】

弱水三千,取一瓢饮
—— 品评刘艳红老师《马说》课堂"微镜头"

陈韵

上海师范大学李海林教授认为:一篇课文存在许多教学价值点,教学设计时,我们不可能涉及一篇课文中所有含有教学价值的信息,甚至对许多重要的价值,也只能有所选择,有所舍弃。文本中有"弱水三千",而我们只需取一瓢与学生共饮。究竟取哪瓢?又如何取?这就需要语文老师具备正确选择与合适定位教学内容的能力。

在这项研究上,王君青春语文名师工作室的艳红老师用她的课堂"微镜头"给我们做了很好的示范与引领,向我们展示着她的智慧与才情。

下面就以她的《<马说>课堂微镜头》为例。

一、弱水三千，只取"不"字

《马说》是韩愈《杂说·四篇》里的一篇，属议论性文体，体现着作者怀才不遇的愤懑和对统治者埋没摧残人才的控诉。

对于这篇经典作品，我们大可以从作家作品、时代背景、文体常识、写作手法、思想主旨等方面进行文本分析，但如若我们就这样面面俱到、平均施力地进行教学设计，教学效果必定不理想，甚至还会适得其反。

那究竟怎么入手？肖培东老师说：教学的精彩，应该是引导学生经由语言文字走向精彩解读的精彩。学生是课堂的主体，语言是情感的外壳。艳红老师便是这样实践的，她大胆摒弃一般议论文的教法，取本文中"不"字这瓢水，经由"不"字尝出文章真滋味，悟得作者真心声。

这堂课设计得眉清目秀，干净清爽。艳红老师先从"不"字入手，让学生从文中找出一句含"不"的句子进行品析并批注。学生在教师示范的引导下，首先与文本中的"不"进行一次纸笔间的交流；紧接着，学生将自己对"不"字的理解进行全班分享，这是课堂里二次与"不"的碰撞；随后，教师巧用添加感叹词，加表情、加动作，删"不"字作对比等手段将学生的朗读推向高潮，学生在多形式朗读中与"不"字反复对话。这一环节中，学生读得入情入境，欢快不已，同时也达到真真切切地体会到"不"字背后的意蕴——暗含作者对封建统治者埋没人才、摧残人才的强烈惋惜、无比愤懑之情。

"微镜头"朗读片段展示：

同学们再读这句话，我们加上一个"唉"，深入体会"千里马"难遇"伯乐"的痛苦。

祗辱于奴隶人之手，骈死于槽枥之间，（唉），不以千里称也。

生自由读。

师：谁来试着读一读？

生：充满感情地读，读出了韩愈对"千里马"的痛惜之情。

师：我听出了作者的无限惋惜之情，读得声情并茂，真赞。老师也想读，看一看老师加了什么动作和表情？

祗辱于奴隶人之手，骈死于槽枥之间，（唉）（摆手的动作）不以千里称也（愁苦的神情）。

二、经由"不"字，联结生活

按理说，文章上到这里也已完成教学目标，可以画上句号了。

但是，优秀的教师是不会只满足于教教材的，他们更愿意用教材来打通文本与生活，让教材能从课本中走出来，走进学生的心灵世界。

艳红老师便是在经由"不"字打通了学生与文本的壁垒后，又经由"不"字劈开文本与生活的屏障。

课上"晒晒韩愈一生成就"的环节设计让学生看到：韩愈虽然初登仕途不如意，但他并没有就此沉沦，而是选择了自我勉励、奋发励志，他从生命的山重水复走向了柳暗花明。他用一生的辉煌成就给最初的"不得志"做出了最完美的回应。"列举草根明星"环节让学生明晰：在信息高度发达的今天，我们完全不缺少赏识人才的"伯乐"，我们最需要思考的是当下的"千里马"得具备怎样的素质。而这也是学生在成长过程中最需要关注与思考的问题。它关乎学生正确价值观的树立，关乎学生直面挫折的态度，关乎学生良好精神品质的养成……从师生的交流中，分明可见，"不"字如天上虹，跨越时空的距离，成为文本与学生联结者。

微课堂，选点小巧，意蕴丰盈。就如弱水三千，取得关键一瓢，也能饮得酣畅，饮得痛快。艳红老师微课堂的精致巧妙，又岂是我的粗浅鄙陋能道明白，还请诸位亲启观赏，寻得其中精髓。

陈韵，中学高级教师。浙江省湖州市优秀教研组长，县教坛新秀、教学能手、学科带头人。王君青春语文名师工作室成员。

第三辑 古诗词课堂"微镜头"

1.《石壕吏》课堂"微镜头"

授课学生	山东省滨州市邹平市魏桥实验学校八年级学生
文本类型	主题型
课堂特色	想象补白，形象定格。
授课时间	2021年11月12日

【设计说明】

　　历经安史之乱后的杜甫没有成就心中理想的事业，在颠沛流离的生活中他看到百姓的疾苦，奋笔疾书，终成为文学泰斗。《石壕吏》便是其中一首杰出的现实主义叙事诗的代表作。《石壕吏》真实反映了安史之乱给下层劳动人民带来的深重灾难，表达了杜甫忧国忧民的民族情怀。对于这样一篇文质兼美的叙事诗，在课堂教学中，我着力体现两个原则，一是以学为主的教学思想，二是实施个性化语文教学，发挥学生的主观能动性。

　　按照"解读内涵三层次方法"：文本第一层显性内容是差吏到石壕村乘夜捉人，连年老力衰的老妇也被抓服役的故事。这一层学生借助注释翻译完全文，就能知道，是课堂的起点；第二层隐性意脉是作者隐藏在平静叙述中的情感。这一层需要教师引导学生想象补白，方能实现；第三层深层主旨是让学生跟着杜甫学做忧国忧民之人，这一层才是课堂的终点。

【课堂微镜头】

"微镜头"之一 "想象补白，情境再现"

师：在中国近五千年的历史长河中，唐朝曾是一个疆域辽阔、国力强盛、经济繁荣的朝代，那么你们知道唐朝由盛到衰的转折点是什么吗？

生：安史之乱。

师：对，安史之乱。谁能给大家介绍一下"安史之乱"呢？

生：安史之乱从公元755年开始，整整持续了八年，这八年，大唐土地上一直是狼烟四起、战事连绵，这八年，整个大唐民不聊生、生灵涂炭。

生：公元758年冬末，郭子仪、李光弼等九位节度使的六十万大军兵败邺城，大唐政权更是危在旦夕。唐王朝为补充兵力，便在洛阳至潼关一带，强行抓人当兵，人民苦不堪言。而就是这一时期，伟大的现实主义诗人杜甫根据自己的真实见闻，用记录历史的笔录，用忧患苍生、悲天悯人的情怀记录下了自己的所见所闻。

师：对，此时的杜甫正从洛阳回华州，经新安、石壕、潼关等地，一路上他所看到的都是征夫怨妇们的愁眉苦脸，所听到的都是别家出征时的哭声。著名的"三吏""三别"就是根据这番真实见闻写就。其中，《石壕吏》因构思巧妙、情节生动而流传最广。今天我们就一起走进石壕村，倾听他痛心的嗟叹。请同学们自由、大声朗读诗歌，注意读准字音和节奏。

生自由朗读诗歌。

师：谁想起来第一个读？

生声音洪亮地读整首诗。

师：谁点评一下？

生读音正确，停顿恰当，读得很好。

师：《石壕吏》是五言叙事诗，我们一般按照2/3停顿。下面我们齐读诗歌，注意：读准字音、读准节奏。

生齐读。

师：同学们的齐读，字音准确，停顿恰当，非常棒！下面老师给大家配乐诵读全文，请大家边听边想象画面，拍摄一段抖音短视频。

师配乐诵读，生想象画面。

师：我们交流一下短视频的画面。

生：我的短视频：杜甫一路走来，饥渴难耐，疲倦不已，但一路上，他看到了一片凄凉之景，哀鸿遍野，民不聊生，内心顿感苍凉。直到傍晚时，他才投宿在石壕村。杜甫敲开门，迎接他的是一对老夫妇。老妇人压低声音说："先生是要去哪里啊？现在兵荒马乱的，可不能乱跑，一不小心就会被抓去服兵役啊。"杜甫露凄然之色。"谢谢大娘的提醒啊，我回华州。"老翁带着杜甫来到了一处破旧的草房，杜甫刚安顿好自己的行装，忽然听到了"哐哐"敲门声。老妇人打开门一看，原来是一群差役夜里来强征兵。老翁赶紧越墙逃走了。

师：你的短视频很灵动，感谢你的用心拍摄。老师有个想法，大家能不能在他的抖音里补入一段"石壕村"前后对比的画面？

生：现在月黑风高，树叶沙沙作响，这个村子很凄凉。

师："凄凉"这个词比较抽象，你能不能具体描述一下，看到了什么？

生：残叶残花，枯枝败叶，屋舍凌乱，到处一片冷清。

生：田地一片荒芜，遍地是茂密的杂草。

师：是啊，诗人眼前看到的是如此荒凉的石壕村，而石壕村一直就是这样吗？请大家想象一下，以前石壕村是什么样子？

生：以前的石壕村应该是一片繁荣的景象。

师：怎样的繁荣景象呢？

生：其乐融融，安定祥和，整个村庄像极了陶渊明笔下的"黄发垂髫，并怡然自乐"。

生：到处生机勃勃，其乐融融。

师：描绘一下"生机勃勃"图景？

生：湿润的泥土，散发出迷人的芳香，可爱的小花，在春雨的滋润下，顽强地钻出泥土，贪婪地吮吸着春天的甘露，绽放一朵朵鲜艳的花朵，争相怒放，给大地平添了一片异彩。

生：柳树姑娘在春风下静静地梳着自己那细长的翠绿的秀发。一片生机勃勃的景象！

师：以前的石壕村人们脸上是带笑的，是热情好客的。大家再补白一下夜听敲门的夫妇对话。

生：老妇对老翁说："你快走吧，你若不走，他们一定会把你抓走的。我已经这么年迈了，他们不会对我怎么样的。"

生：老翁对老妇说："你们孤儿寡母的怎么办啊？"

生：老妇说："如果你被抓走了，只有死路一条。我就是被抓走了，也就是给他们做做饭，说不定咱们还有重逢的可能，是吧？"

师：同学们想象得真好。继续分享。

生：我的短视频：差役愤怒地叫嚣着，眼睛不停地搜索着，还一边推搡着老妇人。老妇人则大哭着坐在了地上，一边抹眼泪，一边絮絮叨叨地解释着。

师：这一幕让我的眼眶湿润了，好心疼这个老妇人啊。继续分享。

生：我的短视频里，老妇人是绝对的"女一号"，一起看看我的短视频：老妇人边哭泣着边说："我三个儿子都去参加邺城之战了。其中一个儿子捎信回来，说另外两个儿子刚刚战死。唉，活着的人姑且活一天算一天，一点幸福感都没有，死去的人却永远不会复生了！官老爷，我们家里再也没有其他的男人了，只有个正在吃奶的小孙子。因为有小孙子在，他母亲还没有离去，但进进出出连一件完好的衣裳都没有，衣不蔽体啊，不方便出门见你们。你们看这样行吗？我跟着你们去吧，虽然我年老力弱，但跟着你们赶快到河阳去应征，还能够为部队准备早饭呢。"

师：老师在你的抖音里，看到了一个国难当头，很有担当的老妇人。采访一下你们，拍到这样的画面，你们内心是什么感受？

生：很感动，没想到一个老妇人竟能如此有担当，实在让人意外。

生：很心酸，为战争给老百姓带来的苦难而心酸。

生：很同情老妇人，战场上日子那么艰苦，不知道她能否熬过去。

生：很纠结，很矛盾，一方面痛恨征兵的差役，一方面又希望战争快点结束。

师：其实他们对未来充满了茫然，内心矛盾重重。他们希望国家和平安定，希望能够报效国家，但自己的生活已经到了生存的最边缘。这是一群可爱的石壕人，这些人是那么善良，那么朴实，他们只把苦悄悄地咽回自己的肚子里，埋在自己的心里，他们是那么好的一群人。可是他们的生活却遭遇到这样的变故，唉！

"微镜头"之二"构思巧妙,想象凸显"

师:爱因斯坦曾说过:"提出一个问题往往比解决一个问题更重要。"宋人朱熹也说:"学贵有疑。小疑则小进,大疑则大进,不疑则不进。"同学们预习时进行了质疑,谁说说看?

生:杜甫为什么不阻止悲剧的发生呢?

生:差役、老妇、杜甫各是什么形象?

生:为什么不让年轻的儿媳妇去服役?

生:题目是《石壕吏》,为什么大量笔墨描写老妇人,这是不是跑题了呢?

师:我们以"文章题目是《石壕吏》,为什么不重点描写石壕吏,却用大量笔墨写老妇人?"这一问题为突破口,解决同学们的疑问。

师:下面请大家分别给石壕吏、老妇人定格一张照片。(屏显)交流格式:我给石壕吏(或老妇人)拍了一张(　　　)的照片,你看＿＿＿＿(词或句)。

生自由赏读。

师:下面我们一起交流。先从石壕吏开始。吏是怎样的吏?请大家找一找文中关于"吏"的描写。

生:我给石壕吏拍了一张面目狰狞、狠毒的照片,你看"有吏夜捉人"中的"捉"说明他们对老百姓没有丝毫尊重,更没有丝毫同情心,而是冰冷的狠毒。

师:我们把"捉"换成"找",你感受一下?

生:"找"应该是静悄悄地进行,但"捉"却是明目张胆、肆无忌惮地强行抓,这个"捉"更能表现差役的丑恶面目。

生:我给石壕吏拍了一张眼神凶狠、狡诈的照片,你看"有吏夜捉人"中的"夜"字,含意更丰富。首先表明官府"捉人"之事时常发生,人民白天躲藏或者反抗,无法"捉"到;其次表明差役"捉人"的手段狠毒,于人民已经入睡的黑夜,来个突然袭击。

师:你试着重读"夜"和"捉",读出石壕吏狠毒、狡诈的特点。

生:声情并茂地朗读"有吏夜捉人",重读了"夜"和"捉",且两字处稍有拖音。

师：继续分享？

生：我给石壕吏拍了一张残暴、蛮横的照片，你看"吏呼一何怒！"中的"一何"太有表现力了，面对老妇人的可怜和哭诉，他们冷漠、无情，且推推搡搡，残暴、蛮横的样子跃然纸上。

生：我给石壕吏拍了一张飞扬跋扈、目空一切的照片，你看"吏呼一何怒！"中的"呼"和"怒"太有表现力了，面对可怜的老妇人，他们眼中无爱，心中无情，肆无忌惮地在这个可怜的家里横行霸道，真有扇他们几巴掌的冲动。

师：请同学们再用声音传达"吏呼一何怒！"，读出石壕吏的残暴、蛮横、凶狠、飞扬跋扈、目空一切。

生自由读——全班齐读。

师：这样的官吏下来捉人，百姓肯定遭殃了。你拍到了一个怎样的老妇？

生：我拍到了一张"苦"字写在脸上的老妇人。

师：请大家放声朗读第3自然段，给老妇人来个三连拍？

生：我拍到了一张正经受丧子之痛的老妇人，你看"三男邺城戍。一男附书至，二男新战死。""二男""战死"，说明老妇人正经历着老年丧子的巨大不幸啊，内心该是多么痛苦啊。

师：人生有三大不幸，少年丧父，中年丧偶，老年丧子，老妇人正经历着丧子之痛。

生：我拍到了一张凄苦无奈的老妇人，从"一男附书至，二男新战死"，"新"字说明老妇人两个儿子刚刚战死，血迹未干，老妇心灵的创伤还未痊愈，官吏又来抓人，真是雪上加霜。

师：确实让人心疼，三个活蹦乱跳的人，已经有两个牺牲在战场，确实让人悲痛啊！

生：我拍到了一张对未来茫然的老妇人，"存者且偷生，死者长已矣"，死了的人永远结束了生命，但活着的人幸福指数也极低，活一天算一天，没有任何生活的希望。

师：仇兆鳌在《杜少陵集详注》里说："古者有兄弟始遣一人从军。今驱尽壮丁，及于老弱。诗云：三男戍，二男死，孙方乳，媳无裙，翁逾墙，妇夜往。一家之中，父子、兄弟、祖孙、姑媳惨酷至此，民不聊生极矣！当时唐祚，

118

亦岌岌乎危哉！""民为邦本"，把人民整成这个样子，统治者的宝座也就岌岌可危了。诗人杜甫面对这一切，没有美化现实，而是如实地揭露了政治黑暗，值得高度赞扬。

生：我拍到了一张家境惨淡之穷苦的老妇人，你看"有孙母未去，出入无完裙"。"无完裙"，说明这一家人正经历着家境贫寒之苦。儿媳妇出门连一件像样的衣服都没有啊，还要承担养子之责，此时，她一定害怕到了极点，怕自己被抓，怕孩子没妈啊！

师：同学们想象一下这个家会是什么样子？

生：家徒四壁，一家像样的家具都没有，一家人都穿着"乞丐"服，衣不蔽体，食不果腹，一粒米都找不到。

师：真是惨到了极点，老百姓连最基本的温饱都解决不了，看不到生活的希望，生活幸福指数为负数啊。

生：我拍到了一张年老服役之艰苦的老妇人，你看"请从吏夜归""犹得备晨炊"，老妇人为了保全孙子、儿媳妇和老头子，主动承担起了服兵役的责任，辛酸的同时，又让人有些感动！

师：你能想象一下老妇人赴战场后的样子吗？

生：老妇人忙碌着给作战的士兵做着饭，缝着衣服，花白的头发在风中摇曳，疲倦的脸庞更显苍老，寒冷的风像刀子一样割着老妇人的脸，但她已经顾不上这些了。

师：应该颐养天年的老妇人却还在战场上服役，真是让人心疼啊！我们感受着老妇人的泣血之苦，请把自己想象成是老妇人，加上动作、神态等再哭诉这段文字。

生自由诵读 —— 指生读。

生：声情并茂，重读了"二男""新""无完裙""备晨炊"，带着哭泣的颤音。

师：读得真好，下面让我们把眉头皱起，酝酿好悲伤的情绪，一起读一遍老妇人的悲情诉说。

生齐读。

师：老妇人的话是一口气说出来的吗？

生：应该不是，是在差役的步步逼问下说出来的。

师：请同学们进行微剧本创作，还原隐藏在老妇人"答"中的"问"。

生自由创作 —— 全班展示。

师：下面请两组同学展示一下你们的"微课本剧"。

生：第一组：

差役：你们家的男人呢？都交出来！

老妇：啊？大人啊！我家就这么三个儿子，两个还战死在战场上！

差役：还有没有其他男人！

老妇：那当然没有了啊！要是有的话，我不早就给您带出来了吗？

差役：屋里的人是谁？明明有哭声！

老妇：那是我还没满月的孙子啊！你们可不能带他去啊！他连路还不会走呢！就别说挥刀舞棒的了。

差役：肯定还有人，是谁？还敢撒谎！

老妇：我没有说谎啊，大人，那个是我战死在战场上的大儿子的媳妇啊！您就别打她的主意了，她出来进去都没有一件完整的衣服啊！没法出来见你们啊！

差役：我不管，国家危难，你家必须有人服役！

老妇：哎！我上哪儿给你们找人啊！要不，大人，您看我行吗？我虽然年纪大了，力气也很小，但是我还能去给那些在前线作战的战士做饭，洗衣服，做好后勤工作吧。

差役：走，你跟我们去军营！

师：评价一下第一组展示的同学？

生：创编的台词符合全文的语境，我感觉很接地气。

师：确实不错，请第二组同学继续展示。

生：第二组：

差役：现在国难当头急需兵力，你家的男人呢？

老妇：官老爷，您……您就别提了，家里哪还有男人呢！

差役：大胆，男人哪里去了，老实交代！

老妇：您还不信，我家三个儿子都去邺城防守了，其中一个儿子捎信来说，另外两个儿子刚刚战死了，多惨哪！

差役：我不信，屋里有声音，我要去屋里搜查！

老妇：您看，屋里就只有一个吃奶的孩子和他的母亲，不会这么小的孩子您都要带去服兵役吧！

差役：那倒没必要，不过，我总不能空手走吧，我该怎么向上级交差呢？

老妇：要不您把我带走吧！孩子不能没有母亲啊，他还需要吃奶呢！

差役：你，你有什么用？

老妇：到河阳的时候，我能给士兵们做做早饭啊！

差役：好，你跟我们走！

师：原来浓墨重彩地写老妇的痛苦，是为了……？

生：衬托石壕吏。

师：沉淀下来，我们发现了文字背后蕴藏的力量。原来字字写老妇的背后是……？

生：字字在写石壕吏，用老妇人的苦衬托石壕吏的蛮横、狠毒，侧面衬托的手法。

师：通过侧面表现，借助读者的想象来表现石壕吏的形象，比直接描写更能突出这一类欺压百姓的人物的可恶可恨。同学们发现了本诗巧妙的构思了吗？

生：藏问于答，明暗结合，虚实相生。

师：留白、侧面衬托、构思巧妙是本诗的三大特色，而最为世人所称道的是"构思巧妙"，这也是这首诗歌广为流传的最大亮点。诗中除了老妇、石壕吏，还重点写了一个人，他是一个旁观者，从"暮投石壕村"到"夜久语声绝"，再到"天明登前途"，他见证了这一切，请大家自由朗读最后一段。

生自由朗读。

师：你觉得应该读出什么味道？

生：哽咽的味道。

师：你试着读一读？

生："夜久语声绝，如闻泣幽咽"，后半句读出了哽咽的味道。

师：你读出了什么？

生："夜久"二字，反映了老妇一再哭诉、官吏百般威逼的漫长过程，也写出了诗人一直在关切百姓的这种痛苦，他也一夜未合眼。

生：从"夜久语声绝，如闻泣幽咽"中，我读出了作者的无奈。因为"幽咽"表明作者整夜未眠，作者的心在哽咽，为这一家人的遭遇而哽咽，为所有遭受战乱之苦的百姓而哽咽。

师："如闻泣幽咽"，想象一下有可能是谁在哭？

生：儿媳妇在哭。

生：老翁在哭。

生：全石壕村的人都在哭。

师：是老翁，是儿媳，是整个村庄在哭泣，诗歌用以小见大的写法，凸显了安史之乱给人民带来的深重灾难，深化了诗歌意境。

生："天明登前途，独与老翁别"，一个"独"字，写出了这个家庭的支离破碎、雪上加霜。

师：一个"独"字还让你读出了什么？

生："独"暗示了老妇已被带走。

生：一个"独"字，写出了诗人的无可奈何。

师：他能怎么做？彷徨罢了，苦闷罢了，而这彷徨与苦闷的背后，是一颗忧国忧民的仁爱之心。杜甫的忧国忧民是心血来潮吗？一起看看下面的资料：（屏显）杜甫出生在一个"奉儒守官"的家庭，从小便受到儒家思想的教育熏陶，植根于他心中的便是"以天下为己任"的伟大理想和抱负。孟子的"仁爱"思想，赋予了杜甫悲天悯人之心和以社稷为念的爱国之心。在杜甫的内心深处，国家和人民没有轻重之分，均处于天平的两侧。

安史之乱后，抽丁是为了补充兵力，来平息安史之乱，从国家层面来说，这是一次为了大多数百姓幸福安定的正义战争。诗人自己作为唐朝的官吏，支持唐王朝进行的这场平叛战争，希望能取得最后的胜利。但面对老妇一家的悲惨遭遇，他深感同情却又不能相助。既支持这场战争，心忧国家；又反对战争，担忧百姓。矛盾、纠结、痛苦……

生：诗人就这样在忧国忧民的思想斗争中度过了一个不眠之夜，诗人的矛盾、纠结、痛苦，其实正是在衬托石壕吏的残暴狠毒和这个社会的黑暗。

师：继续看：（屏显）公元 758 年，杜甫贬为华州司功参军，在从洛阳回华州任所的路上，途经新安、石壕、潼关等地。他看到战乱给人民带来的沉重灾难，心中痛苦交织，于是一路写下了流传千古的"三吏"和"三别"：《新安吏》《潼关吏》《石壕吏》；《新婚别》《垂老别》《无家别》。

他悲悯的目光拂过失去亲人的老妇，拂过在边疆浴血牺牲的将士，从一个家庭延伸到整个国家。他憎恶战争、忧国忧民的情怀始终是他生命的主调。

师：这首诗反映了诗人当时思想上的矛盾：他歌颂石壕老妇勇于承担苦难的精神，但他又写出了老妇一家的悲惨遭遇，这表明他为战争给人民带来了巨大的灾难而深感悲痛。这样一位正直的诗人，将自己的感情融会在平实的叙述之中，这是本文语言上的特点。是啊，诗人怀着深厚的同情之心为人民唱歌当哭，记下了战乱年代一幕惊心动魄的场景。

生整理笔记。

师：回到最初的问题：文章题目是《石壕吏》，应该重点描写石壕吏，但作者却用大量篇幅写老妇人，为什么这样安排？

生：字字在写老妇，又字字在写石壕吏；字字在写诗人，又字字在写石壕吏。

师：是啊，沉淀于忧国忧民的涕泪，人道主义悲天悯人的胸襟铸就了杜甫诗歌沉郁顿挫的诗风，感人肺腑的民族情怀。所以，有人说，读杜甫的诗，只有读到沉郁顿挫，读到泪湿满襟，方能真正读懂杜甫。下面，就让我们带着这种忧国忧民的伟大情怀，共同诵读这首诗，向伟大的"诗圣"致敬。

【自评自悟】

上完这节课，学生很兴奋，我也感觉酣畅淋漓。为了实现课堂的"活"与"新"，我设置了"想象补白，情景再现"和"构思巧妙，形象凸显"两个环节。"想象补白，情景再现"环节，我让学生围绕"老翁逾墙走，老妇出门看"，想象夜听敲门的夫妇对话；"急应河阳役，犹得备晨炊"，想象老妇对媳妇的叮嘱；"天明登前途，独与老翁别"，想象诗人与老翁的道别等进行"补白"，没想到学生的"补白"精彩纷呈，这为文本的深入解读做足了铺垫。

"构思巧妙，形象凸显"环节，我让学生根据老妇的答辞从动作、神态、语言、语气等方面推测差役步步紧逼的场景，在此基础上，两组同学展示了吏、妇对话，学生角色扮演逼真，让人叹服。这两个环节都让学生"沉"在了文字中，"沉"在了课堂中，实现了文本与学生的相生相融，感觉妙极了。

【课例点评】

捕捉"微镜头",润物细无声
—— 品评刘艳红老师《石壕吏》课堂"微镜头"

时慧慧

《石壕吏》是我国古代的经典叙事诗,通过讲述安史之乱中石壕村一户人家的悲惨遭遇,主要内容是叙事性的,但带有比较强的抒情色彩,表达的是诗人对战争的控诉,以及对现实生存状态的反思。如何引导学生理解人物形象,感悟诗人的忧国忧民情怀就成为课堂重点。黄玉峰老师说:"课堂教学的成功,必须有两个基本条件,一是对所教文本的熟悉,二是找到破译文本的突破口。"毫无疑问,艳红老师找到了这样的突破口。捕捉"微镜头",依据教本巧妙设置"想象补白,情景再现"和"构思巧妙,形象凸显"两个板块,将学生带入到真实具体的情境中,课堂效果甚佳。

一、巧借微视频,再现记忆场景

1. 激发想象,补白还原场景

教师配乐诵读中带学生进入情境,想象眼前画面。补白杜甫与"老妇"的对话,补白石壕村的此情此景,补白儿媳与孙儿的对话,补白诗人与老翁的告别,四处补白,充分地激发学生的想象力,在补白中还原场景,让学生产生身临其境之真实感受,为教师进一步的提问"采访一下你们,拍到这样的画面,你们内心是什么感受?"做了很好的铺垫。

2. 对比环境,凸显人物境遇

石壕村前后环境的对比是课堂中的一个亮点。学生从眼前颓败之景深入想象还原出曾经的繁华之景,同时教师引导学生对繁华之景进行具体的描写,从细致的画面感中可以看出学生对于石壕村前后变化对比强烈的感触,并且在真实可感的体会中凸显社会背景以及"老妇"的境遇。

二、善用微照片,定格人物画面

王荣生教授为我们梳理了"理解"的三个层次:"一是表面理解,也就是字面理解;二是篇章结构的理解,就是学生对自己读到的材料能够从整体上做解释;第三个层次,是读者能够结合社会经验对所读的材料有深刻的、自己的理解。"

1. 提出质疑，答疑解惑

在"微镜头"之二"构思巧妙，形象凸显"环节的铺展过程中，艳红老师带领学生交流预习过程中的疑问，而后引出质疑："文章题目是《石壕吏》，为什么不重点描写石壕吏，却用大量笔墨写老妇人？"进而引导学生通过给"吏""老妇"定格画面来进一步赏析人物形象："吏"是怎样的吏；请你为"老妇人"三连拍；补充"老妇人"奔赴战场后的场景。教师循序渐进地为学生创设情境，层层递进引导学生逐步体会人物形象，从学生的课堂表现来看，达到了很好的效果。

2. 侧面烘托，凸显形象

"吏"是怎样的吏？从抓关键词及替换词语对比分析两种方法入手归纳分析吏的残暴蛮横；"老妇人"三连拍环节中聚焦第三自然段，层层递进相机引导学生体味老妇的无奈、凄苦；补充"老妇人"奔赴战场后的场景，从动作、神态等描写入手，进一步体会老妇人的悲苦无助。艳红老师在教学过程中充分聚焦语用点深入剖析，最终明确通过"老妇"的悲苦侧面烘托出"吏"的残暴。

三、活用微剧本，进入新的境界

《语文课程标准》指出："阅读是学生个性化行为，不应以教师的分析来代替学生的阅读实践。应让学生在积极主动的思维和情感活动中，加深理解和体验，有所感悟和思考，受到情感熏陶，获得思维启迪，享受审美乐趣。要珍视学生的独特感受、体验和理解。"

1. 激情演绎，直观表达

学生的感受最直观的表现就在于微剧本的呈现过程中举手投足的舞台表现力上。教师为学生提供展示自我的平台，激发创作的热情，课堂上学生们积极踊跃地表演，直观形象地将自我理解的人物形象及文章主旨表达出来。与此同时，教师相机引导侧面烘托与构思巧妙的写法，显得水到渠成，深入人心。

2. 注重朗读，体悟深情

余映潮老师说："朗读是一种富有情韵的课堂活动，也是一种活泼的、形式优美的教学手法。"新课程标准要求：要让学生充分地读，在读中整体感知，在读中有所感悟，在读中培养语感，体验品味。可见，"朗读"是必不可少的教学手段，我们需要在读什么、怎么读、如何悟、怎样品等方面下功夫。"语言本身就是生命之声，语言活动是生命的体现。"朗读是学生增强语感的重要手段，也是进入文本的深层通道，所以，朗读对于学生来讲，既是视觉的文字阅读，又是听觉的渲染体验，拉近了学生与文本之间的距离。纵观课堂，刘老师不断引导学生进行朗读训练。开篇"补白想象，情景再现"环节中个人读、齐声读、配乐读，引导学生从整体上感知文本的感情基调；"构思巧妙，形象凸显"环节中抓关键词、替换词语赏析，聚焦重点段落剖析，补充动作神态深入理解等形式中朗读都起到了重要的作用，在引导重读关键字词、把握人物语气神态的过程中不断深入挖掘人物的情感。最后的情景剧演读更是将诵读带入更深层次的境界。整堂课教师引领学生通过充分、灵活的朗读，促进了学生更好地把握主旨，感悟语言特色。

整堂课，不断捕捉"微镜头"，充分激发学生学习语文的兴趣，为学生创造展示自我的平台，在书声琅琅中不断感知故事情节，把握人物形象，体悟世间百态，最终将语文与生活联结，达到了润物细无声的高妙境界。

时慧慧，山西省晋城爱物学校初中语文教师，晋城市模范教师，晋城市初中语文教学能手，晋城市最美教师，晋城市名师培养工程学员，青春语文名师工作室成员。

2.《春望》课堂"微镜头"

授课学生	山东省滨州市邹平市魏桥实验学校八年级学生
文本类型	主题型
课堂特色	品读，联读。
授课时间	2021年10月21日

【设计说明】

　　《春望》是杜甫安史之乱时期在长安所作。诗歌以高度凝练的笔墨将作者困居长安时的所见所感熔铸在40个字里，情景交融中抒发了诗人感时忧国、思家念亲的情感。引领学生体味作者复杂的情感，与作者产生情感共鸣，是我教学设计的初衷。基于此，我设计了两个课堂"微镜头"。其一为品读，读懂诗歌。引领学生在四句诗，40个字中来回穿梭，品读用词的精妙传神，体味作者当时的心境，感受诗人的复杂情感。其二为联读，读懂诗人。链接杜甫的《闻官军收河南河北》一诗，引导学生通过山东快板的形式感受作者的喜悦，让学生进一步感受杜甫融入血液的忧国忧民之情。

　　按照"解读内涵三层次方法"：文本第一层显性内容是表现春日长安的凄惨破败景象，表达诗人挂念亲人的情感。这一层学生借助注释即能读懂，是课堂的起点；第二层隐性意脉是诗句背后隐藏的作者情怀，即忧国忧民情怀。这一层需要教师引导学生沉浸在"关键词"中，在文字中走好几个来回，方能实现；第三层深层主旨是跟杜甫学做忧国忧民之人。让爱国心植入每一个孩子的心中，变成他们的"血液"。这一层才是课堂的终点。

【课堂微镜头】

"微镜头"之一"品读，读懂诗歌"

　　师：同学们，杜甫的诗歌语言太有表现力了。下面我们就与诗中富有表现力的语言来个亲密大接触，触摸杜甫高贵的灵魂吧。请同学们当一回导演，把你刚才拍的照片转化成微电影，让静止的照片灵动起来。

（屏显）：

我拍到了_____"微电影"画面，拍摄过程中_____（哪一个字）给我感触最深，因为……我拍到了一个_____的杜甫。

学生边读边批注。

师：我们先共同品析第一句，谁说说你拍的微电影内容。

生："国破山河在，城春草木深"，我拍到了国破城荒的画面，拍摄过程中"破"给我感触最深，因为它让我感受到了当时长安城破败不堪的景象。曾经繁华的长安城，仿佛一夜之间就变成了现在这副模样，真是令人唏嘘不已，我拍到了一个忧国忧民的杜甫。

师："破"字震撼了你！好一幅凄凉的国破城荒图！是啊，阳春三月，春回大地，万物复苏。这本该是一幅山河俊秀的模样，本该是草木葱茏的景象，本该是鸟语花香的季节，全因为一场突如其来的战争！采访一下你，"国破山河在"，"国破"的"破"还可以怎么理解？

生："破"还可以理解为破败不堪。繁华的长安城被叛军烧杀抢掠之后一片破败不堪之景。虽然山河还在，但是国都长安城已经被叛军占领了。眼前的景象是一片凄凉，破败不堪。

师：谁能给老师解读一下"深"呢？

生：杂草丛生，荒凉萧瑟。

师：你想象一下，曾经繁华一时的国都长安城以前是什么样的景象呢？

生：人山人海，熙熙攘攘。街上的物品是琳琅满目，街上的行人是比肩接踵，集市上人声喧哗，一片繁荣的景象。而今，被叛军占领的长安城，放眼望去，看到的却只有丛生的杂草。

师：只看到草木，看不到人呀，人到哪里去了？

生：死的死，逃的逃，放眼望去长安街上空无一人，满目凄凉，杂草丛生。

师：司马光在《温公续诗话》中曾写道："'山河在'，明无余物矣；'草木深'，明无人矣！"一座繁花似锦的城市，因为一场战争，竟被毁坏到了"无余物""无人"的境地，是何等可悲啊！一向爱国的杜甫看到这样的景象，他会怎么吟出这句诗？请同学们试着把杜甫的感情读出来。

生：语调高昂地读"国破山河在，城春草木深。"

师：看到这样凄惨的景象，心里无比悲痛。语调要低沉一些，速度要慢一点。

学生再读。

生：感时花溅泪，恨别鸟惊心。我拍到了花凋零鸟惊心的画面，拍摄过程中"惊"给我感触最深。感叹世事纷乱，花儿也流下了泪水，痛恨亲人离别，听到战争的声音，鸟儿也心惊肉跳。春天的花儿原本娇艳美丽，香气迷人；春天的鸟儿应该欢呼雀跃，唱着婉转悦耳的歌声，给人以愉悦。但一切都变了，变得陌生，变得模糊。我拍到了一个苦闷沉痛的杜甫。

师："感时""恨别"都浓聚着杜甫感时伤怀，痛恨别离的忧愁。人内心痛苦，遇到乐景，反而引发更大的痛苦，就如"昔我往矣，杨柳依依；今我来思，雨雪霏霏"。杜甫以乐景反衬哀情，使愁情更加浓郁。痛感国破家亡的苦恨，越是美好的景象，越会增添内心的伤痛。这联通过景物描写，借景生情，移情于物，表现了诗人忧伤国事，思念家人的深沉感情。

学生做笔记。

师：老师采访一下你，恨别鸟惊心的"别"，是指他跟谁分别？

生：跟亲人分别。

师：和亲人分别愤恨到什么程度？

生：鸟儿惊心，其实是诗人感到心惊肉跳，心惊胆战。

师：跟亲人分别不是很平常的吗，怎么跟亲人分别，听到鸟叫都会心惊肉跳呢？

生：可能是生离死别。

师：是啊，就仿佛像永别！战乱当中，不知道哪一天诗人杜甫就会被叛军杀害，这里的别可不是一般的分别，有可能是生离死别，有可能就是永别，所以诗人才产生了这样的感情。在这样动荡的年代，鸟语花香是最美好的东西，但在诗人的眼中却是触目惊心啊。清代诗人沈德潜评论此句说："乐处皆可悲"。这就是以乐写悲啊！面对此情此景，诗人对花落泪，落的是什么泪？

生：难过的泪，悲伤的泪。

师：想到原来的长安城曾是那么繁华昌盛，可是今日，一夜之间，长安城竟变得这样破败不堪，草木丛生，他流下了伤心的、痛苦的、感伤的泪水。

我们再读这句诗，读出杜甫的痛苦，感伤，伤心。

学生齐读。

生：烽火连三月，家书抵万金。我拍到了烽火连天的画面，拍摄过程中"抵"给我感触最深，因为这一句用对偶的手法，写出了安史之乱的战火连绵不断。诗人跟家人难通音信，此时的一封家信显得极其珍贵，可以胜过万两黄金，表达了诗人眷念家人的美好感情。我拍到了一个思家念亲的杜甫。

师：是啊，杜甫也是有血有肉的人，他也有最牵挂的家人啊。在这样动荡的年代，在这样"恨别鸟惊心"的年代，身处战乱，烽火连天，漂泊在外的杜甫最为挂念的是什么？

生：家。

师：对，可是，他会有家的消息吗？

生：不会。

师：为什么呢？

生："烽火连三月"，战争持续不断，收不到家人的任何信息。

师：谁能告诉老师"家书抵万金"的"抵"是什么意思？

生：值。

师：值，一封薄薄的家书怎么能说值万两黄金呢？我不理解，谁说一下。

生：一封家信可以让亲人知道自己还平安，还健在，也可以知道亲人是否平安、健康。亲人的生命是胜过万两黄金的。

师：对啊，亲人的平安、健康最重要。诗人在此道出了身处战乱中千万人的共同心声。然而就是这样的家书是多么难得啊！郁达夫曾在《奉赠》一诗中说：一纸家书抵万金，少陵此语感人深。哪位同学再读，读出战争的持续不断，读出家书的珍贵。可以试着加一个语气词"唉"。

学生自由读。

生：白头搔更短，浑欲不胜簪。我拍到了杜甫唉声叹气的画面，拍摄过程中"胜"给我感触最深，因为烽火连天，家信不通，想念远方的亲人，眼望面前的颓败之景，不觉于忧愁之间，搔首踌躇，顿觉稀疏短发，已经掉落许多，几不胜簪了。"白发"为愁所致，"搔"为想要解愁的动作，"更短"可见愁的程度。在国破家亡，离乱伤痛之外，又叹息衰老，更增添了一层悲愁，这句诗用动作描写诗人忧愁之深广。我拍到了一个忧愁深重的杜甫。

师：是啊，诗人盼啊盼，他多么希望战乱能早日平息，他多么希望能够得到一封报平安的家书啊。盼得不停地搔头，头发越搔越短，短到连发簪都别不住头发和帽子了，诗人忧国思家到了这种程度。根据你的理解，你猜猜此时的杜甫多大年纪？

生：60多岁。

师：同学们，我告诉你们，杜甫当时只有45岁，人到壮年，为国家而担忧，为亲人的离别而忧愁，忧愁到了"白头搔更短，浑欲不胜簪"的地步。加上动作，再读"白头搔更短，唉，浑欲不胜簪。"

学生自由读——齐读。

师：这首诗情景交融，感情深沉，而又含蓄凝练，言简意赅，充分体现了"沉郁顿挫"的艺术风格。这首诗结构紧凑，围绕"望"字展开，前四句借景抒情，情景交融。诗人由登高远望到焦点式的透视，由远及近，感情由弱到强，就在这感情和景色的交叉转换中含蓄地传达出诗人的感叹忧愁和忧国思家。

学生齐诵。

师：我们学完了这首诗，但是那字字血、声声泪的文字，让我们铭刻在了心里。下面我们就有感情地背诵这首情最浓、意最深的绝唱吧！

学生配乐合作诵读。

（男独）国破山河在，城春草木深。

（女独）感时花溅泪，恨别鸟惊心。

（合）烽火连三月，家书抵万金。

（合）白头搔更短，浑欲不胜簪。

"微镜头"之二 "联读，读懂诗人"

师：诗人为国家的命运担忧，为亲人的平安担忧，他朝也盼，晚也盼，哪一天叛军能平定呢？哪一天亲人能团聚呢？哪一天能回到自己朝思暮想的家乡呢？值得高兴的是七年之后，杜甫逃离了长安城，暂时定居在四川成都。有一天，他突然听到了一个惊天的喜讯，叛军被消灭了，叛军的老巢被倾覆了。听到这样的消息，他挥笔写下了《闻官军收河南河北》，下面老师用山东快板的方式给大家朗诵这首诗。

（屏显）闻官军收河南河北

杜甫

剑外／忽传／收蓟北，初闻／涕泪／满衣裳。
却看／妻子／愁何在，漫卷／诗书／喜欲狂。
白日／放歌／须纵酒，青春／作伴／好还乡。
即从／巴峡／穿巫峡，便下／襄阳／向洛阳。

师：你们听出老师做了哪些特殊处理吗？

生：老师的语速较快，且按照223节奏，第四句后三个字重复了一遍，第八句后三个字重复了一遍。

师：对，请大家也用这种形式齐诵诗歌。

学生用山东快板的方式齐诵诗歌。

师：这首诗当中有一个字是诗眼，它表达了诗人听到这个喜讯之后的情感，是哪一个字呢？

生：喜。

师：这个喜讯来得太快了，听到这个喜讯，诗人有哪些表现？

生：初闻涕泪满衣裳。

师：诗人流的是什么泪呢？

生：兴奋、激动、喜悦的泪。

师："感时花溅泪"中的泪是感伤、痛苦、哀怨、忧愁的泪。原来此时是兴奋、激动、喜悦的泪花，是喜极而泣啊！还有哪些表现呢？

生："漫卷诗书喜欲狂"。

师：请你们告诉老师，诗人为什么要喜狂欲？他喜什么？

生：他一喜叛军得到平定；二喜国家得以安宁；三喜亲人能够团聚；四喜回乡得偿所愿，他怎么能不喜欲狂呢？

师：诗人喜得想要发狂，他不仅漫卷诗书，他还想干什么？

生：还想唱歌，还想喝酒，还想回老家。

师：闻喜讯流喜泪，流喜泪而呈喜态，呈喜态而唱喜歌，喝喜酒思喜归，喜始喜终，欢喜雀跃地回老家。

学生默默点头。

师：同学们，这是诗人杜甫平生第一首快诗，感觉杜甫瞬间返老还童了，那份喜不自禁的形象，着实让人难以忘怀。请同学们怀着和诗人狂喜极乐一样的感情，用山东快板的形式，自己拍着桌子，打着节拍，一起再来读一读。

学生自由读。

师：让我们全班同学都打起节拍，一起体味杜甫的狂喜。

学生齐诵。

师：老师补充一下"安史之乱"的资料。

（屏显）：

安史之乱是中国唐代玄宗末年至代宗初年（755年至763年）由唐朝将领安禄山与史思明背叛唐朝后发动的战争，是同唐朝争夺统治权的内战，为唐由盛而衰的转折点。原本在唐玄宗天宝年间，唐朝的经济发展到了鼎盛时期，但在安史之乱后，唐朝经济受到重创，人口大量丧失，国力锐减，间接导致了唐朝的灭亡。因为发起反唐叛乱的指挥官以安禄山与史思明二人为主，因此事件被冠以安史之名。又由于其爆发于唐玄宗天宝年间，也称天宝之乱。

师：看了这段背景资料，你们有什么话想说呢？

生：战乱结束，国家统一，这个消息让年迈的杜甫手舞足蹈，而这正是他悲悯情怀的直观体现。

生：两首诗一悲一喜，感情基调不同，但杜甫的忧国忧民的博大情怀却是相通的，我更加崇拜杜甫了。

生：杜甫的思想和情怀深深地抵达了我们的心灵深处，在我们的心田埋下了一粒悲悯情怀的种子。

师：对，杜甫就是这样，忧国忧民的思想已经融入了他的血液！他总是把自己的命运和民族国家的命运联系在一起，他总是能由自己的遭遇想到广大黎民的苦痛，他总是坎坷不幸的，但他也总是令人敬仰的！他的生活总在苦难的谷底，但他的思想却永在巍峨的巅峰！请同学们课下继续品读杜甫的其他作品，阅读"诗史"篇章，品味"诗圣"人生。

【自评自悟】

"品读，读懂诗歌"环节，我的设计意图是让学生由对诗歌表层意思的理解，到对人物形象的深层挖掘。整个环节不蔓不枝，层层递进，不仅引领学生走进了诗歌深处，更让学生触摸到了杜甫伟大的心魂。在理解诗歌内容时，我没有遵循常规，让学生翻译，而是让学生想象画面，拍摄成微电影。这样不仅能让学生感受到诗歌的魅力，更能提高学生感知诗歌语言的能力。在诵读方面，我一直认为"读诗就是读人，就是读心"，这是诗歌三昧之语。所以，在这个环节中，学生在读中体味，在读中思考，也在读中逐渐与作者的心灵相契合，语文素养得到了潜移默化的提升。

杜甫"忧国忧民"的情怀已经融入他的血液，那么，如何让学生触摸到杜甫的这种博大情怀呢？我思虑再三，链接了《闻官军收河南河北》这首诗。这首诗是杜甫唯一的一首"快诗"，且诗中传达的喜悦之情淋漓尽致。战乱结束，国家统一，这个消息竟让年迈的杜甫手舞足蹈，而这正是他悲悯情怀的直观体现。一悲一喜，感情基调不同，但杜甫的博大情怀却是相通的，发现了这一点，我惊喜不已。于是，我大胆整合两首诗，通过创设情境、指导诵读，让诗歌原有的思想和情怀深深地抵达学生的心灵深处，在他们的心田埋下了一粒悲悯情怀的种子。

【课例点评】

一望一闻巧入镜 亦悲亦喜圣贤心
—— 品评刘艳红老师《春望》课堂"微镜头"

李红玲

语文新课标指出，"义务教育语文课程内容主要以学习任务群组织与呈现。设计语文学习任务，要围绕特定学习主题，确定具有内在逻辑关联的语文实践活动。语文学习任务群由相互关联的系列学习任务组成，共同指向学生的核心素养发展，具有情境性、实践性、综合性。"（2022年版语文课程标准蓝皮第19页）依据课程标准来看艳红老师的这节课，我认为她把新课标中对"课程内容的组织与呈现方式"的要求很好地进行了课堂实践。课堂上，艳红老师引领学生进行诗歌联读，创设情境品读诗歌语言，在品读与对话中提升学生核心素养。

如果用"一语立骨"法来概括观课感受，我认为"巧"字是最佳选择。

一、"巧"在选题组诗

《春望》是本节课学习的母题诗歌，这是杜甫诗歌中的经典之作。在传统的诗歌教学中，大多数老师只进行单篇教学。艳红老师打破单篇教学藩篱，大胆进行群诗联读，巧妙地把杜甫"生平第一快诗"《闻官军收河南河北》与《春望》放在一起进行拓展教学，收效甚丰。

把这两首诗歌组合起来进行联读，"巧"在何处？

《春望》一诗作于肃宗至德二载（757年）。当时安史叛军已攻进长安，"大索三日，民间财资尽掠之"，又纵火焚城，繁华壮丽的京都变成废墟。一场战争让人民流离，整个世界早已满目疮痍。诗人眼中所见皆是悲景，胸中所抒皆是哀情。这首诗歌正是杜甫忧国忧民思念至亲最好的体现。

《闻官军收河南河北》这首诗作于唐代宗广德元年（763年）春。当年安史之乱结束，杜甫听到战争结束的消息后，不禁惊喜欲狂，手舞足蹈，冲口唱出这首七律。后代诗论家都极为推崇此诗，浦起龙赞其为杜甫"生平第一首快诗也"。

艳红老师的"巧"就在于她把这两首诗歌进行了联读。通过两诗联读，艳红老师引领学生从读懂杜甫诗歌的"悲喜"情感到读懂杜甫"忧国忧民"情怀。安史之乱带给国家与人民的沉重灾难与战争结束后人民惊喜欲狂的心情，杜甫在这两首诗歌中表现得淋漓尽致，感人肺腑。通过组诗联读，艳红老师带领学生穿越历史的时空隧道，打开了一段沉重丰厚的历史画卷，从中认识了一位忧国忧民的古代圣贤。从读诗到读人，从读"诗史"到读"诗圣"，体现了阅读教育的育人功能。

巧选诗歌，一"悲"，一"喜"。战乱前后，悲喜之间，杜甫的圣贤之心明镜可鉴。两个微镜头，两段历史画面，一"望"一"闻"，杜甫的仁者情怀天地可知。

二、巧在聚焦读诗

王君老师经常对工作室成员说的一个词就是"聚焦"。君师不断提醒我们，无论做语文教学研究还是进行日常课堂教学，都要集中精力进行"聚焦"探索。只有聚焦才能深入，只有深入方可习得真知。艳红老师深得君师"聚焦"真意。在这节课上，她将教学内容聚焦两个"微镜头"：一是"品读，读懂诗歌"；

一是"联读,读懂诗人"。艳红老师巧妙设计品读活动,极大地激发学生的学习热情。因为聚焦,学生的语言表达能力得到强化与巩固。从课堂对话中可以看出,学生发言积极,师生交流热烈。在聚焦品读中,学生很好地锻炼了语言表达能力。

在"品读"环节,艳红老师巧创学习情境,把学习的主动权交给了学生。她巧妙设计语言训练活动:

"请同学们当一回导演,把你刚才拍的照片转化成微电影,让静止的照片灵动起来。"

微电影拍摄已是当下时代发展的产物,生活在互联网下的当代中学生对此都不陌生。这样的活动打通了课堂与生活,很好地实现了语文与生活的链接。在课堂上当"导演"来拍微电影,有创意的角色转换能瞬间提升学生的参与度。在语文课堂上,交流的过程就是学习的过程。交流"拍摄心得"正是品读诗歌内容的"华丽变身"。

为降低学生品读鉴赏的学习难度,艳红老师设计了一个口语表达的脚本:

我拍到了_____"微电影"画面,拍摄过程中_____(哪一个字)给我感触最深,因为_____。我拍到了一个_____的杜甫。

这个较为规范的表达句式从三个方面给学生搭建了交流的小支架:精选画面,炼字评析,评价诗人。有了这个支架作为支撑,学生在口语表达中想象丰富,思维敏捷,表达流畅,顺利推进整个品读环节。

品读活动中聚焦一个主问题,不蔓不枝,层层递进,由赏析画面到品味词语,从品语言到悟情怀,学生逐步走进了杜甫的灵魂深处。艳红老师打破教学常规,大胆创新,创设情境,聚焦语言。在有创意的教学活动中将诗歌品读活动引向了藕花深处。

在"联读"环节,艳红老师的教学创意更具智慧。她在引领学生品读《闻官军收河南河北》一诗时,巧妙引进本地喜闻乐见的艺术形式——"山东快板"。用山东快板的形式引领学生朗读这首"喜"感十足的诗歌,不用多讲,学生只需沉浸其中,用"快读"的方式便能充分体会诗人欣喜若狂的心情。

规范表达,巧送支架,聚焦画面,深入情感,杜甫的形象在两个微镜头中更加清晰。

三、巧在引领析诗

细观艳红老师这节课还发现，师生之间的对话充分体现了"深度学习"的教学追求。重庆司体忠老师认为"深度学习"是教学目标的充分聚焦，是学习内容的充分关联，是学习过程的深度参与。湖北张敏老师也谈到"深度学习"是主体性学习、对话性学习与协同性学习的组合。

在"品读"环节中，艳红老师没有止步于学生对"拍摄画面"的简单描述，而是在学生回答的基础上巧妙引领，引导学生走向诗歌艺术深处。诗歌品读因为师者的巧妙引领从而实现由单薄走向丰厚，这样的对话引领就是深度学习的有力体现。

截取一处"品读"画面为例：

生：感时花溅泪，恨别鸟惊心……

师："感时""恨别"都浓聚着杜甫感时伤怀，痛恨别离的忧愁。人内心痛苦，遇到乐景，反而引发更大的痛苦，就如"昔我往矣，杨柳依依；今我来思，雨雪霏霏"。杜甫以乐景反衬哀情，使愁情更加浓郁。痛感国破家亡的苦恨，越是美好的景象，越会增添内心的伤痛。这联通过景物描写，借景生情，移情于物，表现了诗人忧伤国事，思念家人的深沉感情。

……

师：是啊，就仿佛永别！战乱当中，不知道哪一天诗人杜甫就会被叛军杀害，这里的别可不是一般的分别，有可能是生离死别，有可能就是永别，所以诗人才产生了这样的感情。在这样动荡的年代，鸟语花香是最美好的东西，但在诗人的眼中却是触目惊心啊。清代诗人沈德潜评论此句说："乐处皆可悲"。这就是以乐写悲啊！面对此情此景，诗人对花落泪，落的是什么泪？

……

师：想到原来的长安城曾是那么繁华昌盛，可是今日，一夜之间，长安城竟变得这样破败不堪，草木丛生，他流下了伤心的、痛苦的、感伤的泪水。我们再读这句诗，读出杜甫的痛苦，感伤，伤心。

在这个画面赏析中，学生品读完"感时花溅泪，恨别鸟惊心"这个画面后，艳红老师顺势将学生引进了诗歌写法的层次，告诉学生"以乐景反衬哀情"的艺术手法。接着又与学生交流互动来体会"别"的深意，此处又引用清代诗人沈德潜的评论"乐处皆可悲"，让学生进一步体会"以乐景写哀情"的感人力量。如此步步深入地分析鉴赏，诗人在"感时花溅泪"中"泪"的丰富内涵自然流出。师生之间的深度对话令学生对这一联诗歌的理解更加深刻。

　　四联诗句，四个画面。在每一次画面描述中，艳红老师总会先让学生表达自己的理解与感受，再引领学生轻步小迈，曲径通幽，一步一步走向诗人灵魂深处。如果说学生的发现重在画面与个人情感的抒发，品读重在"感性"，那么老师的引领就重在诗歌艺术层面的表达，品读重在"理性"。像这种从感性到理性的品析训练，日积月累坚持下去，学生的思维能力定会得到极大提升。

　　纵观本节课，一个"巧"字彰显艳红老师的师者匠心。巧选诗歌进行联读，巧用句式聚焦品读，巧妙赏析深度学习。无论是《春望》还是《闻官军收河南河北》，都是杜甫伟大的现实主义作品，无论是悲情是喜感，都体现了诗人一颗忧国忧民的仁者之心。

　　正是：一望一闻巧入镜，亦悲亦喜圣贤心。规范引领明诗意，经典流传唱到今。

　　李红玲，中学高级教师，任教于河南省安阳市内黄县实验中学。安阳市语文学科带头人、骨干教师。内黄县第一届最美教师。语文湿地栖居者，王君青春语文名师工作室成员。经营个人微信公众号"红玲碎语"。

3.《卖炭翁》课堂"微镜头"

授课学生	山东省滨州市邹平市魏桥实验学校八年级学生
文本类型	诵读型＋主题型
课堂特色	发挥想象，品悟形象。
授课时间	2022年5月26日

【设计说明】

《卖炭翁》是唐代诗人白居易《新乐府》组诗之一。这是一首讽喻诗。它用叙事手法写了一个有头有尾的小故事，描述了卖炭翁伐薪烧炭的艰辛，细致刻画了他"心忧炭贱愿天寒"的矛盾心理，表达了白居易对劳动人民的深切同情，以及对统治阶级不合理制度的愤怒与抗议。语言朴实，通俗易懂。

按照"解读内涵三层次方法"：文本第一层显性内容是《卖炭翁》讲述了一位卖炭老人烧炭、运炭和卖炭未成、被宫使掠夺炭的故事。这一层学生在读完诗作后，就能明白，是课堂的起点；第二层隐性意脉是卖炭翁"苦"背后的"情感变化"。这是课堂的主线条、主问题。这一层需老师补充资料、搭建"脚手架"，反复品读，方能走进卖炭翁的心灵世界；第三层深层主旨：呼吁学生做胸怀天下、心系苍生、有责任心、有爱国心的新时代好少年，这是课堂的终点。

【课堂微镜头】

"微镜头"之"发挥想象，品悟形象"

师：话说公元788年，唐朝有一位16岁的青年才俊来到都城长安，他带着自己的诗稿去拜会当时的名士顾况。顾况看到诗稿上的名字，就开玩笑说"长安米价正贵，居住不容易，你还叫这名字"。可是等他翻到"离离原上草，一岁一枯荣。野火烧不尽，春风吹又生。"的诗句时，顾况不禁连连赞叹"凭这才华，在长安居住很容易"。大家猜猜这位诗人是谁？

生：白居易。

师：同学们猜猜接下来"剧情"会如何发展？

生：他会慢慢有名气。

师：对，后来，顾况经常向别人谈起白居易的诗才，盛加夸赞，白居易的诗名就传开了。谁给白居易设计一张个人名片？

生：白居易，唐代诗人。字乐天，号香山居士、醉吟先生。代表作《琵琶行》《长恨歌》。白居易是"新乐府运动"代表人物，主张"文章合为时而著，诗歌合为事而作"，文章应该为了反映时代而写，诗歌应该为了反映现实而作。

生：白居易是杜甫之后，唐朝又一杰出的现实主义诗人，是唐代诗人中作品最多的一个。他曾将自己的诗分为四类：讽喻、闲适、感伤、杂律。他的诗，语言通俗易懂，被称为"老妪能解"。《卖炭翁》是一首叙事讽喻诗。

师：白居易把"诗、酒、琴"作为最好的三个朋友。他爱诗如痴如狂，一生写下了3000多首诗歌，有"诗魔"和"诗王"之称。其中最负盛名的便是他担任左拾遗期间，写下的专挑皇帝政策决策失误的50首新乐府。今天我们要学的《卖炭翁》就是其中脍炙人口的佳作。布置大家课下查阅这首诗歌的写作背景，谁分享一下？

生：《卖炭翁》一诗题下是小序"苦宫市也"。本来宫廷里需要的日用品，归官府向民间采购，到了德宗贞元末年，改用太监为宫使直接采办。宫里经常派出几百人到长安东西两市和热门的街坊去，遇到他们看中的东西，只说一声是"宫市"，拿了就走，谁也不敢过问。不但不给任何报酬，反而要你倒贴"门户钱"和"脚价钱"。所以每逢宫使出来的时候，连卖酒卖烧饼的小店铺都关上店门不敢做生意了 。"宫市"其实是唐朝宫廷直接掠夺人民财物的一种最无赖的方式。

师：《卖炭翁》是白居易《新乐府》组诗中的第三十二首，自注云："《卖炭翁》，苦宫市也。"白居易写作《新乐府》是在元和初年，正是宫市为害最深的时候。他对宫市十分了解，又对人民有深切的同情，所以才能写出这首感人至深的《卖炭翁》。请大家自由读诗两遍，注意读准字音和节奏。

生自由朗读诗歌两遍。

师：谁第一个读？

生读得字音准确，停顿恰当。

师：你觉得哪些字音需要注意？

生：鬓（bìn）辗（niǎn）辙（zhé）骑（jì）叱（chì）翩（piān）系（jì）。

师：诗歌讲了一个怎样的故事，谁讲讲？

生：一个卖炭翁辛苦烧的一车炭最终被宫使用半匹红绡一丈绫掠夺一空的故事。

师：若把诗拍成电影，男一号是谁，男二号是谁？拍电影的导演（或摄像）又是谁？

生：男一号是卖炭翁，男二号是那个太监，导演兼摄像是作者白居易。

师：下面请同学们把自己的大脑当成摄像机，拍摄一段精彩的短视频。交流的格式为：我拍到了一个（　　　）的卖炭翁（宫使），你看（　　　）（结合诗中原句，解读理由）。

生以小组为单位，边读边想象边批注。

师：咱们先看男一号"卖炭翁"。

生：我拍到了一个烧炭艰苦的卖炭翁，你看"满面尘灰烟火色，两鬓苍苍十指黑"，他满脸灰尘，完全是烟熏火燎的颜色；两鬓花白，十个指头就如乌炭一样黑。诗人用简练的笔触勾勒出了卖炭翁的外貌，抓住三个部位脸、鬓、手三种颜色：脸是焦黄，鬓发是灰白，十指是乌黑，形象地描绘出卖炭翁的生存状态：劳动的艰辛，年岁已老。后一句中，"苍苍"与"黑"形成鲜明对照。

师："两鬓苍苍"说明卖炭翁的年龄……？

生：很大，很老。

师：年龄大的人有什么特征？

生：动作慢、力气小。

生：劳动力弱。

师：诗人为什么这样写？

生：这样写形象逼真地刻画了老人悲苦的形象，表现老人烧炭的艰辛，说明炭来之不易。

师：请继续分享。

生：我拍到了一个贫困悲惨的卖炭翁，你看"卖炭得钱何所营？身上衣裳口中食"，卖炭翁卖了炭得到一点钱，拿来做什么用呢？只不过是为了身上

141

的衣裳和口中的饭食。卖炭翁年老体衰，却仍不得不在深山从事繁重艰辛的体力劳动，究竟是为什么？这两句做了回答。这一问一答，让文章不显呆板，文势跌宕起伏。其贫困悲惨的境遇已经说明了生活的不幸，然而不幸还不止这些。因此，这又为下文做了铺垫。

生：我拍到了一个处境艰难的卖炭翁，你看"可怜身上衣正单，心忧炭贱愿天寒"，卖炭翁身上的衣服破旧又单薄，但他却担心炭价太低，只盼望天气更加寒冷。"衣正单"，本该希望天暖，然而却"愿天寒"，只因为他把解决衣食问题的全部希望都寄托在"卖炭得钱"上。这两句写出了卖炭翁艰难的处境和复杂矛盾的内心活动。"可怜"二字，倾注着诗人深深的同情，不平之感，自在不言之中。

师：你太厉害了，竟然透视到了卖炭翁的心理。这是对卖炭翁的心理描写。老师能不能把原句换成"可怜身上衣正单，心忧炭贱怨天寒"？

生：不能，"怨"是埋怨的意思，而"愿"是希望的意思。

师：卖炭翁身上衣正单，按说应该盼望天气暖和才对啊。你若在寒风凛冽的冬天穿着T恤衫，你会希望天气怎么样？

生：当然是希望暖和了。

师：那卖炭翁这心理可有点不正常啊，若你是卖炭翁，采访一下你，为什么希望天气寒冷呢？

生：天气暖和炭的价格低，盼着天气寒冷，是因为这样炭才能卖个好价钱。

师：从中，我们可以看出他的心理是怎样的？

生：纠结、矛盾。

生：反常、艰难。

生：酸苦、无奈。

师：透过这种矛盾、反常的心理，我们能够感受到卖炭翁的处境怎样？

生：十分艰辛。

师：这一极度反常、扭曲的矛盾心理，更能反映卖炭翁生活的艰辛啊，这与《观刈麦》中"力尽不知热，但惜夏日长"有异曲同工之妙。谁再用自己的话描述一下卖炭翁的外貌？

生：他满脸灰尘，完全是烟熏火燎的颜色，两鬓的头发已经斑白，十个指头却像乌炭一样黑。身上的衣服破旧又单薄。

师：如果用文中的词语来形容卖炭翁的处境，你会选哪一个？

生：可怜。

师：看到卖炭翁这样的生活，你同情他吗？

生：同情。

师：那么，请让我们带着这种同情再读诗歌的前三句，"伐薪烧炭南山中……心忧炭贱愿天寒"。谁来读？

生声音颤抖，读出了对卖炭翁的同情。

师：真棒，你读懂了卖炭翁。

生：我拍到了一个运炭困苦但满怀希望的卖炭翁，你看"夜来城外一尺雪，晓驾炭车辗冰辙"，幸而天公作美，夜里突降大雪，而且有"一尺"之厚，天气是足够寒冷了。因此这位老翁一大早就满怀希望赶着牛车沿着那结了冰的车道向集市赶去。

师："一尺雪"说明了什么？

生：雪很大，天气很冷。

生：路很难行走。

师："碾冰辙"呢？

生：说明炭很重，冰冻路很滑，很难走，车速很慢。

师："辗"是"轧"的意思，"辙"是"车轮轧出的痕迹"，那么辗冰辙就是，轧着结了冰的路，留下了痕迹，这样的路易滑，可见他运炭困难重重。虽然困难重重，但此时的卖炭翁心情如何？

生：喜悦。

师：为什么喜悦呢？

生：卖炭翁盼望天气寒冷一些，好让自己的炭卖一个好价钱，终于盼来了"夜来城外一尺雪"，看样子，他一年辛苦的劳动就要换来收获的喜悦了，于是他"晓驾炭车碾冰辙"，充满希望地上路了。

师："夜来城外一尺雪"，卖炭翁运炭的环境虽然极其恶劣，运炭过程也非常艰苦，但这句诗写天气如他所愿，应该读得高兴些，语调上扬。谁来试试？

生读出了卖炭翁的喜悦。

师：笑中带泪的感觉被你读出来了。请继续分享。

生：我拍到了一个即将如愿以偿的卖炭翁，你看"牛困人饥日已高，市南门外泥中歇",他希望能卖个好价钱,所以他来得很早。此时集市大门尚未打开,他不得不在门外的泥地中休息。人饿了,拉车的牛也累了,但他心里是高兴的,是充满希望的,他马上就可以如愿以偿买上冬衣了。

师:读到这儿,我们可能会怜悯他在寒冷天气中只穿着那单薄的衣裳,但一想到他的炭因此可能卖个好价钱,也会不由得替他高兴。谁能补充一下唐朝集市的开市时间?

生:唐朝集市有严格的时间规定,"日中为市",只能在中午开始贸易。中午11时,击鼓三百下后,才能入市交易。同时,在此交易的人络绎不绝。卖炭翁天不亮就从南山出发,牛没喂草,人没吃饭,经过长途跋涉,终于在八九点钟赶到长安城东市南门,提前两个多小时等着,强忍饥寒的卖炭翁已经精疲力竭,就地在泥中歇息。

师:你们从中感受到卖炭翁用卖炭钱换取"身上穿的衣服口中食物"的心情了吗?

生:很迫切。

师:谁来读一读这句话,读出卖炭翁即将梦想成真的迫切?

生读出了那份艰难中的迫切。

师:虽然很迫切,但这句诗中三个字还是写出了运炭的艰辛,哪三个字?

生:"困""饥""歇"三个字形象准确地写出了运炭的艰辛。

生:由于路途遥远,行路艰难,所以到"牛困人饥日已高"的时候,才到了"市南门外",老人疲劳、饥寒交迫,只得坐下在泥中歇息。烧炭难,运炭也难,这一车炭来得不容易。

师:"身上衣裳口中食",卖炭翁只是想吃饱、穿暖,多么简单的愿望呀。这位劳动者已被剥削得身无半点积蓄,但迫于贫苦生活的压力,不得不烧炭,把解决衣食问题的全部希望寄托在"卖炭的钱"上。

生点头。

师:好不容易烧出一车炭、盼到一场大雪,当他"晓驾炭车碾冰辙"的时候,占据他全部心灵的,不是埋怨下面是冰、上面是一尺雪的道路多么难走,而是盘算着那一车炭能卖多少钱,能换来多少衣和食。然而他的愿望实现了吗?

生:没有。

师：请继续分享。

生：我拍到了一个炭被抢后心痛的卖炭翁，你看"一车炭，千余斤，宫使驱将惜不得"，一千多斤的炭，竟被宫使粗暴地驱赶着车离开，卖炭翁心疼、不舍，却又无可奈何。

师：为什么卖炭翁舍不得啊？

生：那是他辛辛苦苦烧出来的，那是他冒着严寒和危险运来的，那是他维持生计的唯一的东西。

师：这一千斤炭不仅凝聚了他生活的艰辛，更是他维持生计的活路啊。一车炭，千余斤啊。这是卖炭翁一斧一斧地"伐薪"，一窑一窑地"烧炭"，好不容易烧出"千余斤"，每一斤都渗透着他的心血，凝聚着他的希望，你觉得宫使会说什么？

生："滚"，会对卖炭翁进行语言暴力欺凌。

师：你为什么这么说？你拍到了什么样的宫使？

生：我拍到了一个得意忘形、趾高气扬的宫使，你看"翩翩两骑来是谁，黄衣使者白衫儿"，"翩翩"本义是形容轻快洒脱的情状，但这里却表现了宫使得意忘形、趾高气扬的样子，与卖炭翁为生活操劳的凄惨的形象形成了鲜明对比。

生：我拍到了一个骄横无理、飞扬跋扈、仗势欺人的宫使，你看"手把文书口称敕，回车叱牛牵向北"，宫里太监来了，拿着文书说是皇家要征用这车炭，粗暴无礼地拉着牛车就向北面的皇宫走去，丝毫不顾及卖炭翁的感受。

师：同学们，你们能发挥想象，大胆猜想一下皇帝文书的内容吗？

生：奉天承运，皇帝诏曰：近期天气严寒，宫里急需木炭，钦此。

师：读完皇帝的文书，宫使还会说什么呢？

生：皇帝命我征收木炭，恰好路过此地，瞧你的炭还凑合，那我就赏你个脸，来人，把这车炭拉走。

师：卖炭翁会怎么说？你能补一句卖炭翁的语言，说出他的心声吗？"求求你们啦，放过我吧，你们把炭拉走，＿＿＿＿＿＿求求你们啦！"

生：求求你们啦，放过我吧，你们把炭拉走，我们家可怎么活呀！求求你们啦！

生：我们一家人全指望着这一车炭，你们拉走，我们可怎么活啊？！

145

生：大人，您就行行好，饶了我们吧。我们一家老小已经好几天没吃饭了，就指望这车炭活命了，求求您，放过我们吧！

师：一车炭，在卖炭翁的哀求下，得到了什么呢？你又拍到了什么样的卖炭翁？

生：我最后拍到了一个炭被抢而悲苦、绝望的卖炭翁，你看"半匹红纱一丈绫，系向牛头充炭直"，一车千余斤的炭，最后却只给了半匹红纱和一丈绫，挂到牛头上充当了炭的价钱。

师：一匹红纱约 200 文钱，半匹就是 100 文钱；一丈绫大约 400 文钱，但当时一车炭约 1500 文钱，少卖了多少钱？

生：1000 文钱。

师：《资治通鉴》记载"多以红紫染故衣、败缯，尺寸裂而给之。"红纱、绫都是达官贵族使用的，并不能换钱，可见宫使给的红纱和绫对老翁来说有用吗？

生：没用。

师：对，一点用处也没有。"半匹""一丈"，少之又少，与"千余斤"的炭形成强烈的反差。这些无用的红纱、绫对卖炭翁来说，既不能充饥，又不能保暖，卖炭翁辛辛苦苦烧的一车炭就这么没有了。唉，"一车炭、千余斤"就这样被抢了，卖炭翁会是怎样的心情啊？

生：无可奈何。

生：绝望。

师：如果你是卖炭翁，你会用什么语言和动作表达你的绝望？

生：老天爷啊，你睁开眼看看吧。

生：卖炭翁瘫倒在地上，不停地用手捶着地。

师：卖炭翁只能忍气吞声，因为地位悬殊，他是处在受压迫受剥削的无力反抗的地位。对比手法是诗歌最大的特色，谁能说说全诗中的对比？

生："一车炭，千余斤"与"半匹红纱一丈绫"对比，写出了宫使掠夺的残酷。

生："牛困人饥"与"翩翩两骑"对比，反衬出劳动者的艰辛，宫使的得意忘形、骄横无理。

生："衣正单"与"愿天寒"对比，写出卖炭翁买衣食的迫切心情及艰难处境。

生："卖炭翁"与"宫使"对比，一个生活困苦艰辛，一个仗势欺人，蛮横冷酷。

师：真是一个可怜的人啊！大家想象一下被掠夺之后的卖炭翁会有什么样的结局？

生：一家人活活被饿死。

生：再回到南山继续伐薪烧炭被抢。

师：到此为止，那个可怜的卖炭翁已经刻在我们心底，下面请同学们带上对卖炭翁的同情，深情配乐朗读诗歌。

生声音传情，令人动容。

师：就这样，作者通过一步步的铺垫渲染，通过细腻的肖像、动作、心理描写以及对比手法，反映了卖炭翁的悲惨遭遇，揭露了宫使掠夺的本质。诗中无一字谴责，但我们在字里行间能深切体会到作者的同情和痛恨，从中，你看到了什么样的白居易？

生：他有一颗善良的心。

生：他很有担当。

师：为什么说白居易有担当？

生：白居易作为一名正直的知识分子，他对这种现象深恶痛绝，于是拿起笔，写下了《卖炭翁》。

师：是啊，有担当的白居易。在皇宫的使者面前，在皇帝的文书和敕令面前，随着那"叱牛"声，卖炭翁所希望的一切，全都化为泡影！宫使夺走卖炭翁的岂止是一车炭！而是夺走了老人生活的全部希望，剥夺了他生活的权利。这一切都是什么造成的？

生：都是宫使造成的，是他们抢走了老人的一车炭和全部希望。

生：是宫市，可怕的宫市制度！

生：宫市制度背后的统治阶层，他们直接剥削人民、压迫人民造成的悲剧。

师：对，白居易通过描写卖炭老人的遭遇，无情而深刻地揭露了"宫市"的罪恶和社会的黑暗，批判了宫市害民的社会现象：劳动者劳而不得，统治者不劳而得。白居易是老百姓的代言人，他希望这篇文章被谁关注？

生：皇帝。

生：统治阶级。

师：对，你又看到了一个什么样的白居易？

生：有忧国忧民爱国情怀的白居易。

师：同学们，所谓"伴君如伴虎"，担任左拾遗的白居易，看到以卖炭翁为代表的底层百姓深受"宫市"之苦，他没有像卖炭翁一样一味地妥协，也没有像"黄衣使者"那样蛮横霸道，而是置自己的险境于不顾，一边谏诤于朝堂，一边诉诸诗文，写下了以《卖炭翁》为代表的50首《新乐府诗》，让像卖炭翁一样的穷苦百姓走进人们的视野，让我们看到了大唐繁华面纱之下的悲苦与沉重，诠释了一位诗人在唐朝危亡时的担当，彰显了他忧国忧民的爱国情怀！自古以来，总有那么多诗人为民而歌。 你还能说一说吗？

生：唐代诗人李绅这样写道：四海无闲田，农夫犹饿死。

生：唐代诗人杜甫这样写道：朱门酒肉臭，路有冻死骨。

生：北宋诗人张俞这样写道：昨日入城市，归来泪满巾。

生：北宋诗人范仲淹这样写道：君看一叶舟，出没风波里。

师：每个人的命运都与国家命运息息相关，每个人的命运都与时代紧密相连。1200年前，唐代的卖炭翁伐薪烧炭，处境悲惨；1200年后，而今的老翁们过着怎样的生活？

生：衣食无忧。

生：生活幸福。

生：悠闲快乐。

师：纵观中国文学史，敢为天下计的忧国忧民思想源远流长。从屈原的"长太息以掩涕兮，哀民生之多艰"到唐朝诗人杜甫的"安得广厦千万间，大庇天下寒士俱欢颜"，从范仲淹的"先天下之忧而忧，后天下之乐而乐"到顾炎武的"天下兴亡，匹夫有责"，无不折射出强烈的爱国主义思想和忧民意识，这是中国文化中生生不息的血脉。希望大家能将爱国思想融入自己的血液，变成自己的血肉。最后，让我们齐诵这首诗向"诗王"白居易致敬。

【自评自悟】

这节课，我以卖炭翁的"苦"为纵轴，以有感情地"品读"为横轴，引领学生走进了卖炭翁的"心灵世界"，走进了白居易的"心灵世界"，走进了自己的"心灵世界"，让"胸怀天下""心系苍生""有责任心""有担当""有爱国心"这五粒种子"种"在了自己的心田。这节课巧妙地实现了立德树人的目标。

王君老师认为要在经典文本中发掘出"最适合于这个时代，最适合于这个时代的学生"的"精神资源"。作为语文老师，我成功地让《卖炭翁》与时代巧妙地实现了"对接"，为我们的古诗词教学点亮了一盏"灯"。

经由诵读带着学生找到人生的正确活法，是语文课的最高境界。这节课就做到了利用诵读渗透主题，渗透思想，让学生的精神体质变得更加康健。叶圣陶先生所言："吟诵就是心、眼、口、耳并用的一种学习方法，通过亲切地体会，不知不觉之间，内容与理法化而为读者自己的东西。"这节课便让学生在诵读中感受到了白居易诗作的言语魅力。总之，这节课是丰富的，是厚重的，是深刻的。

【课例点评】

镜头里的百味人生
—— 品评刘艳红老师《卖炭翁》课堂"微镜头"

赵米英

电影是什么？巴赞对这个问题做出了诸多阐释。纯粹的电影是艺术，但好的改编的电影也具有极高的艺术价值，它为读者和观众创造了一个更为具体的三维空间，也让埋没的好故事拥有了二次生命。刘艳红老师把电影智慧地搬到了课堂上，在《卖炭翁》的故事里演绎光影人生。这样的设计让人忍不住叫绝。

一、推镜头绘主体。

《卖炭翁》是组诗《新乐府》中的第 32 首，现在被选入部编版八年级下册中学语文课本第六单元24课的唐诗三首中。本文作者白居易通过卖炭翁的悲惨遭遇深刻地揭露了"宫市"的腐败本质，表达了作者对下层劳动人民的深切同情。本文可讲的知识点众多，但如果都在课堂中呈现，显然容易变得杂乱无章。刘老师避免了碎问碎答，直接一条主问题贯穿全文，"下面请同学们把自己的大脑当成摄像机，拍摄一段精彩的短视频"，并提出了交流格式，"我拍到了一个什么样的卖炭翁，结合诗中原句解读理由。"这样的问题贯穿课堂始终，目标明确，能够充分调动学生的积极性和创造力，让学生乐于走进文本，深入文本，在发现问题、解决问题中直达文章的主旨。刘老师通过这种方式丰富了课堂内容，也激发了学生学习热情，特别是小组讨论环节，将课堂还给学生，让他们无压力，自由鉴赏，充分发挥学生的主动性和创造性。

这样的主问题设置的这个镜头里不仅有影像，更有音效——朗读。语文新课标指出：学习语文必须注重读书，注重积累和语感培养，注重品位、感受和体验，注重语言文字运用的实践。刘老师的课堂也是书声琅琅，形式多样，如指名同学读、带着同情读、语调上扬读、读出迫切……一节课里不仅有光与影，还有声与音，丰富多彩，摇曳多姿。

二、主观镜头巧补充。

主观镜头是将镜头当作剧中人物的眼睛来观察和表达客观事物。刘老师带领学生在主问题的引导下，善于让学生补充人物语言、表情空白，如当学生回答"我拍到一个被抢后心痛的卖炭翁。"老师补充说，"你能补一句卖炭翁的语言说出他的心声吗？"有四个同学进行了补充，有的补充"求求你们啦，放过我吧"，有的补充"我们家可怎么活呀"，还有的补充"我们一家人指望这一车炭，你们拉走，我们可怎么活啊"……经过补充语言，学生不知不觉间走进了卖炭翁的内心，体会到了卖炭翁生活的艰辛、被抢的无奈和绝望。但刘老师并没有就此罢休，而是顺势引导，"面对这样无助的卖炭翁，宫使会说什么？"这样转换猜想，对比碰撞，更感受到宫使的残酷无情，从而更加深层次地体会到当时宫市制度的不合理。这样以生为主体的课堂教学模式，配以以读代教的教学方法可谓"随风潜入夜，润物细无声"。

三、综合镜头明主旨。

综合镜头既要表现某个特定人物，又要表现人物与人物之间的关系。刘老师的电影里不仅有卖炭翁还有官吏，更有作者白居易，这样综合的电影镜头也契合了王君老师所倡导的古诗学习方法，"读出人物、读出作者、读懂社会"。

刘老师从开头的关于白居易名字的趣闻讲起，还给白居易设计个人名片，这样不仅吸引了学生的注意力也让学生快速走进文本，更为全面认识白居易做了铺垫。

接着在课堂上讲到"牛困人饥日已高，市南门外泥中歇"时中补充唐朝集市开市时间的历史小知识，在讲"半匹红绡一丈绫"时补充资治通鉴中记载的红纱、绫的作用，都让我们看到了宫使的冷酷，社会的黑暗，宫市制度对百姓的摧残。

这样的知识补充让学生们看到了诗歌背后站着的伟大的诗人白居易，"他忧国忧民，他一边谏诤于朝堂，一边诉诸诗文"的高度社会责任感和伟大的爱国情怀。

刘老师由白居易一人引申补充与诗人一样的一类人：李绅、杜甫、张俞、范仲淹，更让我们看到了个人命运与国家命运的息息相关，从而引发学生的思考，引导学生自觉树立爱国思想和忧国意识，从而达到了立德树人的目标。

刘艳红老师改变传统的教学方式，课堂设计新颖。整堂课以学生为主体，教师为主导，带领学生拍摄了一组组特色镜头，在光影里感受人物形象，体味百味人生。

赵米英，江苏省淮安市初中语文教师，王君青春语文名师工作室成员。

4.《水调歌头·明月几时有》课堂"微镜头"

授课学生	山东省滨州市邹平市魏桥实验学校九年级学生
文本类型	诵读型＋主题型
课堂特色	主问题，悟词心。
授课时间	2022 年 9 月 29 日

【设计说明】

《水调歌头·明月几时有》是千古传诵、脍炙人口的名篇，苏轼也是家喻户晓、妇孺皆知的大文豪。据传，嘉祐元年（1056 年），苏轼首次出川，赴京参加朝廷的科举考试。当时的主考官是文坛领袖欧阳修，欧阳修对苏轼豪迈的文风、创新的精神极为赞赏，并且预见了苏轼的将来："此人可谓善读书，善用书，他日文章必独步天下。"《水调歌头·明月几时有》一文便是明证。

这首经典的"中秋词"上阕写"中秋赏月"，因月而引发对天上仙境的奇思妙想。下阕写"望月怀人"，即"兼怀子由"，同时感念人生悲欢离合无常，由中秋的圆月联想到人间的离别，构思极为巧妙。人有悲欢离合，月有阴晴圆缺，此事古难全。既然如此，又何必为暂时的离别而忧伤呢？结尾那句"但愿人长久，千里共婵娟"更是表达了苏轼释怀后对普天之下所有人的美好祝愿，显示了词人超凡脱俗、旷达飘逸的精神境界。正因如此，苏轼所写的诗文才能够给人们带来无穷的正能量，他才能够成为数千年来中国文人心目中的楷模，成为中国人心中的精神领袖。

按照"解读内涵三层次方法"：文本第一层显性内容是作者中秋赏月，思念弟弟。这一层学生在读完诗作后，就能明白，是课堂的起点；第二层隐性意脉是作者潜藏在词作中的情感变化。这一层需要老师补充资料，引导学生品读体悟，方能实现；第三层深层主旨：体悟苏轼身在失意的仕途，心系天下人的乐观豁达，滋养学生的心灵，这是课堂的终点。

【课堂微镜头】

"微镜头"之一 "读懂——词意"

师：上课之前，先请大家猜一猜他是谁？他才华横溢，是"唐宋八大家"之一；他以六十六年的人生，给我们留下了两千七百多首诗，三百多首词，四千八百多篇文章，他的创作生涯维持了四十余年；他命运多舛，豪放洒脱；他以他的天才、渊博、超逸、多情，留下了一段段传奇佳话；2000年，法国《世界报》在全球范围内评选出1001至2000年间的12位世界级杰出人物，他是中国唯一入选者，被授予"千古英雄"的称号。他是谁呢？

生：苏轼。

师：对，他就是历经千年仍散发着魅力光彩的男神苏轼。今天，我们就一起学习他的一首"中秋词"《水调歌头》。

生充满期待。

师：俗话说"三分诗，七分读"，下面请同学们自由诵读这首词，读准字音和节奏哦。

生自由读 —— 指名读。

师：你来点评一下。

生：他有一个字音读错了，宫阙的阙应该是四声，他读成了一声，节奏很准确。

师：你听得很仔细。阙是多音字，当阙解释为"缺点，错误""缺口，空缺"时读一声，解释为"宫殿"时则读四声。下面我们齐读这首词，注意读准字音和节奏。

生齐读。

师：大家读得既准确又流畅，为你们点赞。老师采访一下大家，要想读出感情和意境，我们还需要什么？

生：需要理解这首词的意思。

师：对，接下来我们就一起来解读词意。老师的学习要求：自主学习：结合注释，用自己语言说出词的大意，不懂的地方做好标记；合作学习："三人行必有我师焉。"不懂的地方小组交流，再不懂处全班交流。

153

生先自主学习，后小组交流。

师：同学们在自学过程中还有哪些疑问呢？

生："高处不胜寒"中的"胜"怎么理解？

生：承受。

生："何似在人间"中的"似"怎么理解？

生：比，比得上。

师：我也有一个问题问问大家，苏轼写这首词时，身在＿＿＿，心系＿＿＿？

生：苏轼身在家中，心系亲人。

师：老师带来一段背景资料：熙宁九年，苏轼因为与当权的变法者王安石等人政见不同，处处遭受排挤和打击，政治上很不得志。当时41岁的苏轼被贬到密州任太守，苏轼的弟弟子由此时在离苏轼数百公里的山东济南为官，兄弟两人七年多没见面了。这一年的中秋，皓月当空，银辉遍地，此刻，词人面对一轮明月，心潮起伏，于是乘酒兴正酣，挥笔写下了这首名篇。

生若有所悟。

师：苏轼身在＿＿＿＿，心系＿＿＿＿，你又有想法了吧？

生：苏轼身在密州，心系子由。

师：嗯，可见这是一首写在密州，思念亲人的词作。既然是一首思念亲人的作品，那我们读的时候语速应该……？

生：慢一点，深沉一点。

师：对，这样才能读出思念的味道。下面请大家都化身为苏轼，摇头晃脑，慢悠悠地读出思念的味道。

生自由读。

师：咱们来一个师生合诵吧。

师生合诵，读出了淡淡的思念之情。

师：不错，从大家的朗读中，我感受到了那份淡淡的思念。词作除了对亲人的思念外，还有什么味道呢？下面让我们一起走进词作的意境中。

"微镜头"之二 "读懂——意境"

师：要想走进词人营造的意境中，必须发挥想象方可。下面请听老师配乐朗读，大家边听边想象画面，看看词人为我们营造了哪4幅画面？

师配乐朗读，生闭眼想象画面。

师：请大家为词人营造的4幅画面各取一个有诗意的名字，可以借助词中的关键字句，也可以自己概括。先看上片。

生：上片两幅画面：一幅是把酒问天图，一幅是起舞弄影图。

生：我为两幅画面取的名字是：把酒问青天图、月下起舞图。

师：好有画面感。下片呢？

生：下片两幅图：一幅是辗转难眠图，一幅是翘首祝愿图。

生：我为下片两幅图取的名字是：月下失眠图、美好祝愿图。

师：在你们想象的画面中，词人的一举一动、一言一行、一颦一笑会是怎样的呢？接下来请同学们选择一幅画面，发挥想象，描绘画面，可添加词人的神态、动作、心理以及相关环境的描写。

生跃跃欲试。

师：请大家试着用这样的句式表达：（屏显）我透过（　　　　）这幅画面，仿佛看到了词人东坡（　　　　）。示例：我透过"把酒问天"这幅画面，仿佛看到了词人东坡一袭素衣，独立于庭院中，在静谧的月光下，在习习的秋风中，他双眉不展，面泛醉意，紧握酒杯，高举过顶，仰面苍穹，长叹道：苍天啊，这撩人的明月究竟何时就开始朗照着大地？真想知道今晚皎洁的月宫之上、玉宇琼楼之间是否也是团圆的中秋！好想，好想驾一缕清风，离开这充满纷争的人间而飞入九天仙境，可是——那广寒宫的冷清我一个凡人又怎么能够忍受？

生面露喜色。

师：采访一下同学们，老师在描绘时添加了什么描写？

生：外貌描写、动作描写。

生：神态描写、语言描写。

生：还有景物描写。

师：同学们都很细心，那接下来大家依据老师的示例选择你喜欢的一幅画面，发挥想象，适当添加词人的神态、动作、心理等细节描写，描绘画面，时间为5分钟。

生写作——小组交流——全班交流。

生：我透过"起舞弄影"这幅画面，仿佛看到词人东坡在月光如水的庭院中缓步而行。一阵秋风吹来，衣衫飘动，忽有飘然之感。回视月光下的身影，再挥一挥衣袖，竟如善舞的女子的飘飘水袖，轻盈无比，似梦似幻。儿时与子由追逐在桂树下的情景如在眼前。天上哪里比得上人间呢？在人间，我还有一个子由；在人间，我还可以尽情地起舞；在人间，我还有我的一醉消千愁！留下吧！

师：请同学们点评一下。

生：他仿佛是苏轼的知音，我感觉他太懂苏轼了。

师：这幅画面，苏轼由原来的逃离而慢慢感受到人间的温暖，这温暖除了亲人给予之外，你觉得还有什么呢？可以用"在人间，我还有（　　　）"表达。

生：在人间，我还有我的百姓。

生：在人间，我还有未实现的抱负。

生：在人间，我还有美好的梦想。

师：对，这位同学的解读让我们慢慢走进了苏轼的心灵世界。留在人间的理由原来可以有这样丰富的解读，真好！我们可以尝试读出这句词丰富的内涵吗？

一生试读。

师：你为什么笑着读？

生："起舞弄清影"要读出释然后的享受、喜爱人间的感觉；"何似在人间"则要读出边舞边表达喜爱和释然的感受。

师：他读得真好，与苏轼产生共鸣了。读"何似在人间"时，"在人间"可以一字一拖音，来表达那份对人间的留恋和喜爱。让我们一齐感受一下。

师生齐读。

师：真好，真好，继续交流。

生：我透过"辗转难眠"这幅画面，仿佛看到词人东坡躺在床上，翻来覆去无法入睡，虽然已是深夜，可他仍无一丝睡意，只是呆呆地望着窗外，脑中涌出了子由的脸庞。月光移动，转过了朱红色的楼阁，又低低地照进雕花的窗户，让他不禁想到，月亮不应该对人们有什么怨恨吧，为什么总在与亲人分离的时候圆呢？

师：明月朗照下，苏轼毫无睡意，在这阖家团圆的节日里，圆圆的月亮让他又陷入了伤感,七年未见的弟弟远在济南,不能团聚,于是他对月亮生出了一丝小怨恨。我们再读这句"不应有恨,何事长向别时圆",可以在适当位置加上"唉",试着读一读。

生自由读——全班展示。

生:唉,月不应有恨,何事长向别时圆。

生:月不应有恨,唉,何事长向别时圆。

师:可以在"别时圆"时一字一拖音,再试试。

加上"唉","别时圆"一字一拖音,生齐读。

师:那份浅浅的怨通过你们的声音传达了出来,真好。

生:我透过"翘首祝愿"这幅画面,仿佛看到词人东坡起身下榻,步入后院,立于石桌旁,端起酒杯昂首意欲喝下,又见青天中的明月,忽然想到此时此刻,子由也该在举头望月吧!虽然远隔千里,但我们是可以共享这一轮美好的明月的,一丝笑颜浮上东坡的脸颊。也罢,人有悲欢离合,月有阴晴圆缺,自古以来难事事如意啊!再举杯,一饮而尽,感叹道:"但愿人长久,千里共婵娟"!回房写下《水调歌头 明月几时有》……

师:采访一下,"翘首祝愿"图,你看到了一个什么样的苏轼?

生:乐观、豁达。

师:你也是苏轼的知音,在你的画面中,老师仿佛也看到了苏轼脸上的那一抹笑意。是啊,人生不如意事十之八九,苏轼的乐观也让我们顿悟。我们再来读"人有悲欢离合,月有阴晴圆缺,此事古难全。"加上"也罢",读出苏轼释然后的通透、乐观。

生:也罢,人有悲欢离合,月有阴晴圆缺,此事古难全。

师:"古难全"一字一顿,且拖音,再加上摇手的动作,再试试。

生自由读——齐读。

师:同学们读出了苏轼的那份释然,那份通透,那份乐观。若你身边的朋友也有人陷入悲观中,你便可以用这几句词来劝慰对方了。

生点头示意。

师:同学们,词作最后的"但愿人长久,千里共婵娟",你读出了什么?

生:读出了苏轼对人们的美好祝愿。

生:苏轼希望天下人都能长久地健健康康,快快乐乐。

师：特别是饱受磨难和分离的人，能长长久久、快快乐乐地活着。这是一份怎样的心胸和格局啊！这就是苏轼，心里装着天下人的苏轼，乐观、豁达，有旷达胸襟和高远格局的苏轼！让我们一起充满希望、情绪高昂地读"但愿人长久，千里共婵娟"。

生齐读。

"微镜头"之三 "读懂——词心"

师："没有想象就没有诗歌"，我们用丰富的想象还原了词作所营造的意境。接下来让我们一起走进词人的心灵世界，叩问词人的灵魂。

师：我们从小序中得知，苏轼写这首词"兼怀子由"，"兼"是什么意思？

生：同时。

师：这说明什么？

生：说明词作所涉及的不只是一方面。

师：对。这个"兼"字告诉我们苏轼写这首词，除了怀念子由，还想告诉我们什么呢？

生：政治上的失意。

师：对，因为反对王安石变法，苏轼在政治上受到压抑，他虽一心报国，但最终还是被贬到密州，政治上的失意让他心情十分抑郁，这一点跟普通人无异。所以，苏轼借助月亮既表达了对子由的怀念，更传达了他那份政治上的失意。

生点头默认。

师：面对政治失意、兄弟别离、中秋月圆，苏轼有没有一味地陷在消极悲观的情绪中呢？

生：没有，短暂的伤感后，他仍旧选择了积极昂扬，选择了"满血复活"。

师：对，若他一味地悲观，这便不是苏轼了。他不但没有消极悲观，而且送出了"但愿人长久，千里共婵娟"的美好祝愿，真是让人钦佩啊！那么，哪一句词是苏轼情感的转折呢？

生：人有悲欢离合，月有阴晴圆缺，此事古难全。

师：他的"人有悲欢离合，月有阴晴圆缺，此事古难全"是在劝谁呢？

生：在劝自己。

师：仅仅劝自己吗？

生：也是在劝更多的人。

生：特别是劝天下所有像他一样经受磨难、失意、饱受离别之苦的人。

师：若你是苏轼，你会怎么说呢？请用这个格式表达"人有悲欢离合，月有阴晴圆缺，此事古难全，故要_____"。

生：人有悲欢离合，月有阴晴圆缺，此事古难全，故要乐观。

生：人有悲欢离合，月有阴晴圆缺，此事古难全，故要豁达。

生：人有悲欢离合，月有阴晴圆缺，此事古难全，故要释然。

生：人有悲欢离合，月有阴晴圆缺，此事古难全，故要通透。

师：苏轼虽然身在密州，心却在劝慰所有的人，看来"身在密州"已不足以表达他当时的人生状态，请同学们再填一填，苏轼身在____，心系____。

生：苏轼身在失意的仕途，心系全天下的人们。

师：是啊，苏轼身在失意的仕途，心系天下人。这样的胸怀和格局是一时的心血来潮吗？请看下面的资料：（屏显）

（1）贬官黄州，看兰溪水西流，他写道："谁道人生无再少？门前流水尚能西！休将白发唱黄鸡。"；

（2）贬官惠州，流放蛮荒之地，他自得其乐："日啖荔枝三百颗，不辞长作岭南人。"；

（3）贬官儋州，他以这样的心态面对生活："芒鞋不踏名利场，一叶轻舟寄渺茫。"

生：原来不是心血来潮，而是他的人生状态。不只是在密州，他被贬到更远的黄州、惠州、儋州，也一直保持着这样的心态。

师：是啊，正是因为苏轼的这种豁达、乐观、格局，北宋文学评论家胡仔这样评价这首词："中秋词，自东坡《水调歌头》一出，余词尽废。"

生顿悟。

师：同学们，一首《水调歌头》让我们走进了苏轼的心灵世界，看到了他内心的那轮明月。面对人生的不幸遭遇，他选择了豁达乐观；面对亲人的分离，他送出了"但愿人长久，千里共婵娟"的美好祝愿。这就是苏轼，一个永远都会给别人带来快乐的苏轼。下面，老师和大家合作诵读这首词，向一代文豪苏轼致敬。

（屏显）

《水调歌头》

（老师）明月几时有？把酒问青天。

（男齐）明月几时有？把酒问青天。

（老师）不知天上宫阙，今夕是何年。

（女齐）不知天上宫阙，今夕是何年。

（老师）我欲乘风归去，又恐琼楼玉宇，高处不胜寒。

（男齐）高处不胜寒。

（老师）起舞弄清影，何似在人间。

（女齐）起舞弄清影，何似在人间。

（女齐）转朱阁，低绮户，照无眠，

（老师）不应有恨，何事长向别时圆？

（全班齐读）不应有恨，何事长向别时圆？

（老师）人有悲欢离合，月有阴晴圆缺，此事古难全。

（女齐）人有悲欢离合，月有阴晴圆缺，此事古难全。

（全班齐读）人有悲欢离合，月有阴晴圆缺，此事古难全。

（老师）但愿人长久，千里共婵娟。

（全班齐读）但愿人长久，千里共婵娟。

（全班齐读）但愿人长久，千里共婵娟。

（老师）但愿人长久，千里共婵娟。

（全班齐读）但愿人长久，千里共婵娟。

（全班齐读）但愿人长久，千里共婵娟。

师：同学们，这样一个豁达乐观的人，他一生的遭遇却非常坎坷。让我们一起来看看苏轼一生的"足迹"：（屏显）

• 因与王安石的变法主张有许多不同，请求外调，自熙宁四年（1071年）至元丰初期他先后被派往杭州、密州、徐州、湖州等地任地方官。

• 元丰二年（1079年）他因所谓以诗文诽谤朝廷的罪行下狱。侥幸被释后，谪贬黄州。

• 元祐四年（1089年），出知杭州。六年召回，贾易等人寻隙诬告，苏轼请求外任，先后被派知颍州、扬州、定州。绍圣元年哲宗亲政，苏轼被一贬再贬，由英州、惠州，一直远放到儋州。

- 元符三年（1100年）宋徽宗即位，他才遇赦北归。
- 建中靖国元年（1101年）七月北归途中死于常州。

生唏嘘不已。

师：著名作家方方在《喜欢苏东坡》中曾这样写道：他一戏墨，就创立了中国文人画；他一写字，就有着惊世的书法流芳千古；他一好吃，就传出"东坡肉""东坡饼"诸类佳肴；他一穿戴，就使"东坡帽""东坡屐"民间长存；他一说笑，就让和尚成为名僧……如此等等，仿佛只要苏东坡稍一动弹，就会留下一道浓重的文化色彩。一个人能活得如此举足轻重，那该是件多么有趣的事。中国的文化倘若将苏东坡连根须带枝蔓地挖取出来，我相信整个中国文化史都会因之而失重。正是有了苏东坡的存在，有了他的生活态度和人生精神的存在，我们后人才真正见识到什么叫作天才诗人，什么叫作大家气度……你感受到了什么？

生：苏轼是千年不遇的大才子。

生：苏轼的正能量影响了很多人。

生：苏轼的大气象、大格局让他成为名副其实的男神。

生：苏轼不仅自己活得达观，他还影响了无数人活得乐观、豁达。

生：苏轼每到一个地方为官都政绩斐然，可见，他还是一位忧国忧民的好官。

师：你从苏轼身上学到了什么？

生：遇到挫折要乐观。

生：遇到磨难要豁达。

生：要有忧国忧民的大格局。

师：国家兴旺，匹夫有责。

生：要用正能量与自己的人生相伴。

师：好，同学们，仅仅通过这一节课，就想了解东坡先生的全部，是不太可能的。老师希望多年以后，大家仍然喜欢苏东坡，仍然喜欢读他的《水调歌头》。在你人生得意的时候要读，在你人生失意的时候更要读，我想东坡先生的豁达与乐观定会让你倍感温暖。

【自评自悟】

　　古人写词，多有感而发，要么出于生活的磨砺，要么出于仕途的跌宕，总之是情感的宣泄。苏轼所作的名篇《水调歌头·明月几时有》便是一篇"痛中含笑"、饱含生活沧桑的佳作。全词托月抒情，作者借写月色怀念远方的亲人，表达人生感悟，用虚境来写实感，极具艺术魅力。

　　解读这样的名篇，教师不仅要从外部教学手段的趣味性、人文性入手，为学生营造一个有诗情画意的课堂氛围；还需要不断提升教学内容的品位，以提升学生的诗歌鉴赏能力。为了实现学生与作者心灵的相通，我以"苏轼身在＿＿＿＿，心系＿＿＿＿"为主问题引导学生解读作者和诗词的深层意蕴。课上完后，苏轼的忧国忧民、乐观、豁达便不露痕迹地展露无遗，这些正能量也慢慢地浸润了学生的心灵。我想，好的课堂，应该就是学生的心灵慢慢腾飞的美好样子吧！

【课例点评】

读中品写中悟，镜头微意蕴丰
—— 品评刘艳红老师《水调歌头》课堂"微镜头"

秦岩

　　在青春语文大家庭中，师父王君带领大家勇立潮头，冲浪在语文课堂教学改革的汪洋大海中。很多兄弟姐妹的研究硕果累累，一本本专著别具一格。艳红老师就是其中之一。她精耕细耘，积累了丰富的课堂微镜头。佩服！赞赏！幸而，又得细品《水调歌头·明月几时有》之机，收获良多！

　　苏轼是国民"男神"。他积极乐观豁达的人生态度感染、鼓舞了一代又一代人。《水调歌头·明月几时有》是他的经典作品之一，是他此种人生态度精彩呈现的作品之一。这首词，字数不多，起承转合，感情跌宕，学生理解起来有点难度。绝妙的是，艳红老师能化难为易，化繁就简，读和写双线并行，引导学生在读中品，在写中悟。低密度，小台阶，在三个连贯的微镜头中，走进作者精神的深处。

一、读中品，有层次

新课程标准要求：能用普通话正确、流利、有感情地朗读。诗歌教学更是重视朗读。但是，如何让朗读贯穿在整堂课中，让每一次读都能有价值，是教者"胸中有丘壑"的教学选择。有时候，好的教学设计如同写一篇小说。艳红老师就是优秀的"小说"创作者。她的朗读设计有整体的布局，有细处的雕画，形式多样，层层推进，对引导学生品意、品蕴起到了很好的作用。

1. 整体布局，一线贯之

"读懂——词意，读懂——意境，读懂——词心"三个微镜头，以"读"为线，疏通词义为始，理解词心为终。读准字音和节奏，读懂词意。配乐朗读，想象画面，读懂意境。读哲理句、祝愿句，读懂词心。整堂课的框架都嵌在"读"中，一以贯之，落在实处。

2. 细处雕画，催眠指导

新的学习方式要求以学生为主体，但是教师的引导之功也不可忽视。语言是有指向性的。艳红老师善用催眠式语言对学生的朗读进行指导，从而更好地理解作品意蕴。

"读懂——词意"这个微镜头里，她要求学生读准字音和节奏，引导发现并合作理解了"胜、似"的意思，得出"这是一首思念亲人的词作，语速要慢一点、深沉一点"的结论。之后，她并没有迅速切入下一个微镜头，而是用了催眠式语言指导学生"下面大家都化身为苏轼，摇头晃脑，慢悠悠地读出思念的味道"。"慢悠悠"是有指向性的，语速慢，目标明确。接下来的师生合诵也自然就读出了思念的味道。第二个微镜头的最后同样用了催眠式语言加深理解"让我们一起充满希望、情绪高昂地读：但愿人长久，千里共婵娟"。

"读懂——意境"这个微镜头里，她引导学生想象画面。学生在教师范例指导下想象合理，用语丰富。为了强化这样的画面，为下面理解意蕴做铺垫，艳红老师巧妙运用加语气词的方式加深品味。品读"不应有恨"两句时，她加一"唉"，引导学生体会那份伤感。

生：唉，月不应有恨，何事长向别时圆。

生：月不应有恨，唉，何事长向别时圆。

师：可以在"别时圆"时一字一拖音，再试试。

生加上"唉","别时圆"一字一拖音,齐读。

再如品读"人有悲欢离合"三句时,她又加"也罢",引导学生体会那种旷达。

生:也罢,人有悲欢离合,月有阴晴圆缺,此事古难全。

师:"古难全"一字一顿,且拖音,再加上摇手的动作,再试试。

3. 以读代析,不露痕迹

"读出词意"时,艳红老师适时引出写作背景,让学生在读背景时走进作者。"读出词心"时,她又出示辅助资料,适当地拓展延伸,既拓宽学生视野,又在读中走进作者内心:

贬官黄州,看兰溪水西流,他写道:"谁道人生无再少?门前流水尚能西!休将白发唱黄鸡。";

贬官惠州,流放蛮荒之地,他自得其乐:"日啖荔枝三百颗,不辞长作岭南人。";

贬官儋州,他以这样的心态面对生活:"芒鞋不踏名利场,一叶轻舟寄渺茫。"

二、写中悟,有梯度

"听说读写"是语文的基本功。艳红老师围绕一个主问题,搭建几层"写"的小台阶,让学生"抬抬腿"就能拾级而上,悟出深意。

1. 设置主问题,层层引导

艳红老师在第一个微镜头中不露声色地设置了主问题"苏轼写这首词时,身在_____,心系_____"最后一个微镜头的收尾是苏轼虽然身在密州,心却在劝慰所有的人,看来"身在密州"已不足以表达他当时的人生状态,请同学们再填一填,苏轼身在_____,心系_____。

初起,学生的理解自然浅显"苏轼身在密州,心系子由",艳红老师没有急于引导理解,而是接着搭建了几层台阶,慢慢引导。

师:为词人营造的4幅画面各取一个有诗意的名字。

师:试着用这样的句式表达:我透过(   )这幅画面,仿佛看到了词人东坡(   )。

师:可以用"在人间,我还有(   )"表达。

师:若你是苏轼,你会怎么说呢?请用这个格式表达:人有悲欢离合,月有阴晴圆缺，此事古难全，故要_____。

在几个补白式的小练笔中，学生醒悟"苏轼身在失意的仕途，心系全天下的人们"。补白式训练是一种半开放式训练。新课标中对核心素养内涵的解读分了四个方面：文化自信、语言运用、思维能力、审美创造。补白式练笔，既训练了学生的思维能力，又调动了学生的审美创造，还进行了语言的运用，可谓是"一箭三雕"！

2. 借助想象，具化意境

很多人都知道诗歌最忌拆开来条分缕析，没了诗味。我们读诗、读词，往往会沉浸其中，"余音绕梁，三日不绝"。但要是讲出来，又常常词不达意，索然无味。艳红老师引导学生在配乐朗读后，设置"依据老师的示例选择你喜欢的一幅画面，发挥想象，适当添加词人的神态、动作、心理等细节描写，描绘画面"的问题，引领学生创写。教师示例精彩，学生描绘得亦不逊！

创写的过程，是想象的过程，是思考的过程，是感悟的过程。学生在训练中，思中写，写中悟，不知不觉中就与苏轼越走越近了。

当然，艳红老师的设计精彩之处不止这些。她的过渡语文学味满满，简洁而凝练；她问学生问题用"采访"学生的方式，平等而民主；她最后的升华用开放性问题引导，自由而轻松；她和学生齐读合诵，愉悦而自如……

王荣生教授说"谈课堂教学的有效性，应该是学生学习的有效性，是老师帮助指导下学生学习的有效性"。艳红老师的微镜头虽微，但很有效！读着她的"微镜头"，我亦学在其中，醉在其中，悟在其中！

秦岩，山东省临清市京华中学高级语文教师，青春语文名师工作室成员，《作文素材》特约编辑，多篇文章发表在《语言文字报》《班主任之友》《德育报》等刊物中。

5.《茅屋为秋风所破歌》课堂"微镜头"

授课学生	山东省滨州市邹平市魏桥实验学校八年级学生
文本类型	主题型+诵读型
课堂特色	读中品，读中悟。
授课时间	2022年5月31日

【设计说明】

　　《茅屋为秋风所破歌》是杜甫自伤贫困的"歌"，作于上元二年（761年）秋八月。安史之乱中，杜甫历经坎坷，被俘复逃离，为官又弃官，"三年饥走荒山道"，辗转来到成都。上元二年春天，知命之年的杜甫求亲告友，在成都西郊的浣花溪畔盖起了一座草堂，总算有了一个暂时的栖身之所，并靠故交严武的接济，过上了稍稍安定的生活。不料到了八月，怒号的秋风卷走了杜甫草堂上的茅草，晚上又下了一场大雨，屋漏床湿。仕途多蹇、衰老贫困的诗人感慨万千，写下了这首感人至深的诗篇。

　　白居易说"文章合为时而著，歌诗合为事而作"，杜甫这首诗就是这样。面对苦难的处境，他不止于哀叹自己的遭遇，而是推己及人，希望天下寒士都免受其苦，表达出宁苦己以利人的高尚情怀。这种先人后己的精神境界，激励和感染了无数读者。宋代诗人郑思肖《杜子美茅屋为秋风所破歌图》就写道："雨卷风掀地欲沉，浣花溪路似难寻。数间茅屋苦饶舌，说杀少陵忧国心。"

　　按照"解读内涵三层次方法"：文本第一层显性内容是诗人的茅屋被风吹破。这一层学生读完诗歌即可明白，是课堂的起点；第二层隐性意脉是杜甫在茅屋被秋风吹破后的情感变化。这一层学生需在教师引导下，反复朗读，方能对作者的情感感同身受；第三层深层主旨：人活在这个世界上，要有"大我"，要有"大爱"。这一层是课堂的终点。

【课堂微镜头】

"微镜头"之一 "读准"

师：行走在盛唐繁华的背后，你胸有大志，心怀天下；行走在安史之乱的阴影，你衣食无着，颠沛流离。难忘你茅屋的床边，雨脚滴出深秋的凄寒，一滴，一滴，滴在你柔软的心田。一滴，是"路有冻死骨"的愤懑，一滴，是"城春草木深"的悲怆，至今，你仍住茅屋，孑然一身。

青山处处，可埋忠骨；华夏九州，可栖诗魂！猜猜"你"是谁？

生：杜甫。

师：对，是杜甫。谁来说一说你知道的杜甫资料？

生：杜甫是唐朝现实主义诗人；他的诗被称为"诗史"，他被称为"诗圣"；杜甫与李白合称"李杜"；杜甫的诗风是沉郁顿挫。

生：杜甫字子美，号少陵野老。因他居住在长安城外的少陵，也称他为杜少陵。他曾任检校工部员外郎，因此后人称杜工部。

师：同学们对杜甫了解得很多啊！大家再说说我们学过的杜甫诗。

生：七年级下册《江南逢李龟年》《春夜喜雨》；八年级上册《望岳》《春望》《石壕吏》。

师：这节课，我们再一起学习他的另一篇传世名作《茅屋为秋风所破歌》，走进杜甫的心灵世界，触摸他最细腻的情感。人们常说"眼睛是心灵的窗户"，而题目就是文章的眼睛，谁能解释一下题目的含义？

生：茅屋被秋风吹破了。"为"是"被"的意思。

师：老师想请教一下你："歌"是什么意思呢？

生："歌"的意思，我没理解。老师，是"歌唱"的意思吗？

师："歌"是一种体裁，是"歌行体"。百度百科中这样介绍"歌行体"：歌是古代诗歌体裁之一，是初唐时期在汉魏六朝乐府诗的基础上建立起来的歌行体。是南朝宋的鲍照所创，鲍照模拟和学习乐府，经过充分的消化吸收和熔铸创造，不仅得其风神气骨，自创格调，而且发展了七言诗，创造了以七言为主的歌行体。其音节、格律比较自由，形式采用五言、七言、杂言的古体，富于变化，可以说是句式整齐的"自由体"诗。

生整理笔记。

师：下面请同学们自由地、大声地朗读诗歌，注意读准字音和节奏。让我们与诗歌进行一次亲密的接触。

生自由朗读诗歌。

师：谁想起来第一个读，做第一个吃螃蟹的人？

生声音洪亮地读整首诗。

师：同桌点评一下吧。

生：俄顷、丧乱、见此屋，这三个词语读错了，正确读音应该是俄顷（qǐng）、丧（sāng）乱、见（xiàn）此屋。

师：对，请大家给这些词注音。同学们，朗读诗歌不仅要读准字音，还要读准节奏。这首诗以七言为主，同学们读七言古诗时，往往采用什么节奏呢？

生：二／二／三，或者四／三。

师：老师建议这首诗歌的节奏为前四后三，因为这样更能读出歌行体诗歌的一唱三叹。

全班齐读诗歌。

"微镜头"之二 "读懂"

师：同学们的齐读，不仅字音准确，而且停顿恰当、整齐统一，很棒！下面请允许老师根据自己的理解给大家配乐朗读课文，请同学们当一回导演，边听边想象画面，拍摄 4 段 VCR，并为 VCR 取名。

师配乐朗读，生想象画面。

师：我们交流一下 VCR 名字，并描绘你最喜欢的 VCR 画面。

生：秋风卷茅，群童抱茅，长夜沾湿，畅想广厦。我最喜欢第一段 VCR，我想象的画面是：秋天狂风怒号，风猛烈地吹着，吹跑了茅屋顶上的茅草。茅草飞卷着，有的盘旋而下，跌进了污浊的池塘里，有的挂在了树梢上，其状之惨烈令人叹息。

生：秋风破屋，群童抢茅，长夜难眠，愿得广厦。我最喜欢第三段 VCR，我想象的画面是：滴答、滴答、滴答，雨水从屋顶淋淋漓漓地滴下，滴湿了简陋的家具，更滴湿了床上的被褥。本就铁硬的被子，瞬间又变得湿漉漉的。

诗人坐在床边，不停地摇头、叹息，一夜无眠。

生：风破茅屋，群童抢茅，长夜难眠，遥想广厦。我最喜欢第二段VCR，我想象的画面是：一群儿童飞奔着去树上摘茅草，去池塘里捞茅草。他们抱着茅草快速逃离，诗人拄着拐杖在后面追赶，累得大汗淋漓，累得气喘吁吁，却依旧没有追赶到他们。诗人只能坐在潮湿的地上自言自语"你们给我站住，给我站住啊，我还要用这些茅草修补屋子呢"。

生：我VCR的名字跟他们一样。我最喜欢第四段VCR，我想象的画面是：杜甫独自坐在漏雨的屋子里，忽然，他的头脑中展现了一幅美好的景象，一排排宽大亮堂的房屋出现了，很多贫穷的人住了进去，他们脸上洋溢着笑。杜甫的脸也舒展开了。他自言自语道："什么时候能有这么多宽敞明亮又坚实的房子啊，能让这么多贫穷的人住进去，哪怕我自己冻死，我也心满意足了。"

师：这首诗歌原来写了秋风卷茅、群童抢茅、长夜难眠、畅想广厦的故事啊，画面感极强。这是一首叙事诗，老师想请教一下同学们，哪里是叙事？哪里是议论抒情？

生：前三节是叙事，最后一节是抒情。我们平时写作时，也要向杜甫学习，先叙事后抒情，结尾升华主旨、画龙点睛。

"微镜头"之三"读人"

师：有人说，读诗就是读人，就是读心。那么你从诗中读出了一个什么样的杜甫，请同学们边读边在书上圈点勾画做批注。等会儿我们交流时，按照这样的格式：（屏显）

我从＿＿＿＿（句子）中，读出了一个＿＿＿＿＿＿的杜甫，因为＿＿＿＿＿＿＿＿。

生自由读并批注。

师：谁先起来谈谈自己的想法？

生：我从"布衾多年冷似铁，娇儿恶卧踏里裂。床头屋漏无干处，雨脚如麻未断绝。"句子中，读出了一个贫困潦倒的杜甫。因为"冷似铁"运用了比喻的修辞方法，把被子比作"铁"，生动形象地写出了被子的破旧，多年的布衾实在无力再为主人效取暖之劳。可恶的夜雨又点点如"麻"，连绵不断。多年的贫困，多年的流离失所，他甚至没有一床可以取暖的被子，秋雨却不管不顾地下个不停，寒冻如此，又重遭屋漏。这是怎样的生活啊！

169

师：杜甫曾自称"为人性僻耽佳句，语不惊人死不休"，看来果然名不虚传啊。唉，屋漏偏逢连夜雨啊，这对杜甫来说，简直是雪上加霜。这样贫困潦倒的生活，作者的心情怎么样？

生：凄惨、悲伤。

师：你能通过停顿、语调、语气、重音的处理读出这种悲伤吗？

生：布衾多年冷似铁……雨脚如麻未断绝。（声音低沉、语速缓慢，中间夹杂颤音）。

师：读得真好，老师仿佛看到了正处在屋漏之中的杜甫，你走进了杜甫的心。

生有感情地齐读。

师：你还读出了一个什么样的杜甫？继续说。

生：我从"南村群童欺我老无力，忍能对面为盗贼。公然抱茅入竹去，唇焦口燥呼不得，归来倚杖自叹息。"中读出了一个年迈衰老、凄惨忧愁的杜甫。因为南村的那群顽童欺负我，抢走了我的茅草，我喝止不住；秋风吹走了我的茅草，我也无力维护；只能回来倚着拐杖独自叹息。"倚杖"写出了杜甫衰老的形态。"自叹息"写出了投诉无门的困窘之状。

师：同学们猜测一下杜甫写这首诗歌时的年龄。

生：应该 60 多岁了，我感觉是老年人了。

师：同学们，杜甫写这首诗歌时，只有 49 岁啊，并非到了老年，可是诗中为何说"群童欺我老无力"？对"老"字，你有没有更深的理解？

生：杜甫并不是年龄上老了，而是心理上老了。长期经受战乱，颠沛流离的生活，让他心力交瘁，未老先衰了。

师：的确是未老先衰了。你读一下这几句诗，试着读出诗人的未老先衰、凄惨忧愁。

生：南村群童欺我老无力，忍能对面为盗贼。公然抱茅入竹去，唇焦口燥呼不得，归来倚杖自叹息。（语速缓慢，声音低沉。）

师：老师觉得忧愁叹息的意味还不够浓。杜甫在叹息什么呢？

生：一为自己而叹息，叹息自己年事已高、一事无成、生活无依；二为自己的茅屋被风吹破了，接下来的日子没法过而叹息。

师：杜甫还在为谁而叹息？

生：三为周围的人而叹息。群童抱茅，可能是被穷困所逼。在杜甫的周围还有很多像他一样穷苦的人。

师：理解了诗人的叹息，咱们齐读，把"自叹息"三个字拖长一下声音，语调越来越低沉，就更能读出这种叹息了。

学生齐读。

师：在我们今天看来，茅草不是很珍贵的东西，那为什么杜甫"爱茅如命"，为了几根茅草，跟顽童生气、喊得"唇焦口燥"呢？让我们沿着时光的河床，逆流而上，回到1200多年前，细看杜甫的那段岁月：（屏显）

公元760年，杜甫时年49岁，终于结束了10年客居长安、4年颠沛流离的生活，来到成都。当时安史之乱尚未平定，杜甫靠亲戚朋友的帮助维持生活。这年春天，他求亲告友，好不容易在浣花溪畔盖起了一间茅屋，过上了暂时安定的生活。茅屋建成后，诗人十分喜悦。

他在《江畔独步寻花》中写道：

"黄四娘家花满蹊，千朵万朵压枝低。留连戏蝶时时舞，自在娇莺恰恰啼。"

他在《春夜喜雨》中写道：

"好雨知时节，当春乃发生。随风潜入夜，润物细无声。"

师：这些诗篇都是茅屋建成后诗人喜悦心情的反映。不料第二年八月，大风破屋，大雨又至。诗人长夜难眠，感慨万千，于是写下了这首诗。

生静听，有恍然大悟之状。

师：这座茅屋曾经给了他一个家，给了他一段温暖的日子，对于杜甫一家人来说，有着非同寻常的意义，难怪茅草被盗，杜甫如此焦急。下面带着我们的理解，全班齐读这节诗。

生齐读诗。

师：凄风苦雨，漫漫长夜，诗人能够安然入睡吗？显然不能，你还从哪句诗中读出了杜甫的凄惨忧愁。

生：我还从"自经丧乱少睡眠，长夜沾湿何由彻"中读出了一个凄惨忧愁的杜甫。

师：你能试着读出杜甫的凄惨吗？

生：自经丧乱少睡眠，长夜沾湿何由彻？（语速缓慢）

师：凄惨忧愁的感觉还不强烈。有些时候，加个叹词，更能读出作者的这种忧愁。请在不同位置加上"唉",感受一下杜甫的惨状和惆怅。

学生自由读——指生读。

生:(唉……)自经丧乱少睡眠,长夜沾湿何由彻?

生:自经丧乱少睡眠,(唉……)长夜沾湿何由彻?

生:自经丧乱少睡眠,长夜沾湿(唉……)何由彻?

生:(唉……)自经丧乱少睡眠,(唉……)长夜沾湿何由彻?

师:同学们真棒,我感觉大家都已经走进了杜甫的心里,你们都可以成为杜甫的知音了。是啊,杜甫已不知度过了多少个这样洒泪沾襟的夜晚了!

生:我从"安得广厦千万间,大庇天下寒士俱欢颜!风雨不动安如山。呜呼!何时眼前突兀见此屋,吾庐独破受冻死亦足!"中读出了一个忧国忧民的杜甫。因为杜甫现在身处漏雨的茅屋,穷愁潦倒、凄惨悲哀,却想要"大庇天下寒士"。诗人要求解除广大"寒士"的痛苦,而不是他自己一个人。只要千百万"寒士"实现"大庇"的愿望,解除痛苦,尽现欢颜,自己甘心在破屋中受冻,死也瞑目。

生:我还从中读出了一个舍己为人的杜甫。因为杜甫现在是屋破漏雨,连自己的孩子都无力照顾,可是他想到的不是自己,而是"天下寒士",即天下像杜甫一样贫寒的读书人,都有宽敞的屋子。为了实现这个愿望,杜甫宁愿付出"吾庐独破受冻死亦足"的代价,他都心甘情愿!虽然他现在缺少"风雨不动安如山"的住所,但是,如果眼前能突现这样的房屋,能够温暖天下的寒士,他宁可独守茅屋,受冻而死!这是一种饱览民生疾苦、体察人间冷暖的济世情怀。

师:杜甫现在身处漏雨的茅屋,穷愁潦倒、凄惨悲凉,却仍然忧国忧民,想要"大庇天下寒士",是不是突发狂想、心血来潮呢?让我们一起走进杜甫的一生:(屏显)

杜甫出身于一个世代"奉儒守官"的家庭,受儒家"修身、齐家、治国、平天下"思想影响很深。远祖为晋代功名显赫的杜预,祖父是初唐诗人杜审言,父亲杜闲有奉天令一职。

他7岁作诗,15岁便名扬天下,从小就心怀"致君尧舜上,再使风俗淳"的政治抱负;25岁,登泰山立下了"会当凌绝顶,一览众山小"的雄心壮志。

35岁时,他来到长安应试,却遭到小人的谗言,没有得到重用。45岁,安史之乱爆发，看到人们当时困苦的生活情景，他在《春望》中写道"烽火连三月，家书抵万金"；59岁，在他生命的最后一年，依然用热辣的泪写道"战血流依旧，军声动至今"，仍以国家灾难为念。

师：杜甫的一生，无论是身在顺境，还是身处逆境，都心怀忧国忧民的博大情怀。孟子有言"穷则独善其身，达则兼济天下"，而杜甫是"达则兼济天下，穷亦兼济天下"！好的诗歌，如同一杯陈年的美酒，需要我们进入字里行间，细细品味，反复吟读。下面我们师生合诵全诗，一起体悟杜甫这种济世情怀，向诗圣致敬。

师生合诵全诗。

师：同学们，杜甫就是这样，忧国忧民的思想已经融入了他的血液！他总是把自己的命运和民族国家的命运联系在一起，他总是能由自己的遭遇想到广大黎民的苦痛，他总是坎坷不幸的，但他也总是令人敬仰的！他总是生活在苦难的谷底，但他的思想永在巍峨的巅峰！郭沫若曾评价道"世上疮痍，诗中圣哲；民间疾苦，笔底波澜。"闻一多说"杜甫是四千年文化中最庄严、最瑰丽、最永久的一道光彩。"鲁迅则说"杜甫是中华民族的脊梁"。请同学们课下继续阅读"诗史"篇章，品味"诗圣"人生。

【自评自悟】

对于生活在当下衣食无忧的学生来说，理解处于战争中生活颠沛流离的诗人是比较困难的。如何让学生读懂作者、理解抒情主人公形象，我花了不少心思。"拍摄VCR"这一活动的设计就让学生自己成了抒情主角。这样的读才是深读，是深入文本读，是深入作者内心读。因为唯有深读，才能实现读者和文本的对话，实现读者与作者的对话，实现当下与历史的对话。

如果只是通过读读、说说来了解杜甫的生活遭遇，来理解在战争年代里杜甫的悲苦和期望，那是肤浅的教学。为此，我设计了"读人"这一环节，实际上是要让学生通过自己的解读体悟杜甫的伟大——身在茅屋，心忧天下。我灵活的点拨、追问和提升，使学生对伟大情怀的理解不再虚空、缥缈。

诗歌教学最重要的方法是朗读，朗读应该贯穿课堂教学的始终。尤其是理解作者的情感和情怀时，更离不开有表现力的朗读来推进。如果让学生通过朗读能读出作者起伏的情感和悲悯的情怀，将会比纯粹的讲析更能让学生体悟到杜甫作为"诗圣"是当之无愧的。总之，这节古诗词教学课是精致的，是深刻的。

【课例点评】

真读 · 真品 · 真悟
—— 品评刘艳红老师《茅屋为秋风所破歌》课堂"微镜头"

陈海亮

《茅屋为秋风所破歌》是反映杜甫颠沛流离的境遇、沉郁顿挫的诗风和忧国忧民情怀的经典之作，多次入选不同版本的教材，也有不少关于本文的经典课例。但刘艳红老师的《茅屋为秋风所破歌》一课贯彻"真语文"概念，重视学生在古诗学习中的过程体验，用真读、真品、真悟搭建起情感沟通与联结的桥梁，真正体悟"千古诗圣杜甫，位卑未敢忘忧国"的气节情操。

一、真读：在朗读中初见文体

正如陈寿江老师所言："文体属性是确定语文教学内容的一个重要依据。长期以来，语文教材、教学因不能区分文本的正体与变体，都不同程度地存在着随意处置课文而误导学生读写的问题。"在本课的预习提示部分明确指出，"朗诵三首诗，体会古体诗在句式、用韵等方面的特点。"刘老师并没有忽视"歌行体"的文本特征，而采用"读标题——释标题"的方法将学生的思考自然过渡到"歌"上来。在"歌行体"教学知识的处理上，刘艳红老师采用朗读指导法来使学生入情入境地感受古体诗"一唱三叹"的效果。这种朗读与品读深入结合的方式，与部编版教材编排的用意是不谋而合的。在八年级语文部编版的第六单元导语中便提到"学习本单元，要在反复诵读的基础上，培养文言语感。"为了感受和领悟杜甫质朴深沉的情感与博大的胸怀，进而呈现"诗史"的开阔意境，须通过"歌行体"的诗歌形式，在书声琅琅中感受古体诗的魅力。

在初读中感受"歌行体"的节奏美，在品读中领悟诗人的灵魂美，便是刘艳红老师品读任务的核心。从读准字音、读好节奏到读出诗人的情绪再到课堂尾声处的齐诵,学生的诗歌朗读能力实现了阶梯式的上升过程。本篇在朗读方法上的指导也可辐射至其他歌行体诗歌教学中,将诗韵的种子用朗诵的方式根植于学生的心田。

二、真品:在聚焦中感受思想

从该诗歌的内容和形式上来看,《茅屋为秋风所破歌》是典型的歌行体诗歌,具有"即事名篇"的特点,整体以叙事为主,议论抒情为辅。诗歌分成了四个小节,其中前三节内容叙事,最后一节抒情,结构鲜明清晰。所以不少老师在进行整体把握时会简单化地采用每段概括分析的方式,难免落于俗套。而刘艳红老师则采用"请同学们当一回导演,边听边想象画面,拍摄4段VCR,并为VCR取名。"的情境,调动学生的积极性。此任务在增添课堂趣味性的同时,也在激发学生联想和想象的能力。学生通过文字来触摸杜老苦闷的灵魂,完成了一场穿越时空的对白。"茅屋""秋风""冷似铁的布衾"不再只是诗人笔下单调的意象,而成为"导演们"特写镜头所聚焦的对象。课堂上,一句句个性化的诗歌解读背后都站着杜甫的知心人。

刘老师的课是张弛有度的,在抛出"我从句子中,读出了一个怎样的杜甫"的主问题后,她又着力聚焦于"老"和"叹"字。从"老"字入手引发学生对杜甫年龄的猜测,再到学生对杜甫"人未老、心先衰"的感慨,课堂的一切都是学生思维内在生成的体现。语速渐缓,声音低沉的吟诵中,是时代加在杜甫身上的年迈枷锁。如此青春不在,苦闷长流,自然少不了"叹息"。如何将这处叹气读得有味、入情呢?刘艳红老师又拿出了一个妙招——比较法。在"自经丧乱少睡眠,长夜沾湿何由彻?"的不同位置加上"唉"字。如:

1. (唉……)自经丧乱少睡眠,长夜沾湿何由彻?
2. 自经丧乱少睡眠,(唉……)长夜沾湿何由彻?
3. 自经丧乱少睡眠,长夜沾湿(唉……)何由彻?
4. (唉……)自经丧乱少睡眠,(唉……)长夜沾湿何由彻?

在叹息声中似乎真窥见了杜甫那些个洒泪沾襟的夜晚了!刘老师将启发式教学贯彻到了极致,让学生在叹息中看到苍老无力潦倒凄凉的杜甫,"不为困穷宁有此"的群童,丧乱里"存者无消息,死者为尘泥"的百姓,在叹息声中更看到诗人"何由彻"的焦虑不安和忧国忧民。也正是因为有了此处的"叹息"聚焦蓄势,才能让学生真正领悟"吾庐独破受冻死亦足"的痴心。

三、真悟：在背景中升华认知

初中阶段，学生已经学习了杜甫的《望岳》和《春望》。对于八年级学生而言，理解《茅屋为秋风所破歌》的内容并不难，但学生无法体会诗歌最后一处的呐喊，没有真正去理解这一位用生命在书写的诗人。刘老师便通过时代背景的补充来填补情感的隔阂，打破学生与那些古仁人的家国情怀壁垒。"知人论世"的方法早在苏教版的单元导读部分便被列为重点，"不同的作者有不同的人生际遇、不同的精神追求、不同的文字风格，每一部经典的诞生，都有特定的写作背景，寄寓着作者某种思想感情，都会打上时代的烙印……知人论世，应是解读经典的一条有效路径。"但背景资料的补充并不等于满堂灌的知识碎片轰炸，要讲究契机和方法。刘老师找寻到了《茅屋为秋风所破歌》的两处矛盾点，设置具有启发性的问题进行讨论探究，最后再出示资料链接深化认知。第一处矛盾点：茅草不是很珍贵的东西，那为什么杜甫"爱茅如命"，为了几根茅草，跟顽童生气、喊得"唇焦口燥"呢？第二处矛盾点：杜甫现在身处漏雨的茅屋，穷愁潦倒、凄惨悲凉，却仍然忧国忧民，想要"大庇天下寒士"，是不是突发狂想、心血来潮呢？

第一处子问题后，刘老师补充了"《江畔独步寻花》《春夜喜雨》这些诗篇都是茅屋建成后诗人喜悦心情的反映。不料第二年八月，大风破屋，大雨又至。诗人长夜难眠，感慨万千，于是写下了这首诗。"的背景资料。基于此背景下，这被秋风蹂躏着的不只是茅草，更是杜甫对生活的希望和向往。从平静叙述茅草翻飞的各种姿态，再到被群童欺的失态焦灼，杜甫的无奈之情溢于言表。暴雨敲醒了他的浪漫安逸，不得不直面安史之乱时期的惨淡境遇，这是"现实主义"难回避的话题。也正是有了前面的"喜"，本文的"忧"才更显其悲。

第二处子问题指向于学生对于杜甫一生的思考：为何这么多诗人唯有他被冠以"诗圣"之名？凡人和圣人的区别何在？刘艳红老师所补充的杜甫人生轴里会找到这个问题的答案。"他7岁作诗，15岁便名扬天下，从小就心怀'致君尧舜上，再使风俗淳'的政治抱负；25岁，登泰山立下了'会当凌绝顶，一览众山小'的雄心壮志。45岁，安史之乱爆发，看到人们当时困苦的生活情景，他在《春望》中写道'烽火连三月，家书抵万金'；59岁，在他生命的最后一年，依然用热辣的泪写道'战血流依旧，军声动至今'，仍以国家灾难为念。"在每一个时间点里，杜甫创作的每一首古诗词都饱含了对国家、百姓的深切责任感。杜甫的一生，无论是身在顺境，还是深处逆境，都心怀忧国忧民的博大情怀。跨过这漫长的时间轴，学生们通过文字来体验诗人独特的内心、情感和思想认识。

一堂好课应该是真实、灵动的，刘艳红老师的课也是如此淡而有味的。课堂是学生的主场，在举手的交错中是思维的碰撞、情感的启蒙。朗读指导法、联想想象法、讨论探究法、提问引导法、拓展延伸法都无痕地包容在这堂课里，实现了真语文的理想境界。教师似隐去了她的光环，只在思维困顿处给予点拨，在小结处呈现振聋发聩的绝唱。

陈海亮，浙江省温岭市第三中学高级语文教师，浙江省特级教师，浙江省教坛新秀，台州市名师，在《语文建设》《中学语文教学通讯》《中学语文教学参考》《语文学习》等核心期刊上发表论文三十多篇，出版专著《蚁穴溃堤》《语文教学不难》。

第四辑 跟着课文学写作课堂"微镜头"

1.《巧用课文的微仿写》课堂"微镜头"

授课学生	山东省滨州市邹平市魏桥实验学校八年级学生
文本类型	写作型
课堂特色	模仿经典课文，创造性写作。
授课时间	2022年5月26日

【设计说明】

　　文无定法，但有定格。每篇优秀的文章从遣词造句到选材立意，再到谋篇布局都有独到之处，而对这些优秀作品进行文学模仿是由阅读通往创作的桥梁与阶梯，是打开创作之门的敲门砖。古往今来，名家效仿的名作不胜枚举。曹操《观沧海》：'日月之行，若出其中。星汉灿烂，若出其里。'师承模仿的是司马相如《上林赋》：'视之无端，察之无涯。日出东沼，月出西陂。'王实甫《西厢记》：'碧云天，黄花地'出自范仲淹《苏幕遮》：'碧云天，黄叶地'。在文学创作中处处存在仿写的现象，即使是名篇巨著，也到处有模仿的影子，可见，任何的文章巨擘，都不可能从零开始。因此，我设计了这节《学习仿写》作文课。

　　按照"解读内涵三层次方法"：文本第一层显性内容是学生对经典文章已有的文本解读。这一层是课堂的起点；第二层隐性意脉是从经典课文中挖掘写作的方法，发挥课文的例子作用。这一层需在教师的引导下，聚焦，提炼，方能实现；第三层最终指向：学生学会跟着课文仿写，这一层是课堂的终点。

【课堂微镜头】

"微镜头"之一"仿写之'点仿'"

师：同学们，在这节课的开始，老师先请大家欣赏两首诗，并请谈谈自己的感受。

生期待中。

师：（屏显）七步诗——

曹植：

煮豆持作羹，漉菽以为汁。

萁在釜下燃，豆在釜中泣。

本是同根生，相煎何太急。

反七步诗——

郭沫若：

煮豆燃豆萁，豆熟萁已灰。

熟者席上珍，灰作田中肥。

不为同根生，缘何甘自毁？

师：你读出了什么？

生：《七步诗》中，我读出了兄弟相残；《反七步诗》中，我读出了自我牺牲精神。

师：郭沫若仿写曹植的《七步诗》，竟写出了不同的意境和情感。"古人作文写诗，多是模仿前人而作之，盖学之既久，自然纯熟"，这是朱熹对前人写作经验进行的总结。你知道哪些"仿写"的经典诗句吗？

生：王勃模仿庾信的"落花与芝盖齐飞，杨柳共春旗一色"，写出了千古名句"落霞与孤鹜齐飞，秋水共长天一色"。

师：人们只知道"落霞与孤鹜齐飞，秋水共长天一色"，却很少有人提起"落花与芝盖齐飞，杨柳共春旗一色"，可见，仿句大放异彩。

生：韩愈模仿孟子，成为唐宋八大家，欧阳修又模仿韩愈，成为一代宗师。

师：可见仿写有多么重要。对于初中生而言，仿写仍然是提高写作水平的有效途径。谁能说说你"眼中"的"仿写"？

生："仿写"应该就是模仿别人的作品进行自己的写作。

师：所谓仿写，就是模仿范例作文，根据一篇文章的立意、选材、结构、语言、表现手法等方面有目的地进行模仿的一种写作方法。仿写就好像写字临帖一样，是作文起步阶段的"临帖"。大家觉得仿写需要注意什么呢？

生：仿写不是机械模仿，更不是抄袭。

师：对，仿写，首先要对模仿的对象细心揣摩，敏锐地发现优秀作品在写作上可供学习借鉴之处。平时阅读优秀作品，除了要准确把握作品的内容、主旨，获得情感体验之外，还要思考什么呢？

生：作品哪些地方打动了自己？为什么能引起自己的共鸣？

生：文章是怎样写的？作者为什么要这样写？这样的写法对自己写作有什么启示？

师：这是其一，还有别的注意事项吗？

生：学习仿写还应该由浅入深，循序渐进。

师：对，模仿的初级阶段是针对课文中的精彩语段，马上就"依葫芦画瓢"练一练，学习写一组句子，写一系列动作，再到写一个场景、一个细节。模仿的中级阶段是能模仿优秀作品的选材、组织、构思、立意。模仿的高级阶段是迷上哪位作家，行文风格不自觉地接受影响，自己的文章无意间也有了那个"味儿"。

生整理笔记。

师：仿写分为点仿和全仿。点仿即片段练习仿写，你觉得包括哪些呢？

生：仿标题、仿句子。

生：仿开头、仿结尾。

生：仿记叙、仿描写、仿议论。

师："点仿"就是仿段，"全仿"呢？

生：全仿是从整体上模仿范文作文的方式。

师：全仿可以仿什么呢？

生：仿题材。

生：仿构思。

生：仿写作手法。

师：好，下面我们就从"点仿"开始，请同学们做好准备。

生积极踊跃。

师：仿开头：盼望着，盼望着，东风来了，春天的脚步近了。一切都像刚睡醒的样子，欣欣然张开了眼。山朗润起来了，水涨起来了，太阳的脸红起来了。谁来试试？

生：《秋》：盼望着，盼望着，随着成群大雁的南飞，秋天的脚步近了。一切都充满着祥和，洋溢着丰收的喜悦。柿子熟了，高粱红了，天气凉爽起来了。

师："仿写"的"味道"很"纯正"。再来一个，仿结尾：春天像刚落地的娃娃，从头到脚都是新的，它生长着。春天像小姑娘，花枝招展的，笑着，走着。春天像健壮的青年，有铁一般的胳膊和腰脚，他领着我们上前去。抢答开始！

生：《秋》：秋天像刚睡醒的巨狮，抖落一身萧瑟，它奔跑着。秋天像花季的少女，清澈的天空宛如她纯净美丽的心。秋天像强壮的青年，用胳膊撑起一片蓝天，为我们开辟新路。

师：仿得妙，再来一个仿句子：仿照"幸福是贫困中相濡以沫的一块糕饼，幸福是患难中心心相印的一个眼神"写一个句子，继续抢答。

生：幸福是父亲一次粗糙的抚摸，幸福是朋友一张温馨的字条。

生：幸福是母亲一声温柔的叮咛，幸福是老师一次亲切的问候。

师：仿照"幸福是'临行密密缝，意恐迟迟归'的牵挂"写一个句子。

生：幸福是"春种一粒粟，秋收千颗子"的收获。

生：幸福是"采菊东篱下，悠然见南山"的闲适。

生：幸福是"不畏浮云遮望眼，自缘身在最高层"的追求。

师：细节仿写（景物描写、人物描写）：仿写《秋天的怀念》细节：原文：母亲就悄悄地躲出去，在我看不见的地方偷偷地听着我的动静，当一切恢复沉寂，她又悄悄地进来，眼边红红的，看着我。

生：母亲就轻轻地走进我的房间，在我的身后静静地看我写作业。当她觉得我没什么问题时，又悄悄走出去，默默地为我做饭洗衣。

"微镜头"之二 "仿写之'全仿'"

师：下面我们进入"全仿"。同学们，模仿是创造的基础，模仿、借鉴优秀作品的某些写作特色进行仿写训练，这是进入创作之前的基础。我们先来看看如何"模仿范文的篇章结构"。谁能说说《叶圣陶先生二三事》这篇文章的结构有什么"特色"？

生：作者由得知叶圣陶先生逝世的消息写起，回忆了关于叶圣陶先生的一些事。在写这些事情之前，先总说叶圣陶先生品德高尚，然后分别从叶圣陶先生为人"宽"和"严"两方面展开叙述。文章虽写了不少事情，但都与"宽"和"严"有关，篇章结构很是清晰。

师：写人物时，就可以模仿这样的篇章结构，围绕人物特点，从多个方面组织材料进行刻画。我们再来看看如何"模仿范文的写作手法"。《安塞腰鼓》中什么写法值得模仿呢？

生："骤雨一样，是急促的鼓点；旋风一样，是飞扬的流苏；乱蛙一样，是蹦跳的脚步……"句子，运用了比喻修辞手法，将喻体放在本体前面，突出喻体，渲染了安塞腰鼓的"野性"。

师：我们在写作中也常会用到比喻手法，不妨试着模仿这种句式，肯定会给你惊喜。再看看《白杨礼赞》呢？

生：茅盾的《白杨礼赞》，作者将自己的情感寄寓于白杨树这一客观事物，赋予它伟岸、质朴、坚强等精神气质，从而使白杨树具有独特的象征意义。

师：对，托物言志的手法值得模仿。再看看茨威格的《列夫·托尔斯泰》？

生：作者采取先抑后扬的写法，先写托尔斯泰平庸甚至丑陋的外表，再赞叹他的非凡之处，前后形成一种张力，让人读后对托尔斯泰印象更为深刻。

师：现在我们就学以致用吧！《安塞腰鼓》中运用排比、反复、比喻等修辞手法描写了黄土高原上人们打腰鼓时的场景，形成了排山倒海般的气势。试选择文中的一个片段，模仿其中的修辞手法，描写一个200字左右的场景。

生写作。

师：同学们可以结合片段中修辞手法的运用，体会各种修辞手法的不同作用，再联系自己的写作实际，把作文训练同培养自己的观察、领悟、想象等基本能力结合起来哦。

小组交流——全班交流。

师：全班选出"冠军"作品（附带老师的点评）：（屏显）夏天悄悄地来到了人们的身边（运用拟人，生动形象地写出了夏天悄无声息地来了），整个小镇都渗透出一种清新与自然，人们都在吮吸着这个夏天带来的清爽！公园里，公路边，大街上，到处都是夏天的踪迹！（运用排比，写出了夏天的到来有不可阻挡的气势）夏天像一位血气方刚的战士，那似火的骄阳便是他闪亮的盔甲；夏天像一位充满活力的少女，那满树的绿叶便是她艳丽的裙装；夏天像一个顽皮可爱的小孩，那时而风，时而雨，时而艳阳的天气便是她鲜活生动的表情。（运用比喻、排比，生动形象地写出了夏天的特点：火热有个性、活力四射、顽皮可爱。使文章的气势更加雄壮有力。）谁能点评一下？

生：本选段写出了夏天的特点——先是毫无预兆，悄悄到来，给人们带来清爽，随着时间的推移，夏天逐渐深入，人们感受到它的火热、活力、顽皮，多种修辞手法的运用，使文章富有文采。

师：在各类描写中，心理描写是难度较大的一种，因为它的描写对象"无影无踪"。鲁迅写"我"看社戏过程中的心情，莫顿·亨特写"我"爬下悬崖时的心情，方法不一，却都做到了真实可感。选择其中之一加以模仿，写一个心理描写的片段，200字左右。

生练笔——小组交流——全班交流。

师：佳作展示：（屏显）今天是我第一次升旗，我惴惴不安地走上了升旗台。这时我的心里非常紧张，心怦怦地跳着，仿佛是一分钟里跳了一亿次。（运用夸张的修辞手法，写出了"我"心里紧张的程度）这时校长宣布："升旗仪式正式开始！第一项，升国旗，奏国歌。"随后，一阵雄壮的交响乐声回响在整个校园的上空，我忙抓起了升旗台上的绳子，开始用力地向下拉（动作描写传达了我紧张心情的表现），心里想着妈妈对我说的话："别害怕，别紧张，你一定会很出色地完成。"（语言描写写出了心情由紧张到舒展的变化）终于，国旗升上了顶端，呼啦啦地迎风招展。我心里暗自高兴："最紧张的时刻终于结束了。"（写出了升旗后的心理活动，轻松、愉快）。谁再点评一下？

生：这个片段真实地再现了人物的心理活动——第一次升旗时的紧张及升旗后的轻松，小作者运用动作描写、语言描写刻画得真切细腻，使文章形象、生动。

师：在众多的表现亲情的散文中，《背影》《秋天的怀念》都是非常经典的范文，以平实的语言叙写平凡的事件，传达真挚的情感。模仿这两篇课文的写法，写一篇作文，题目自拟，不少于600字。谁能给大家提醒一下仿写的"方向"呢？

生：《背影》：构思精巧，抓住人物形象特征"背影"命题立意，组织材料，在叙事中抒情，构思值得借鉴。

生：《背影》一文语言平实自然简洁，不造作，生活气息浓厚。还有就是细节描写精彩，感人至深，细节值得模仿。

生：《秋天的怀念》运用衬托的手法，用"我"的暴怒无常衬托母亲的坚韧、顽强，手法值得模仿。

生：《秋天的怀念》以日常琐事为题材，用对比的方法突出了母亲的形象。同时，还采用了语言、动作等多种描写方法刻画人物，非常传神，细节值得模仿。

师：再看一下余光中的《乡愁》：（屏显）

小时候／乡愁是一枚小小的邮票／我在这头／母亲在那头

长大后／乡愁是一张窄窄的船票／我在这头／新娘在那头

后来啊／乡愁是一方矮矮的坟墓／我在外头／母亲在里头

而现在／乡愁是一湾浅浅的海峡／我在这头／大陆在那头

师：谁能说说仿写的方向？

生：诗人以时间的变化组诗：小时候——长大后——后来——现在，四个人生阶段。

生：诗人以空间上的阻隔作为这四个阶段共同的特征：小时候的母子分离——长大后的夫妻分离——后来的母子死别——现在的游子与大陆的分离。

生：诗人为人生的四个阶段各自找到一个表达乡愁的对应物：小时候的邮票——长大后的船票——后来的坟墓——现在的海峡。

师：由此，看到这首诗以时空的隔离与变化来层层推进诗情的抒发，构思极为巧妙。

生整理笔记。

师：请同学们确定描写对象，确定文章题目和仿写的点，仿照《乡愁》《背影》《秋天的怀念》开始写作吧。

【佳作欣赏】

自信·成长

树叶在风的吹拂下，肆意地跳着舞。天空湛蓝，几只飞鸟从天空鸣叫着飞了过去。

一天清晨，班主任老师微笑着大步流星地走进教室。老师轻轻地拍了拍桌子，兴奋地说："同学们，县里有个演讲比赛，学校安排了我们班和另一个班的同学参加比赛，机会非常难得，大家来投票推荐一下吧。"教室里立刻像炸了锅一般。我坐在教室的角落里，沉默着，似乎这件事与我没有任何关系。大家都在纸条上迅速地写着，我也投上了宝贵的一票。

推荐结果出来了，老师拿着结果神秘地说："大家猜猜会是谁呢？"教室顿时沸腾了起来。老师提高音量，竟然念出了我的名字，这也太出乎我的意料了。天哪，我当着所有人的面慢腾腾地站了起来，脸和耳朵根儿都变得通红。我不敢相信这是真的。老师走了过来，温柔地拍了拍我的肩膀说："既然大家都看好你，你要好好准备，我们为你加油啊！"。我默默地点了点头。坐下后，我心潮澎湃。弃权，还是参加？两个"小人儿"在我心里开始"打架"。几个回合后，一个"小人儿"说："勇敢一点，勇敢地迈出第一步吧，你行，你一定行！"这坚定了我参加演讲会的信心。

这之后，我开始写演讲稿。一遍遍地写，一遍遍地改。在老师的指导下，我终于完成了让自己满意的演讲稿。挑战自己的第一关终于顺利通过。

第二关就是"练胆"，练在众人面前说话的胆儿。妈妈为了让我"练胆"，每天都带我去陌生广场，让我给陌生人演讲。一开始，我看见陌生人就会手心直冒冷汗，浑身发抖，声音也不敢放大。可是渐渐地，我开始变得不再害怕。面对陌生人，我竟然能口若悬河，激情澎湃地进行演讲了。就这样，第二关在我的勤奋练习下，成功突破了。

距离比赛还有一天，我信心十足地去找老师。听了我的朗诵，老师竟吃惊地说道："你进步太快了，孩子。几日不见，老师对你刮目相看啊！"老师一边说着，一边兴奋地拍了拍我的肩膀。

比赛那天，看到台上一位位小选手演讲得都那么精彩，我开始心慌。我紧紧地握住老师的手，两只手不停地颤抖。老师轻轻地在我耳边说道："孩子，你能行，在我心里你是最棒的！""下面有请 21 号选手上场。"我迈着自信的步伐走上了宣讲台，给大家深深地鞠了一躬。我从容地拿过话筒，面带微笑，激情四射地开始了我的演讲。我的嘴一张一合，大脑也飞速运转着。台下的观众屏息聆听，从他们的脸上，我看到了"肯定"。就这样，我顺利地结束了我的第一次演讲。场下爆发出雷鸣般的掌声，我的眼角竟有泪滑出，这是喜悦的泪，是激动的泪，是开心的泪。

下台后，我狂奔过去，紧紧地抱住老师。老师也激动地紧紧抱住了我。"成功了，成功了！"这"偶遇"的第一次演讲让我的学习和生活都充满了信心。拥有了自信，明天更美好。

【自评自悟】

古人云："浅者偷其字，中者偷其意，高者偷其气。"仿写不应是终点而应是起点，仿写不是机械地学其皮毛，而要仔细揣摩、有机运用，要引导学生从范文的思想内容，构思立意或表现手法等方面受到启发，加以引申、模拟、构思自己的作文，达到创新的目的。

这节课，我在学生原有的思想、生活和语言积累的基础上，引导他们着重模仿借鉴典范文章的某些特点或某部分来仿写。学生在我的引导下竟然能够巧妙化用"经典"，并进行适当的创新，可见"仿写"的目的已然达到。我想这只是学生"创新"作文的开启，随着"仿写"的深入与推进，学生的作文一定会越来越精彩。

【课例点评】

点面结合，仿写精彩
—— 品评刘艳红老师《巧用课文的微仿写》课堂"微镜头"

何庆华

美女刘艳红老师是一位勤奋而执着的老师，她聚焦课堂微镜头，一口气开发了56个内容丰富的课例。细读这篇〈《学习仿写》课堂"微镜头"〉，我叹服她对写作教学的执着钻研和在课堂上的兰质蕙心。

仿写是进行有效作文教学的手段之一，它不仅可以使学生学会如何写作，而且可以扩展学生的知识面，提高学生的写作兴趣，甚至可以提高学生对生活的认知和理解。美女刘老师深谙此理，她在语文写作的课堂上潜心探究，积极实践，取得了理想的研究成果。

仿写就是仿照写作，就是借鉴。毛泽东说过，有这个借鉴和没有借鉴是大不一样的。叶圣陶先生也说过，教材无非就是例子。刘老师在课例〈《学习仿写》课堂"微镜头"〉中展示了两个微镜头指导学生具体进行仿写学习。她注重点面结合的仿写技法指导，让学生的当堂仿写精彩纷呈。

课堂上，刘老师旁征博引，循循善诱，引用郭沫若仿写曹植的《七步诗》，写出了不同的意境和情感的《反七步诗》。王勃依据庾信的"落花与芝盖齐飞，杨柳共春旗一色"，模仿写出了千古名句"落霞与孤鹜齐飞，秋水共长天一色"。韩愈模仿孟子，成为"唐宋八大家"。欧阳修又模仿韩愈，成为一代宗师等鲜活的事例，让学生明白了仿写的意义和价值。学生欣赏着前人名家仿写的精彩时，刘老师自然告诉学生什么是仿写，那就是模仿范例作文，是根据一篇文章的立意、选材、结构、语言、表现手法等方面有目的地进行模仿的一种写作方法。

仿写有一个循序渐进，逐渐深入的过程，学生的思维也有一个由浅表思维到深层思维的过程。刘老师引导学生明确仿写根据由浅到深，由易到难，分为三个阶段，分别是模仿的初级阶段，即针对课文中的精彩语段，"依葫芦画瓢"练一练，学习写一组句子，写一系列动作，再到写一个场景、一个细节等。学生平时根据句式进行仿写，就是这种最初级的仿写，也就是在本节课中刘老师的微镜头一重点练习的点仿。而模仿的中级阶段，即模仿优秀作品的选材、组织、构思、立意。刘老师在微镜头二中重点对其进行了讲解和练习。而模仿的高级阶段，是指最后迷上哪位作家，行文风格不自觉地接受影响，自己的文章无意间也有了那个"味儿"。这种模仿是青出于蓝而胜于蓝的模仿，或者说在仿写的基础上的自我创新，实现了仿写的最高境界——创写。当写作达到这种境界就是写作的最佳的自由状态。

在〈《学习仿写》的微镜头〉课例展示中，刘老师既有对学生的理论指导，又有指导学生的实操练笔，让学生现场试笔，学以致用。无论是点仿的仿句还是全仿的仿篇，学生的仿写都有例可鉴。这些事例大多来自教材的经典课文。如点仿的仿写开头和结尾，仿段源于朱自清的名篇《春》：

师：仿开头：盼望着，盼望着，东风来了，春天的脚步近了。一切都像刚睡醒的样子，欣欣然张开了眼。山朗润起来了，水涨起来了，太阳的脸红起来了。谁来试试？

生：《秋》：盼望着，盼望着，随着成群大雁的南飞，秋天的脚步近了。一切都充满着祥和，洋溢着丰收的喜悦。柿子熟了，高粱红了，天气凉爽起来了。

学生针对课文《春》中的开头精彩语段，"依葫芦画瓢"现场练笔。学生练笔的形式同于例句，句式相同，内容相近，表达的主旨相似，只是季节及季节特色根据不同季节的不同特征进行仿写。因为有章法可循，学生的仿写轻松愉悦，精彩仿句很快呈现在学生的笔下，学生在写作的课堂上体验着仿写的美好。

关于"全仿"，刘老师说，这是进入创作之前的基础，是模仿、借鉴优秀作品的某些写作特色进行的仿写训练。《叶圣陶先生二三事》篇章结构、《安塞腰鼓》修辞手法、《白杨礼赞》的象征写法、《列夫·托尔斯泰》的欲扬先抑、《走一步再走一步》的心理描写、《背影》的平实语言、《秋天的怀念》日常题材、对比烘托写法等等。一篇篇经典文章被刘老师信手拈来，一个个各具特色的典型写法被刘老师一一呈现，这些写法是刘老师平时在一篇篇课文的教学中反思总结出来的，凝聚着刘老师的用心和智慧。

刘老师通过经典文本典型写法介绍，不仅丰富了学生写作知识，也让学生仿照例文进行练笔时，有章可循，有法可依，学生的仿写自然精彩纷呈。《夏至小镇》《升国旗》，课堂评选出的两个写作片段，充分体现了老师教之得法，学生学之有效。后面佳作展示让我们全面品读仿写作文的精彩全貌，如刘老师在自评自悟所言，学生巧妙化用经典，适当自如创新，着实令人刮目相看。

在〈《学习仿写》的微镜头〉课例中，刘老师点面结合的仿写技法指导，扎实不断的句段篇的系列仿写练习，让学生体会到了仿写作文的乐趣，作文在老师的指导下由难渐易。

仿写是写作的开始，是积累创新的起步。"浅者偷其字，中者偷其意，高者偷其气。"仿写三重境界，是在教师不断有效指导仿写逐渐达成的境界和追求的目标。

语言的使用是一种技能和习惯，只有通过刘老师这样正确的指导模仿和反复的实践才能锻炼养成。通过经常性的仿写练习，在不知不觉中，学生们的习作能力就能提高，写作兴趣就能增强。时间长了，学生就能够做到我手写我心，这样令学生作难的习作也就不难了。来吧，让我们仿写吧，在每一句，每一段，每一篇的日常课文里，在每一节课里进行审美创造吧！

何庆华，安徽省怀宁县振宁初中校长助理，语文教师，王君青春语文名师工作室成员，安庆市学科带头人，安庆市骨干教师，安庆市先进教研个人，安庆市优秀班主任，荣获安庆市优质课大赛一等奖，安庆市微课大赛一等奖，"一师一优课"部级优课奖。

2.《跟着〈社戏〉学写心情》课堂"微镜头"

授课学生	山东省滨州市邹平市魏桥实验学校八年级学生
文本类型	写作型
课堂特色	聚焦文段,学写心情。
授课时间	2022年3月9日

【设计说明】

　　再次教学鲁迅先生的短篇小说《社戏》,重新走进文本的感觉很是贴合"一千个读者就有一千个哈姆雷特"的理念,不禁再次感触文本丰富的意蕴。曲折的叙事美、淳厚的人情美、清新的风景美都让人"流连忘返"。"弱水三千只取一瓢饮",这句话一直在我的心头萦绕。对啊,除了丰富的意蕴之外,我还能教点什么呢?宁静优美的"画卷"启发了我。对,教写作,跟着《社戏》学写作。选哪一个"点"教写作呢?看戏前的"一波三折"又启发了我。对,就聚焦曲折的叙事美之"心情"教写作。引导学生跟着鲁迅先生学着把抽象的心情写得具体、形象、可感,是本节课唯一的目标。

　　按照"解读内涵三层次方法":文本第一层显性内容是学生对《社戏》的文本解读。这一层是课堂的起点;第二层隐性意脉是跟着社戏学写心情。这一层需要教师聚焦《社戏》中写心情的典型文段,引导学生品读、提炼,方能实现;第三层最终指向:学生跟着《社戏》学会写抽象的心情,这一层是课堂的终点。

【课堂微镜头】

"微镜头"之一 "聚焦'波折',学写'着急''喜悦'"

　　师:《社戏》写于1922年10月,小说写的是我厌倦在北京看戏的两次经历,回忆起小时候在外祖母家和小朋友们一起去邻村看社戏的情景,处处洋溢着?

　　生:和谐。

生：温馨。

生：乐趣。

师：鲁迅早年离家时，在给亲人的信中说"行人于斜日将堕之时，暝色逼人，四顾满目非故乡之人，细聆满耳皆异乡之语。一念及家乡万里，此时真觉柔肠欲断，涕不可抑。"你读出了什么？

生：对故乡的思念。

生：对故乡人的想念。

生：对故乡一切的眷恋。

师：对，故乡的山水美景，深深植根于鲁迅的心田，远行在外，遇到"风波"，自然想起过去——他心灵深处永远眷恋着的那份不渝的乡情。

生记笔记。

师：今天我们就一起走进《社戏》，看看鲁迅先生这份乡情之"心情"是如何刻画的？哪一部分的"心情"描写最精彩呢？

生：看戏前的"波折"之"心情"刻画最精彩。

生：看戏过程中的"心情"变化也很出彩。

师：我们先走进5—11段"看戏前的波折"片段。请同学们以小组为单位用"曲线""表达"一下"我""一波三折"的心情变化过程。

自主—合作—交流。

生：老师，"我"的心情经过了"四起三落"，所以我们的"曲线图"是起—落—起—落—起—落—起。

师：能解读一下你的"四起三落"吗？

生：三次波折，即三"落"：①在早上就叫不到船；②不准和别人去；③外祖母要担心。

师：四"起"呢？

生：四"起"其实是"三次转机"，除了"盼社戏——心中喜悦"之外，三次转机：①八叔公的航船回来了；②小伙伴们愿意与我同去；③双喜保证不"出事"。

师：真好，"三次波折""三次转机"，这个角度的解读不错。哪个同学能"细化"一下"我"在"一波三折"中的心情呢？

生：盼看社戏——心中喜悦；叫不到船——可惜；借不到船——急

得要哭；伙伴看戏——失落；戏后述说——沮丧；双喜提议——欣喜；没人陪同——又失望；双喜担保——柳暗花明；出门看戏——快乐异常；看戏途中——兴奋自失。

师：同学们，短短的几段文字把"我"的"急"和"喜"描写地生动、传神。下面，我们先来看看鲁迅先生是怎么刻画我的"急"？谁先说说你的发现。

生：因为没有船看不成戏而着急。

师：对，"着急"是一种抽象的心情，鲁迅是怎么写的呢？

生：他先写"我急得要哭"，点出"急"。

师：这是典型的直接写正面写。还有吗？

生：然后写因为"急"，我产生了幻想：我似乎听到了锣鼓的声音，而且想象他们在戏台下买豆浆喝。

师：这个句子非常精彩，激烈的情绪使"我"有了幻觉，这个写法很有意思。没有用一个"急"字，但写得"急"很到位。还有吗？

生：下面又写了我的状态，"不钓虾，东西也少吃""其他孩子都开开心心地讲戏""只有我不开口"。描写的是我的行为，我的状态。

师：在这个"不开口"中，我们能产生无限遐想，"我"已经"急"出生活常态了，要"急"出毛病了。谁能猜一猜"我""不开口"背后的心理活动？

生：戏这么好看啊，可惜就我自己没能看，唉！

师：鲁迅换了个写法来写"急"，用不急不缓的"小描写"娓娓道来，但"急"却已经在"我"的心里"翻江倒海"了。三句话，三个角度，三种方法，各得其妙，这是写"心情"的第一把金钥匙，谁总结一下？

生：直接写＋幻觉。

生：＋描写。

师：对，"直接写＋幻觉＋描写"法。那么，鲁迅先生又是怎样刻画"喜悦"的呢？

生：因为双喜想到八叔的航船回来了，可以去看戏了，我的心情由"急"而"喜"。

师：怎么刻画的呢？鲁迅的方法更丰富，谁先说？

生：先写了四个字：我高兴了。

师：还是直接写正面写。

生："我的很重的心忽而轻松了，身体也似乎舒展到说不出的大"。这是快乐带来的幻想。因为快乐，放松了，膨胀了，要飞升了，恨不得全世界都能看见。

师：第二种方法跟写"急"一样，也写了"幻觉"。当一个人志得意满的时候，会觉得自己比天高比海宽，就是这样的哟。倒霉的时候呢，一定相反，身体会收缩会变得无限的"小"，希望被世界忽略遗忘才好。以身体的幻觉来写"喜悦"，非常高明，每个人读了都感同身受，这是鲁迅先生写"心情"的"绝招"。

生：第三种方法也跟写"急"是一样的，小描写，写动作，写状态。如"我们立刻一哄地出了门"。

师："一哄"，这两个字太有表现力了。我们想象一下画面，画面中应该有声音，有动作，有神态，有心情，有群体形象，有个体表现哦。

生："我"立马奔跑起来，脸上带着兴奋的笑，笑声感染了所有的小伙伴们，大家你拥我挤地疯狂地从门口"逃"了出来。

师：可见鲁迅先生用词朴实，但很经敲打。其实"大家跳下船"也写得好，哪个字用得好呢？

生："跳"用得好，它和前边的"一哄"相呼应。

师：对，如果换为"大家上了船"，就一点儿意思都没有了。一个"跳下"同样也是有动作有声音有场面，把"喜悦"写得活灵活现。但比起写"急"，鲁迅在这里用了新方法，谁看出来了？

生：鲁迅先生还用了环境描写来烘托"我"马上就要看到社戏的"喜悦"。

师：对，环境描写烘托"喜悦"。非常经典的一段环境描写，"两岸的豆麦和河底的水草所发散出来的清香……"，请同学们投入地读一读这段诗情画意的江南水乡月夜图。

生动情朗读。

师：如果不是"喜"，而是焦虑，还能闻到清香吗？

生：不能，根本闻不到，因为只关注自己的"情绪"了。

师：如果是焦虑，那淡黑的起伏的连山会像什么呢？

生：像黑洞洞的"怪兽"。

师：如果是焦虑，那"歌声和乐声"还是歌声和乐声吗？

生：不是，而是像"夜半鬼叫"。

师：同学们，正因为喜悦，所以，"我"调动了哪些感官充分感受月下美景的"诗情画意"呢？

生：嗅觉、触觉。

生：视觉、听觉。

师：甚至还产生了？

生：想象。

师：对，这就是"景语来写情语"的妙处啊。因为"喜悦"，我的嗅觉、触觉、视觉、听觉、想象全部"上线"了，它们充分感受着江南月夜的"美景"，以致"我""自失"起来，跟在仙境一般。这段精彩的环境描写，有味、有形、有声、有色地刻画了"我"的"喜"，太赞了。这就是写"心情"的第二把金钥匙，是什么？

生：环境烘托法。

"微镜头"之二"聚焦'看戏'，学写'失望'"

师：同学们，"我"终于看到了"社戏"，那么，这个"戏"好看吗？

生：不好看。

师：为什么"不好看"？

生：盼着看铁头老生翻跟头。

师：结果呢？

生：只有几个赤膊的人翻跟头，翻了一阵就进去了，出来了一个唱戏的小旦，"我"不喜欢看小旦。

师："我"还想看什么？

生："蛇精"和"跳老虎"。

师：结果呢？

生：等了很久也没出现。

师：戏不好看，"我"疲倦了，老师的理解，这个"疲倦"既是身体的疲倦，更是心理的疲倦，或者说是内心的"失望"。看看鲁迅先生怎么写"失望"的呢？

生：和前边的"急""喜"既有相同，也有不同。

师：你说说看。

生：直接写，"我有些疲倦了"，点出"疲倦"。

师：直接写正面写"疲倦"，鲁迅用大白话表达的，写得清楚明白。

生：也写了幻想，"只觉得戏子的脸都渐渐地有些稀奇了，那五官渐不明显，似乎融成一片的再没有什么高低"。

师：又用了"幻觉"这一法子。

生：接下来没有写环境，而是描写了一段"情节"：老旦出场表演带来的心理微妙变化。

师：对，这段文字，妙在"虚词"，这些"虚词"撑起了"我"的"疲倦"和"失望"，谁说说看？

生："然而老旦终于出台了"的"然而"和"终于"写出了"我"内心的"失望"。

师：老旦是我最怕的东西，结果还是出来了，那种"扫兴"都在"然而"和"终于"里面了，实在是妙不可言。

生："那老旦当初还只是踱来踱去地唱，后来竟在中间的一把交椅上坐下来"的"只是"和"竟"，这两个"虚词"把我慢慢"绝望"的心情淋漓尽致地传达了出来。

师："只是"点出了"我"当时抱有希望的心理，而这个"竟"则把"我"的"绝望"融了进去。

生："不料他却又慢慢地放下在原地方，仍旧唱"的"却"和"仍旧"。

师："却""仍旧"把我刚升腾起的"希望"又扑灭了。你看，这些虚词，哪个后边没有一个"倦"字支撑着呢？这样的侧面描写，不着一字，却妙趣横生！

生："年纪小的几个多打呵欠了，大的也各管自己谈话"，这是用别人的表现来侧面衬托我的"疲倦"和"失望"。

师：侧面写小伙伴们的表现，表现戏"不好看"，确实侧面烘托了"我"的"失望"。小伙伴们还有别的表现吗？

生：全船里几个人不住地吁气，其余的也打起呵欠来。

生：双喜他们却就破口喃喃地骂。

师：若你是双喜，你会骂什么？

生：这个臭老旦还没唱完，也不怕累死。

师：你看，鲁迅先生把抽象的"失望"，写得鲜活，写得生动，写出了新意，真是妙笔点染的高手，这就是写"心情"的第三把金钥匙，谁来说一说？

生：侧面描写法。

师：同学们，鲁迅先生能把"心情"写得这么"出彩"，当然，还源于鲁迅对生活真切细腻的感受。

生若有所悟

师：想一想你的故事，欢乐的，流泪的，幸福的，难过的，在你心里留下深刻痕迹的，梳理它"一波三折"的心理变化过程，写成一篇作文！

【佳作展示】

捡拾幸福

清早起来，天就阴得厉害。我急忙背上书包，急匆匆地往公交车站跑。

忽然，狂风大作，随着一道急促的闪电，"轰隆隆"地响起几声巨雷，豆大的雨点顿时砸在我身上。我以火箭的二级推动速度冲到站台的遮雨棚下，由于惯性过大，我一下子撞到坚硬的不锈钢栏杆上。揉揉被撞痛的肩膀，我心里难受极了。

这时，旁边的一位老爷爷发现我正站在角落里，雨点不时侵袭到我的后背上，便急忙对我说："你站在那儿会感冒的，快到我的伞下来！"我感激地挪了过去。风还在呼呼地刮，雨还在哗哗地下，可我一点儿也没有被雨淋着，原来老爷爷把伞移到了我这一边，而他的一侧衣服却已经湿透了。我的心头顿时涌起了一股幸福的暖流。

这时，公交车来了，人们蜂拥而上，挤在车厢的前门口，我被汹涌的人潮挤到了后面。唉，谁叫我人小力薄呢！可是我也不甘示弱，发扬了"钉子精神"，双手紧握住车门边的扶手，使劲往上挤，终于挤进了车厢里，可是车门却关不上了。原来是我后背的大书包惹的祸！

这时，车里像炸开了锅。"再挤挤，再挤挤！"司机急促地喊道。"快点儿开车吧，我上班都快迟到了！""再迟到我又该挨领导批了！""快点儿开车吧!"大家你一句我一嘴地嚷嚷着。

这时,一位阿姨瞅了我一眼,说:"你快下去吧!等下辆车,要不大家谁也走不了……"听了这话,被卡在车门边的我差点儿哭了。我身上已经被淋湿了,又没带雨具,而且再等下一辆车肯定会迟到了……

这时,一个声音在我的耳边响起:"大家都别急。这孩子在雨里等了好长时间了,她还要赶着去上学呢,别耽误了功课,我先下去吧。"听了这话,我急忙四处寻找那个好心人,原来是他——和我一起等车的那位老爷爷。那股幸福的暖流再一次涌上我的心头。说话间,老爷爷已经挤到车门前,扶着栏杆,艰难地迈下台阶……终于,他挤下了车。站在雨中,他还不忘把我往上推了一把,车门关上了。车渐渐地启动了,老爷爷的身影离我越来越远,但他在我心中却越来越清晰。那股幸福的暖流在我心中激荡着,激荡着……

其实,幸福就是如此简单:一个温暖的眼神,一个关爱的举动……过去我总觉得幸福离我很远,似乎根本不可能属于我。但这次,我却觉得其实幸福离我是这么近,就在我身边。我捡拾起这份身边的幸福,珍藏在心间,永不忘记。

【自评自悟】

《社戏》在叙事上一波三折,看社戏前后情节迭起,心情也是急缓有致。文中的曲折如同那夜江中之水,悠悠地牵动人的衷肠。看戏前就有风波——要看戏却叫不到船,只能想象戏场的情景;本以为看不到戏了,双喜又说八叔的大船回来了,又有船了;虽然有了船,但外祖母不放心我和孩子们一起去;眼看又要看不成戏了,双喜写包票,才得以出门看戏。看戏过程,也不顺利——最想看的蛇精、跳布老虎和铁头老生翻筋斗的戏没有看到;最怕老旦唱,那老旦却一直唱个没完没了。你看,鲁迅先生把情节写得跌宕起伏,同时也把"我"的"心情"写得大起大落,像"过山车"一样精彩纷呈。

清代文学家袁枚曾说:"文似看山不喜平。"但很多同学写的文章平淡如水,让人读起来味同嚼蜡。再看《社戏》,写事情,把事情写得有曲折,有波澜,扣人心弦,引人入胜。写心情,把人物的抽象感情"喜怒哀乐",写得具体、可感、生动、传神。为了引领学生写好人物抽象的心情，这节课我重点聚焦了两个情节，即"戏前波折"和"看戏"。这两个情节都是"一波三折"的典范。就这样，学生在老师的引导下，边读边品边提炼，总结出了鲁迅先生写抽象"心情"的三把"金钥匙"，并当堂进行了作文练笔。通过批阅学生作文，我发现这节《跟着"社戏"学写心情》作文课起到了很奇妙的作用，学生的作文开始有了"一波三折"，有的作文甚至达到了曲径通幽的效果。可见，老师思维一转变，学生写作思路全闪现。

【课例点评】

尺水兴波，曲径探幽
—— 品评刘艳红老师《跟着〈社戏〉学写心情》课堂"微镜头"
欧阳艳

《社戏》是初中语文教材中的经典之作，无数名师都曾匠心独运，打造了个性鲜明、巧妙绝伦的课堂设计，这些设计就像一座高峰，横亘在无数执教者面前，不敢逾越。对于《社戏》这篇经典小说，相信很多执教者都是把它的情节、人物、主题、语言等全牢牢拽在手中，一个都不想舍，最终带着学生跑龙套、走过场，累得人仰马翻。刘艳红老师却"弱水三千，只取一瓢饮"，聚焦"心情"，于尺水兴波处曲径探幽。

站在经典文本面前，我们眼花缭乱，垂涎三尺，选择恐慌，什么都想要，什么都想品，最终贪多贪全，囫囵吞枣，什么滋味也未品咂出来，还造成肠胃大紊乱。刘艳红老师却运用青春语文文本特质与课型创新思维，她挣脱主题纠缠网，把《社戏》定位为写作型文本，然后断舍离在高峰处开辟新天地。她将教学聚焦于《社戏》这篇小说曲折的叙事美之"心情"，引导学生跟着鲁迅先生学着把抽象的"心情"写得具体、形象、可感。

断舍离后的小聚焦彰显的是一个老师解读文本的大功力，折射的是一个老师课堂艺术的大智慧，见证的是一个老师运筹帷幄的大境界。

因为课型鲜明、目标明确，刘艳红老师冲破内容繁杂阵，于尺水兴波处，带领学生到鲁迅的文字里曲径探幽。她带领学生潜进《社戏》5—11段的"看戏前的波折"片段，精心设计课堂活动：请同学们以小组为单位用"曲线"表达一下"我""一波三折"的心情变化过程。这样有趣的活动让学生在文字里曲径探幽后惊喜地发现"我"的心情变化曲线：盼来社戏——心中喜悦；叫不到船——真是可惜；借不到船——急得要哭；伙伴看戏——我很失落；戏后述说——我很沮丧；双喜提议——闻言欣喜；没人陪同——我又失望；双喜担保——柳暗花明；出门看戏——快乐异常；看戏途中——兴奋"自失"。从老师定点于"心情"，到学生自主探究拎出变化曲线，彰显出的是刘艳红老师课堂设计的大智慧。

梳理出"我"的心理变化曲线后，刘艳红老师再次把课堂的镜头微聚焦：短短的几段文字鲁迅先生是如何把"我"的"急"和"喜"描写生动、传神的。她带着学生拿着显微镜细细观察，静静感受着每一个词语的温度与特质，虔诚地聆听它们的心跳与呼唤。刘艳红老师带领学生在尺水兴波处发现了两把写心情的金钥匙：从写"急"的三句话从三个角度总结出写"心情"的第一把金钥匙"直接写+幻觉+描写"法；从写江南月夜的"美景"处，发现这段精彩的环境描写原来是在有味、有形、有声、有色地刻画了"我"的"喜"，这就是鲁迅先生写"心情"的第二把金钥匙"环境烘托"法。这次镜头的微聚焦体现的是刘艳红老师解读文本与运用文本的不俗功底。

如果说这节课的第一个课堂微镜头彰显的是刘艳红老师解读文本的功力，那么第二个课堂微镜头的设计见证的则是她运筹帷幄的大境界。这一次课堂的镜头微聚焦于看戏后的"失望"。她放开拳脚，让学生自己在文字的碧波处探奇。在碧波处，学生遇到熟悉的"风光"，也在老师求同比异的带领下，发现新珍宝：妙趣横生的虚词与小伙伴们的表现都是从侧面表现"我"的失望——"侧面描写"法就是鲁迅先生写"心情"的第三把金钥匙。无论课堂走向何处，刘艳红老师都知道学生需要什么，应该把学生引向文本的何处，这就是一位名师运筹帷幄的大境界。

正是因为刘艳红老师解读文本的大功力、设计课堂的大智慧、运筹帷幄的大境界，学生才能在《社戏》尺水兴波处曲径探幽，寻觅到写心情的三把金钥匙，并学以致用，当堂进行课堂练笔：在写自己的故事时，把抽象的感情"喜怒哀乐"写具体生动。

整堂课的设计，刘艳红老师大刀阔斧断舍离，摆脱主题另辟蹊径，撞开知识豆腐墙，带领学生潜入文字深处，探索经典文本的写作密码。好一个在文本的尺水兴波处我们亦能曲径探幽！

欧阳艳，湘潭市益智中学语文高级教师，王君青春语文名师工作室成员，《快乐作文》专栏作家，重庆出版社《作文素材 中考版》特约编委与优秀编委。

3.《跟着〈春〉学写景》课堂"微镜头"

授课学生	山东省滨州市邹平市魏桥实验学校七年级学生
文本类型	写作型
课堂特色	聚焦《春》，提炼写景"金钥匙"。
授课时间	2021年4月15日

【设计说明】

朱自清先生的《春》是一篇满贮诗意的散文。它以诗的笔调，描绘我国南方春天特有的景色：绿草如茵，花木争荣，春风拂煦，细雨连绵，一派生机与活力；在春境中的人，也精神抖擞，辛勤劳作，充满希望。《春》是一幅春光秀丽的画卷，《春》更是一曲赞美青春的颂歌。对于这篇文章的学习，我意图让学生通过朗读课文，寻找写景的金钥匙，培养学生发现美、书写美的能力。

按照"解读内涵三层次方法"，文本第一层显性内容是景物描写的重要性。这一层让学生在阅读文本的基础上即可完成，这是写作的起点；第二层隐性意脉是学生学会运用景物描写的技巧和方法进行写作。这一层需要教师以《春》为例子，引导学生总结、提炼写景的"金钥匙"，方能实现。第三层最终的指向是学生学会欣赏身边的美景，学会书写身边的美景。

【课堂微镜头】

"微镜头"之一"景物描写之'金钥匙'"

师：上课前，我先给大家讲一个小故事：一对无话不说的好朋友相遇了，其中一个兴奋地说："我暑假去威海看海了，那海可真美啊！"好朋友听后，很冷淡地回了一句："怎么个美法？"看海的小伙子顿时哑口无言了。听了这个故事，你有什么想法？

生：这个故事说明景物描写要将你看到的听到的感受到的通过语言描绘

给别人听！

师：那么，如何把我们头脑中的那幅画面，用文字表达出来呢！今天老师给大家带来了景物描写的四把金钥匙，不过需要大家自己用心"寻找"哦。

师：老师给大家带来的第一把"金钥匙"就隐藏在朱自清《春》的"春花图"中：桃树、杏树、梨树，你不让我，我不让你，都开满了花赶趟儿。红的像火，粉的像霞，白的像雪。花里带着甜味；闭了眼，树上仿佛已经满是桃儿、杏儿、梨儿。花下成千成百的蜜蜂嗡嗡地闹着，大小的蝴蝶飞来飞去。

屏显这段文字。

师：老师配乐朗读，请大家闭上眼睛，边听边想象画面。等会儿我们交流画面内容。

师配乐朗读——生想象画面。

生：我仿佛看到了花儿们竞相开放的场景，低头一闻，我还嗅到了花的香气。花儿们漂亮极了：红的像火，粉的像霞，白得像雪，我忍不住为花儿们连拍了多张照片。闭了眼，我仿佛看到了树上仿佛已经满是桃儿杏儿梨儿，水果的香气迎面扑来。

师：你描绘的画面真美。老师想问大家，这么美的画面，朱自清先生是怎样描绘出来的呢？

生：用了拟人、比喻、排比等多种修辞手法。

师：嗯，善用修辞。还有吗？

生：作者还调动了多种感官感受春花，如听觉、视觉、嗅觉等。

师：对，调动全身的感官感受春天的美景。

生："你不让我，我不让你"用了拟人；"红的像火，粉的像霞，白的像雪"用了排比、比喻；"花里带着甜味"用了味觉。"嗡嗡"是听觉；其他句是视觉；"闭了眼，树上仿佛满是桃儿、杏儿、梨儿"这是作者的联想和想象。

师：你为大家解读得更细致了，为你点赞。第一把"金钥匙"被大家"寻找"到了。它就是什么？

生：感官+修辞。

师：请大家记下来，把景物描写的第一把"金钥匙"装入自己的"口袋"中。

生记录。

师：当我们进行景物描写的时候，用上几种感官或某种感官加上几种修辞或某种修辞去展现，从而制造情境的真实感。大家还能举出课本中这样的例子吗？

生："雨是最寻常的，一下就是三两天。可别恼。看，像牛毛，像花针，像细丝，密密地斜织着……"这是视觉加上排比、比喻等修辞体现春雨特点的例子。

师：是的，你脑子转得好快！这就是第一把"金钥匙"感官+修辞的妙用。

生恍然大悟。

师：下面请同学们听一首老师最爱的歌曲沙宝亮的《暗香》，《金粉世家》的主题曲。这首歌曲曾风靡一时。听歌的过程中，把打动你心灵的歌词记在脑海中。

学生听经典歌曲《暗香》。

师：谁想分享一下自己最喜欢的歌词？

生：我最喜欢"当花瓣离开花朵，暗香残留"这句歌词，特别是"离开""残留"打动了我。太凄美的画面。

生：我最喜欢"香消在风起雨后，无人来嗅"这句歌词，感觉一缕缕香气扑鼻而来，但却无人能闻到如此醉人的花香，凄然、凄凉。

生：我喜欢"如果爱告诉我走下去，我会拼到爱尽头"这句歌词，我从中感受到了"主人公"为了自己所爱的人坚定前行的信念。

师：是啊，歌词开头描写了雨后花瓣零落的自然环境，渲染了淡淡的伤感。结尾处抒发了主人公对爱情的执着追求。这种情景相融的歌词，既创设了唯美的画面，又表达了真挚的情感。配上优美的旋律，难怪风靡一时，成为吹捧的经典歌曲。你能透过歌词寻找出词人写作的奥秘吗？

生：词人巧妙地使用景物描写衬托主人公的心情。

师：对，这就是老师带给大家的第二把景物描写的"金钥匙"，谁总结一下？

生：景物描写之烘托法。

师：对，景物描写既可衬托人物的心情，又可烘托淡淡的悲伤气息。你能从学过的文章中再找出一个例子吗？

生沉思。

生：《雨的四季》。

师：对！一切景语皆情语，所有的景物描写都包含着作者的某种感情，或高兴或忧愁，或喜爱或厌恶。好，咱们再来"寻找"景物描写的第三把"金钥匙"。

生记录。

师：看，《春》中又一段"经典"文字：花下成千成百的蜜蜂嗡嗡地闹着，大小的蝴蝶飞来飞去。野花遍地是：杂样儿，有名字的，没名字的，散在草丛里，像眼睛，像星星，还眨呀眨的。请同学们自由朗读文段，边读边想象，最后给文段拍两张照片。

学生自由朗读文段。

生：我给野花拍了两张照片。小野花太漂亮了，看，像眼睛，像星星，亮晶晶的。

师：同学们，纪录片中经常先航拍一段大森林，然后再近景拍其中的鸟类，地面的昆虫……也就是先找出比我们大的景物，比如树木、河流、草原、山峰等等。再找出比我们小的景物，比如小花儿、小草儿、蚂蚁、蜻蜓等等。再将这些事物组合在一起。谁再来说拍的照片？

生：我拍了两张照片：一张全景图，一张特写图。全景图中有无数盛开的鲜花，花下有飞舞着的蜜蜂和蝴蝶，全景图是动态图，需要抓拍得及时。我拍的特写镜头是小野花，虽然这些小野花不知名，但是却都很亮眼睛，我给它们拍了特写，记录下"隐藏"的"美丽"。

师：哦，你的照片堪称"大片"，特别是全景图，太赞了。若有机会，你可以把全景图转化成"抖音"。第三把"金钥匙"又被同学们找到了，它就是什么？

生：全景＋特写。

师：同学们能从课文中找出这样的例子吗？

生沉思。

师：《济南的冬天》写山时有没有写山上的树木？

生：哦。"最妙的是下点小雪呀。看吧，山上的矮松越发的青黑，树尖上顶着一髻儿白花，好像日本看护妇。山尖全白了，给蓝天镶上一道银边。"

师：对，这就是全景+特写，先写济南的山，后写山上的矮松，树尖。继续寻找第四把景物描写的"金钥匙"。再来听一首歌曲《卷珠帘》，听的过程中，看哪个词打动了你？

生听歌曲。

生："细雨落入初春的清晨，悄悄唤醒枝芽"中"悄悄唤醒"打动了我，因为这两个词太有表现力了，它让"枝芽"有了蓬蓬勃勃的生命力。

师：这种写法是什么？

生：化静为动。

师：对，你太用心了。第四把景物描写的"金钥匙"被你找出来了。它就是"化动为静"。在课文中，你们还能找到这种写法吗？

生：素湍绿潭，回清倒影，绝巘多生怪柏，悬泉瀑布，飞漱其间。

师：对，景物描写大多数都是静的，如果仅仅是单纯地将这些静态的景物描述一番可能会略显呆滞，缺乏美感。所以我们有时需要将静态的景物动态化。如何能做到这一点呢！

生：可以通过"拟人"的修辞方法实现。

师：对，这是一种很简单实用的写景方法，将本来没有动作的景物加上动作，化静为动，妙。最经典的要数王安石的那句"春风又绿江南岸"，一个"绿"字既有动态，又有颜色，非常精妙。

生记录。

师：同学们，现在谈谈这节课你学到了什么？

生：景物描写的四把"金钥匙"：感官+修辞；景物之烘托。

生：全景+特写；化静为动。

师：同学们，一段好的景物描写是通过把各种技巧自如混搭来制造作者想要的效果的。掌握这四种写景的技巧和方法，你就能把各种景物描写地跃然纸上，让读者如身临其境。

"微镜头"之二 "学以致用，牛刀小试"

师：请妙用景物描写的四把"金钥匙"修改早自习完成的"校园一景"片段。

生修改完善。

师：谁先起来分享？

生：校园一景：我悠闲地漫步在校园中，抬头便看见了一棵棵青葱的柳树。正值秋季，它的树叶微微泛黄，像是穿上了一件新衣服。一阵风吹来，它便随风摇曳，发出唰唰的声音，像个俏皮的小姑娘，正自由自在地玩耍、歌唱。我多想像她那样自由领略这世界的万千风光。

师：你来点评一下？

生：写得太好了，他巧用景物描写的第一把"金钥匙"，即修辞，把一棵棵树写得活灵活现，赞。

师：你的点评很到位，你是他的知己哦。

生：校园一景：在教室的窗外，你会看到似仙境般的景色。早上，你会听到鸟儿叽叽喳喳的叫声。窗外的柳树还没有苏醒，树上的露珠还有清晨的芳香。晚上，疲惫一天的鸟儿都归巢了，原本寂静的树丛中，又多了鸟叫声，它们仿佛是个机警铃，一直叫着。

师：景物描写的"两把金钥匙"，即第一、二把"金钥匙"用得炉火纯青。

生：校园一景："碧玉妆成一树高，万条垂下绿丝绦"，簇拥在一起的柳叶，随风舞蹈。它是那样轻盈，风一吹动，柳叶在溪水中荡起，溪水的每一滴水珠都在伴随着柳叶舞动，像娇羞的少女在水中嬉戏，她是那样天真、美丽。

师：可以给"柳叶"和"溪水"拍个特写镜头，太生动形象了。

生：校园一景：看，窗外满是绿色。扒开窗，向外张望，一眼就被那与楼齐高的大树所吸引。目光所及之处，全是它那摇曳的身姿。它们有的跳跃，有的蹲下，所呈现出的曲曲折折的线条才是最美的。飞奔下楼，走到大树林底下，抬头看，丝毫没有阳光照射到我，身上清清凉凉，很是舒服。

师：全景＋特写，景物描写的第三把"金钥匙"用得妙。

生：校园一景：校园的茉莉花开了，花很小，一片雪白，远远就闻到了浓郁的香气，风一吹像飘落的雪花。

师：此处必须有掌声，观察真细致，茉莉花写得真美，若能在结尾处加上自己的想象会更妙。

生：修改：校园的茉莉花开了，花很小，一片雪白，远远就闻到了浓郁的香气，闭了眼，似乎见到了花仙子在散播香气。

师：你看，这样一"改"就更妙了！

生：校园一景：沙沙，沙沙，起风了。校道上两旁的树迎风摇动着，叶儿随着风舞动，像一个可爱的精灵，轻拂在我的手上，好舒服。风里夹着青草翻动的淡淡的清香，还有花儿怒放的气息，红黄白紫，让人应接不暇。闭上眼，这味儿还有点儿甜呢。

师：充分调动了全身的感官感受美景，再加上想象的"加持"，实在是妙！

生：我就写了两句：操场旁的乔木被风吹得哗哗响，天气阴沉沉的。我的思绪乱成麻。

师：虽然只有两句，但景物描写的第二把"金钥匙"用得很传神，环境描写巧妙烘托了"乱如麻"的"思绪"。

生：我站在教室门口，望着绿荫道上郁郁葱葱的老树，清晨的朝阳给整个校园披上了金色的外衣。忽然看到一只鸟飞到老树中，然后听到"喳喳喳"的叫声。好奇的我跑过去张望，发现有个鸟窝在树上，有几只雏鸟正在探头探脑往外看，刚飞回的那只鸟似在给它们喂食，好温馨的一幅画面啊！

师：全景＋特写啊，第三把景物描写的"金钥匙"用神了。

生：我就写了一句：窗外的日光收回了骄横，草儿又重新直起了腰杆，花儿又绽开了她的笑脸。

师：拟人修辞用得炉火纯青，也很精彩。

师：同学们，今天老师给大家的"礼物"，大家都已收到了，即景物描写的四把"金钥匙"。同学们不仅把"礼物"放进了自己的行囊，而且都已经学会运用到自己的作文中了，为大家喝彩。希望同学们带着这四把"金钥匙"打开写作之门，让自己的写作园地变得郁郁青青，鲜花盛开。

【自评自悟】

对于作文教学，部编版之前的教材是不成系统的。部编版教材问世后，我惊喜地发现这个版本的教材作文体系构建得比较科学、规范。科学，是因为作文训练的序列符合学生的认知规律；规范，是因为作文训练的内容干货满满。所以，我们完全可以按照部编版教材的序列进行有效作文训练。这节作文课是我今年执教的一节校级公开课，特整理下来，跟大家一起研讨。

1. 关于写作兴趣

写作兴趣的激发至关重要。一个不爱写作的孩子，老师无论怎样指导，都是写不出好文章的。所以，激发学生的写作兴趣是写好作文的第一步。如何激发学生的写作兴趣呢？我认为老师的鼓励、点拨、引导非常重要。在这方面，赵方新老师提倡的师生"同写"就是妙招之一。当然，每个老师都有自己的专属妙招，这里不再赘述。

2. 关于写作方法

我一直坚持认为作文课上写作方法的指导是必要的。在学生乐写的基础上，老师给予学生必要的写法指导，学生才会让自己的作文"升格""变装"。好作文是改出来的，这一点毋庸置疑。那么，学生怎么改呢？改的依据是什么呢？我认为，学生改的依据就是老师点拨、归纳的写作方法。写作方法是"顶层设计"，是"理论"。写作则是对理论的"实践"和"运用"。只有在科学的"方法"的指导下，学生才能写出佳作。

这节课，我以发现《春》中写景的"金钥匙"为课堂主线，引领着学生提炼出了写景的四把"金钥匙"。从学生之后的习作中，我发现大部分孩子学会了描写身边的景，可见，这节课的写作目标已然实现。

【课例点评】

芳草鲜美，落英缤纷
—— 品评刘艳红老师《跟着〈春〉学写景》课堂"微镜头"

陈群

对于普通语文教师来说，写作教学通常是老大难，不知道课堂上究竟怎么教学生，或者煞费苦心教过之后，收效却甚微。跟着艳红老师的微镜头，进入了她的景物描写作文课，就像初入桃花源的渔人，经历了"初极狭，才通人，"到"豁然开朗"，最后收获了"芳草鲜美，落英缤纷"的课堂美景。

细细品味，反复咀嚼，我认为以下几点非常值得学习：

一、以教材为基点——实用

本节课为八年级上册第三单元的单元作文课——景物描写。教材编写者是在一组写景的古诗文——《三峡》《答谢中书书》《记承天寺夜游》《与朱元思书》及《唐诗四首》的基础上设置的这节作文课，意在让教师教会学生景物描写，艳红老师的课就这样诞生了。她遵循了编者的意图，做到了以教材为基点的实用性原则。

本节课，艳红老师首先以小故事的形式强调了景物描写的重要性，然后带领学生从学过的文本中寻找景物描写的"金钥匙"：

教师配乐朗读朱自清《春》中的"春花图"中的部分语句，学生闭眼，边听边想象画面后进行交流，寻到了景物描写的第一把"金钥匙"——"感官+修辞"，随后又以《春》中的"春雨图"再次印证景物描写的这把"金钥匙"。

这一步教学，不敢说灵动，但绝对实用。八年级的学生对于升入初中以来的第一篇课文《春》是再熟悉不过的，在学习过古人的写景诗文之后，进行这样的回顾与总结，提炼出写作技巧，恰到好处，水到渠成。

接着，艳红老师继续围绕教材中的经典写景段落进行方法的传授：分别涉及《雨的四季》《春》中的"春花图"的后半部分，《济南的冬天》《三峡》等，依次归纳总结出景物描写的一把把"金钥匙"——景物之烘托；全景+特写；化静为动。

回顾这节课，关于写作技巧的传授，艳红老师一直将教材作为中心，以教材中那些经典的写景段落为中心，由七年级的简单现代文到八年级复杂的文言文，既充分挖掘了教材的写作教学的价值，又注意到了学生的接受能力，这种实用性是本节课获得成功的关键。

二、用歌词巧创新——灵动

艳红老师的课，除了以教材为基点的实用性之外，还具有青春语文课堂的灵动性，最典型之处是其对教学内容的选择上。

本节课，为了令学生较好地掌握景物描写的方法与技巧，艳红老师不仅选择了教材中的经典文本，她还将自己的教学内容向更深处，更灵动、更贴近生活的方向蔓溯，那就是将学生喜欢的流行歌曲的歌词开发成了有效的教学资源。

比如借朱自清的《春》中"春花图"的语段带领学生分析出了景物描写的第一把"金钥匙"——"感官+修辞"之后，艳红老师便请学生欣赏了《金粉世家》的主题曲《暗香》，边听边让学生把打动心灵的歌词记在脑海中，随后进行分享；在寻找第四把景物描写的"金钥匙"的环节中，艳红老师又安排学生听《卷珠帘》的歌曲，在听的过程中，思考被哪个词打动了的问题，在随后的讨论中归纳总结出景物描写的第四把"金钥匙"——"化静为动"。

流行歌曲通俗易懂，易在青少年中流传，具有时代特征，甚至很多都反映了青少年的心声，而流行歌曲的歌词中蕴含着丰富的修辞和诗词元素等语文课程资源。因此，将流行歌曲引入语文课堂，尤其是将歌词作为教学资源运用在写作教学中，这一高明做法绝对是由授课老师的眼界视野、生命状态、文本解读水平等决定的，正是这种教学资源的创新，才让课堂充盈着灵动之美，更能够吸引学生的注意力，调动学生的学习兴趣。

三、看习作评教学——成功

我认为，成功的语文课，离不开精彩的课堂生成；而成功的写作教学课，必须建立在学以致用的学生作品的输出上，也就是说，假如老师对于写作侃侃而谈，大讲特讲，但学生听后依然不知如何写作，依然无法呈现出优质的习作，这样的写作教学就是花架子，就是无效教学。

无疑，艳红老师的写作教学课属于前者，仅仅从学生这些习作的呈现上，我们便可以毫不犹豫地评价，这节景物描写作文课，非常高效，非常成功。那一把把金钥匙真的开启了学生的写作思维，开启了学生景物描写的新面貌。不妨一起来欣赏！

第一位学生的校园一景：我悠闲地漫步在校园中，抬头便看见了一棵棵青葱的柳树。正值秋季，它的树叶微微泛黄，像是穿上了一件新衣服。一阵风吹来，它便随风摇曳，发出唰唰的声音，像个俏皮的小姑娘，正自由自在地玩耍、歌唱。我多想像她那样自由领略这世界的万千风光。

这段景物描写正如后面的学生点评：写得太好了。他巧用景物描写的第一把"金钥匙"，即修辞，把一棵棵树写得活灵活现。

再看第二位学生的校园一景：在教室的窗外，你会看到似仙境般的景色。早上，你会听到鸟儿叽叽喳喳的叫声。窗外的柳树还没有苏醒，树上的露珠还有清晨的芳香。晚上，疲惫一天的鸟儿都归巢了，原本寂静的树丛中，又多了鸟叫声，它们仿佛是个机警铃，一直叫着。

越读越欣喜，一个段落又一个段落，均为那些"金钥匙"开启出的美丽景色。此时的我，早已如进入桃花源的渔人般，收获了"芳草鲜美，落英缤纷"的课堂美景。

试想，如果每一位语文老师，都能够像艳红老师这样去进行写作教学，我们怎么还为学生们写不出好作文而烦恼呢？

陈群，王君青春语文名师工作室成员，昌黎县初中语文名师工作室主持人，语文湿地专栏作者，市级骨干教师，市级作家协会会员，市级优秀班主任。

4.《跟着〈飞天凌空〉学描写》
课堂"微镜头"

授课学生	山东省滨州市邹平市魏桥实验学校八年级学生
文本类型	写作型
课堂特色	跟着《飞天凌空》，提炼描写"金钥匙"。
授课时间	2021 年 3 月 18 日

【设计说明】

　　作文是语文的半壁江山，无论是在考试还是在学生的人生中，都占据非常重要的地位。如何引导学生写好作文，不同的老师有不同的方法，不同的老师运用不同的材料。其实，在我们身边，就有非常好的资源——语文课本。选入初中语文课本中的每一篇文章都是千挑万选、文质兼美的，其中不乏大家之作。只要用心，我们就能从中发现蕴含的写作技巧。

　　备教《飞天凌空》一课时，我发现这篇写于1982年的新闻特写，堪称精当运用动词的经典范文。全文仅仅540余字，但作者却别具匠心地选用了百余个动词。30多年前的新闻特写，今天再读它，依然觉得比赛像刚发生一般，现场动态感十足，难怪此文被评为全国好新闻一等奖。

　　按照"解读内涵三层次方法"，文本第一层显性内容是吕伟以精湛的跳水技艺获得亚运会冠军。这一层学生读完文本即可理解，这是课堂的起点；第二层隐性意脉是让学生学会运用正面描写与侧面描写相结合的技巧和方法刻画人物，让学生在品读中寻找正面描写和侧面描写的"金钥匙"。在此基础上，老师引导学生把"金钥匙"转化为写作思想，转化为写作思路。这一层需要教师以课文中的文段为范例，引导学生总结、归纳并运用，方能实现；第三层最终指向是引导学生跟着《飞天凌空》会描写，这是课堂的终点。

【课堂微镜头】

"微镜头"之一 "正面描写之动作描写有'妙招'"

师：上课之前，我们先来"看"一位美女：一位女子，头上梳着堕马髻，耳朵上戴着宝珠做的耳环；浅黄色有花纹的丝绸做成下裙，紫色的绫子做成上身短袄。通过对这位女子的发型、穿戴的描写，你觉得她美丽吗？如果美丽值满分10分的话，你打算给她打几分？

生：我打算打6分，因为这位美女的穿搭确实亮眼。

师：我们接着往下看：走路的人看见她，放下担子捋着胡子注视她。年轻人看见她，禁不住脱帽重整头巾，希望引起她的注意。耕地的人忘记了自己在犁地，锄地的人忘记了自己在锄地，以致农活都没有干完，回来后相互埋怨，只是因为仔细看了她的美貌。请大家再给她的美丽打分。

生：我打10分，因为大家看见这位美女都变成了"花痴"，足见她真的太美了。

师：通过写行者、少年、耕者、锄者见到她都停下所做的事而忘我的样子，我们觉得这名女子十分美丽。两段文字共同刻画了一位人见人爱的美丽女子——秦罗敷。如果说美丽值是十分，那这名女子就是十分美丽了。请同学们思考一下，两段文字"合体"，如何刻画十分美丽的"秦罗敷"的呢？

生：第一段文字是对秦罗敷"美丽"的正面描写。

师：那么，第二段文字呢？

生：第二段文字是对秦罗敷"美丽"的侧面描写。

师：对，今天我们就跟着《飞天凌空》学用正面描写加侧面描写相结合的方法写人物。

生若有所悟。

师：《飞天凌空》记录了前中国跳水运动员吕伟在1982年新德里亚运会上夺冠的情景，此文发表于1982年11月25日《光明日报》，由夏浩然、樊云芳采写。仅540多字的新闻特写堪称新闻经典范文，据查，该作品被评为全国好新闻一等奖。

生油然升起敬佩之情。

师：这篇新闻稿已经发表30多年了，今天再来读它，依然觉得比赛像刚发生在昨天一样，你们觉得这归功于什么呢？我们一起到《飞天凌空》一文中去寻找一下答案吧。

生充满了期待。

师：我们看看两位记者是如何描写吕伟1.7秒的"跳水"动作的？集中在课文的哪几段？

生：第二、三、四段。

师：对，我们先来看这三段文字：轻舒双臂，向上高举，只见吕伟轻轻一蹬，就向空中飞去。那一瞬间，她那修长美妙的身体犹如被空气托住了，衬着蓝天白云，酷似敦煌壁画中凌空翔舞的飞天。// 紧接着，是向前翻腾一周半，同时伴随着旋风般空中转体三周，动作疾如流星，又潇洒自如，一秒七的时间对她似乎特别慷慨，让她从容不迫地展开身体优美的线条：从前伸的手指，一直延续到绷直的足尖。// 还没等观众从眼花缭乱中反应过来，她已经又展开身体，像轻盈的、笔直的箭，哧地插进碧波之中，几股白色的气泡拥抱了这位自天而降的仙女，四面水花悄然不惊。请同学们边读边"模仿"着做跳水动作。

生自由读，边读边模仿"跳水"动作。

师：同学们，30多年前的新闻依然感觉如在眼前，你觉得这归功于什么呢？

生：归功于两位记者的精彩描写，描写吕伟跳水时作者别具匠心地选用了精准的动词。

师：你的目光独特，眼光敏锐，看得很准。你能说说用了哪些动词吗？

生：向上高举，轻轻一蹬，向空中飞去。向前翻腾一周半，空中转体三周，又展开身体，哧地插进碧波之中。

师：你找得很准，吕伟的动作都被你"发现"了，很棒。老师想问大家，怎样写好一组连贯的动作，你们从这三段的描写中获得了什么写作启示呢？

生自主思考——小组交流。

师：谁先说一说？

生：描写一组连贯的动作要学会分解动作。

师：记者把现场观察摄取的跳水这一刹那及一连串的跳水动作，用电影分镜头的艺术表现手法，逐一摄下、定格、放大。这一连串特写镜头、慢镜头，描摹出吕伟精彩刹那的具体形象，让读者产生了比看电视还要深刻的印象，这就是典型的"慢镜头""特写镜头"。你真是慧眼，发现了动作描写的小妙招之一"分解动作"。

生记笔记。

师：除了"分解动作"，大家还有别的发现吗？

生：妙用修辞。

师：你能具体说一下吗？

生："那一瞬间，她那修长美妙的身体犹如被空中托住了，衬着蓝天白云，酷似敦煌壁画中凌空翔舞的飞天"运用了比喻的修辞手法，把吕伟"修长美妙的身体"比作"敦煌壁画中凌空飞舞的飞天"，描写了吕伟跳水时的美丽身姿。

师：对，还有运用修辞的句子吗？

生："动作疾如流星"，也是比喻，说明当时吕伟的动作之快，像流星一样转瞬即逝了。

生："伴随着旋风般空中转体三周"中的"旋风"也是比喻，说明吕伟动作之快之猛。

生："她已经又展开身体，像轻盈的、笔直的箭，哧地插进碧波之中"，运用比喻的修辞手法，把吕伟比作轻盈又笔直的箭，说明吕伟跳水技艺之高超。

生："四面水花悄然不惊"，运用了拟人的修辞手法，通过水花的"悄然不惊"，表达吕伟跳水动作的"精妙"。

师：同学们又找到了动作描写第二个小妙招"妙用修辞"。

生整理笔记。

师：这就是对吕伟跳水的正面描写之动作描写的两个小妙招，希望大家装进自己的写作"口袋"。

"微镜头"之二 "人物侧面描写有'妙招'"

师：这篇新闻稿若只有第二、三、四段也算是一篇完整的新闻了，为什么作者还写了其他内容？

小组交流、研讨——组长记录。

师：哪个小组的组长起来汇报一下？

生：除了第二、三、四段，其他的内容都是侧面描写。

师：对，这篇文章最大的特色就是正面描写与侧面描写相结合的写法。整篇文章不过是记叙中国跳水姑娘吕伟夺取桂冠的一秒七，但作者通过正面描写与侧面描写相结合，使得文章引人入胜，收到了极强的艺术效果。下面，就让我们一起寻找侧面描写的"金钥匙"吧。对于侧面描写，大家有什么疑问吗？

生：老师，什么是人物侧面描写呢？

师：人物侧面描写，又叫间接描写，是指在文学创作中，作者通过对周围人物或环境的描绘来表现所要描写的对象，以使其形象鲜明突出，即间接地对描写对象进行描绘刻画。

生：老师，人物侧面描写有哪些作用？

师：它的作用是通过侧面描写来展现主要人物的风采。

生：我想知道，人物侧面描写有哪些方法呢？

师：下面我们就到《飞天凌空》一文中去寻找答案吧。出示文字："妙！妙极了！"站在我们旁边的一名外国记者跳了起来。这时，整个游泳场都沸腾了，如梦初醒的观众用震耳欲聋的掌声和欢呼声，来向他们喜爱的运动员表达由衷的赞赏。// 吕伟精彩的表演，将游泳场的气氛推向了高潮。她的这个动作"5136"，让几位裁判亮出了9.5分的高分。// 当一个印度观众了解到这个姑娘是中国跳水集训队中最年轻的新秀时，惊讶不已。他说："了不起，你们中国的人才太多了！"请以小组为单位根据上面的文段，进行微课本剧表演。1人饰演"外国记者"，1人饰演"印度观众"，1人当导演兼饰演观众，1人读"旁白"兼饰演观众。

小组排练微课本剧——2组同学全班展演。

师：通过同学们的表演，你感受到了什么？

生：吕伟跳水的精彩。

师：你是如何感受到吕伟跳水的精彩的呢？

生：外国记者都兴奋地跳了起来。

师：还有吗？

生：如梦初醒的观众爆发出了震耳欲聋的掌声和欢呼声。

生：裁判亮的高分。

生：印度观众惊讶不已地夸赞。

师：对，通过写外国记者、观众、裁判和印度观众（他人）来展现吕伟（主角）跳水的精彩，我们把这种写法叫作：以他人写主角。这是人物侧面描写的金钥匙之一。那么，对其他人物可以进行哪些描写呢？

生：人物语言烘托法。

师：对，通过描写旁边人物的语言来表现主要人物。

生：人物行动烘托法。

师：通过描写旁边人物的行动来表现主要人物。

生：人物心理烘托法。

师：通过描写旁边人物的心理活动来表现主要人物。同学们的悟性太高了。

师：还没等观众从眼花缭乱中反应过来，她已经又展开身体，像轻盈的、笔直的箭，哧地插进碧波之中，几股白色的气泡拥抱了这位自天而降的仙女，四面水花悄然不惊。请以同桌为单位有感情地互读，找出侧面描写的地方。

同桌自由互读。

生：侧面描写是"几股白色的气泡拥抱了这位自天而降的仙女，四面水花悄然不惊"。

师：从"几串白色的气泡"和"四面水花悄然不惊"中，你读出了什么？

生：写出了吕伟入水时漾起的气泡仅仅是"几串"，入水时"水花"的悄然无声——水花压得几近完美，表现了吕伟入水动作的完美。

师：通过写气泡和水花（他物）来展现吕伟（主角）跳水动作的完美，我们把这种写法叫作"以他物写主角"，这是人物侧面描写的第二把金钥匙。

生整理笔记。

师："她站在十米高台的前沿，沉静自若，风度优雅，白云似在她的头顶漂浮，飞鸟掠过她的身旁"。请同学们选择自己喜欢的方式有感情地朗读，继续寻找侧面描写的"金钥匙"。

生自由读。

师：侧面描写的句子交代了什么内容？

生：交代了吕伟跳水前的环境，白云与飞鸟构成了吕伟起跳前的优美环境。

师：环境描写起到了什么作用？

生：以白云、飞鸟之动衬托吕伟的沉静。

师：动静结合，对比烘托中，充分展现了吕伟的沉着冷静，坚定自信。

生顿悟。

师：我们把这种写法叫作：以环境写主角，这是人物侧面描写的金钥匙之三。我们一起总结一下人物侧面描写的三把"金钥匙"：以他人写主角；以他物写主角；以环境写主角。

生整理笔记。

师：正面描写和侧面描写相结合的写法，更有力地烘托了吕伟跳水动作的出色完美，技艺精湛，精彩绝伦。

生点头表认可。

师：下面，我们就来牛刀小试一下吧。周四，我们刚刚举行完了趣味运动会，同学们参加的项目很多，请选择自己印象最深刻的一到两个项目进行细致描写。温馨提示：用上正、侧面描写的"金钥匙"，时间为8分钟。

学生自主写作 —— 小组交流推荐 —— 全班交流展示。

师：请各小组推荐的作品依次上台展示。

生上台读作品。

师：10篇佳作出炉，让我们掌声鼓励。

精彩片段：（屏显）

片段一：朵朵白云在我们头顶上空自由飘荡着，飞鸟掠过我们强健的身躯自由飞翔着。一步，两步……我们到达了"欢乐"的"海洋" —— 操场。

"一分钟跳短绳"项目马上开始了。我一路小跑来到裁判老师跟前，侧身倾听完了比赛规则。"女中豪杰们"你争我抢地占领了"有利地形"。伴随着裁判响亮的哨声，大地被狠狠地抽打着，它似乎抱怨着："我招谁惹谁了呀？！"我们压根不予理睬，自顾自地跳着。"二十三，二十四，二十五……"我嘴上不停地嘟囔着，两只手不停地抡着。"啊！这绳子怎么卷起来了啊。"我吐槽着，但"跳绳"的动作却没有丝毫减慢。"还剩最后十秒。"裁判老师说道。一听快到时间了，我立马慌了神，手和脚都不禁加速起来。

"加油，加油！"班里的"同学团"在一旁声嘶力竭地"狂喊"着，声音越来越大，越来越响亮。一刹那，我感觉自己的身体瞬间被点燃，我浑身充满了力量,短绳又急速地转动起来,此起彼伏,错落有序。哨子一响,时间到了。我感觉有点沮丧,脸上全是"不开心",心里不停地埋怨道:唉!我明明还可以更好的。好友看出了我的心思,不停地鼓励道:"挺好的啦,都跳这么多了还不开心?"我才舒展开紧皱的眉头。

  片段二:迎来了我最喜欢的项目——拔河!虽然等待许久,虽然腿站麻了,但我依然兴奋不已。我们三步并作两步地飞奔到粗绳的另一端。我用力地攥紧粗糙的绳子,绳子上满是硬邦邦的杂草。旁边围观的人群契合地形成了一堵"墙",简直连一点风都透不过去。"呜——"比赛开始,我们的对手是实力强劲的九班。我们死握粗绳,开始发力。"呜——"裁判的手势还未落下,我们就已经感受到了强劲的敌力。我重心使劲往后倒,双腿挡在身体前面,把粗绳夹到两臂中间,手上使出"洪荒之力",脸上露出狰狞的表情。

  班主任在一旁加油打气,她嘴上不停地呼喊着,手上不停地"指挥"着,脚上不停地跺着,眉毛似乎都在空中飞舞。双方僵持不下,我不让你,你不让我。僵持了一分钟后,不知怎么回事,我们好像"神力"附体,直接把对方拽了过去。我们仍双手握得很紧,双腿不断地往后撤,重心都快要倒在身后了。一瞬间,对方丝毫没有还手之力,生生地被我们拽了两三米。"呜——"比赛结束。我们人仰马翻,豆粒大的汗珠滴滴分明。但听到热烈的掌声,我们都露出了欣慰的笑。

  天更蓝了,草更绿了,我们的心更"向阳"了。

【自评自悟】

  语文学科的核心能力是读与写。教材是语文教学的蓝本,课文永远是语文学习最生动的例子,这是我从教二十年来最真切的感受。所以,认真研读好教材,充分运用好课文,跟着课文学写作,在"操千曲而后晓声,观千剑而后识器"的情况下,是一种明智的选择。因为常用的作文技法,几乎没有哪一种是在课文这个"聚宝盆"中找不到例子的。所以,只要我们扎扎实实地教好教活每一课,让学生受益,我们的教学就是有效教学。

  今天我执教的《跟着"飞天凌空"学写作》一课,收到的最大惊喜就是学生跟着课文学到了描写的"金钥匙",并运用到了自己的写作中。学生以"趣味运动会"为题的作文提交后，我发现了很多佳作，真是让人惊喜不已。所以，强力推荐各位同仁尝试"跟着课文学写作"！

【课例点评】

九层之台，起于累土
—— 品评刘艳红老师《跟着〈飞天凌空〉学写作》课堂"微镜头"

王俊芳

读写结合是我们语文教学中非常传统、高效的教学方法，然而，读与写到底用什么样的方式结合才能达到更好的教学效果？在教育家叶圣陶先生看来，最好的办法就是用好教材这个"例子"。显然，艳红老师深入理解了叶老的这个观点，并用自己精彩的课堂来实践了这一教学思想。她将课文"飞天凌空"用足用好，精心撷取了两个精彩的课堂"微镜头"，展示了带领学生一路累土筑台的旖旎风光。

一、目中有台明架构

跟着课文学写作，不是漫无目的，亦步亦趋，在备课之初，教师就应"胸中有丘壑"，眼中有"高台"：这节课将从课文的哪个点出发，在写作的征途将学生带向何处，如何抵达，都应有一个明确的定位。这样，为学生"量课定制"一条拾级而上的通幽曲径，才能带着学生一路收获无限风光。

本课设计中，在展开教学之前，艳红老师就按照"解读内涵三层次方法"，站在课程架构的高度，清晰地理出了教学的三个层次：第一层，显性内容，吕伟以精湛的跳水技艺获得亚运会冠军，带着学生读通读懂，掌握文本内容；第二层，隐性意脉，带着学生在对课文的"品析文字"中寻找正面描写和侧面描写的"金钥匙"，并由此引导学生把正面描写与侧面描写方法转化为写作思想，变成写作思路；第三层，深层主旨，引导学生学会跟着课文学写作，由一篇到一类，学会模仿写作的基本方法，铭记课文是可供"学习"写作的"宝藏"。目中有台，清晰架构，这样的高层设计，避免了教学过程的零敲碎打，随意散漫，为高效教学奠定了坚实的基础。

二、步步为营巧累土

有了清晰的架构，如何在课堂教学中逐步推进各项教学活动，确保学生真正学会学好课文中潜藏的写作妙招？艳红老师精巧的设计做出了一个很好的示范。在"正面描写之动作描写有'妙招'"这一"微镜头"中，艳红老师化整为零，结合补充的文本，进行激趣、定位、模仿、还原、比较、归纳，使出花式"组合拳"，带领学生从课文对吕伟跳水的正面描写中，发现了动作描写的两个小妙招："分解动作""妙用修辞"。

整个教学过程没有灌输式教授的生硬呆板，全程充满了学生发现新知的兴奋与喜悦。在第二个课堂"微镜头"中，艳红老师没有让教学的脚步止于知道"侧面描写"的术语通识，而是将课文内容精确拆解，让学生在自导自演的微型课本剧中，体会到他人、他物和环境对表现主角的衬托作用。这样，学生就在富有情境感的学习活动中，真正理解和接受了"侧面描写"的概念、意义和具体写法。整个教学设计着眼的是学生的"学"，而不仅是教师的"教"，真正体现了"学习者中心"的教学理念，教师的教学设计可谓精巧、高效。

三、日积月累成高台

"操千曲而后晓声，观千剑而后识器"，艳红老师的教后记中写道：学生以"趣味运动会"为题的作文提交后，我发现了很多佳作，真是让人惊喜不已。这"惊喜"正是教师日复一日坚持带着学生"跟着课文学写作"后水到渠成的回报。她的学生在所展示的片段中表现出了很高的写作水准，生动传神的正面描写和侧面描写的多方配合，学生运用起来游刃有余，这些习作叙事生动，描写传神，可谓日积月累，高台终成。

艳红老师的课堂微镜头给了我们深刻的启发：利用好教材中的课文开展写作教学，将极大地提高课堂教学效益，因为，教材中的经典篇目不仅为学生习作提供范例，而且，教材的编排考虑到由浅入深、各个知识模块之间的区别联系等要素，便于教师组织目标明确的、有效的教学活动，所以，艳红老师带着学生"跟着课文学写作"，将阅读教学与写作教学有机结合，她呈现给我们的一个个"微镜头"展示了课堂组织的多样化，也表现出学生对阅读和写作的浓厚兴趣，学生的阅读和写作水平也必然会在这个过程中得到长足的进步和提高。

　　没有比脚更长的路，在读写结合的探索中，艳红老师定格一个个精彩的课堂"微镜头"，走出了一条开满鲜花的康庄大道。

　　王俊芳，王君青春语文名师工作室成员，镇江市学科带头人，江苏省丹阳市华南实验学校教师。

5.《跟着〈皇帝的新装〉学写人》课堂"微镜头"

授课学生	山东省滨州市邹平市魏桥实验学校七年级学生
文本类型	写作型
课堂特色	聚焦经典片段,提炼写人"金钥匙"。
授课时间	2021年12月23日

【设计说明】

《皇帝的新装》是部编版教材七年级上册第六单元一篇文质兼美的经典童话。童话开篇介绍皇帝,什么都不喜欢,唯独喜欢穿着打扮,这夸张、荒诞的介绍,为后文骗子行骗埋下伏笔。狡黠的骗子把人们引入了一个圈套:本来空无一物,但谁要点明真相,谁就等于承认自己愚蠢或不称职,这是全文的"魔咒"。这个"魔咒"讽刺了以皇帝为首的统治阶级的穷奢极欲、荒唐可笑。其实细细想来,人性的弱点自私、虚伪、虚荣不就是每个人的"魔咒"吗?面对自己的名利场时,几个人能摆脱这个"魔咒"呢。

按照"解读内涵三层次方法",文本第一层显性内容是对《皇帝的新装》的文本解读,这一层是课堂的起点;第二层隐性意脉是从《皇帝的新装》中提炼写人的"金钥匙"。这一层老师要以《皇帝的新装》经典文段为范例,引导学生边品边读边提炼,方能实现。这是课堂的重点,亦是难点;第三层最终指向是学生跟着《皇帝的新装》学会写人,这是课堂的终点。

【课堂微镜头】

"微镜头"之一 "'嘉宾'做客——抓住特点"

师:今天课堂上老师给大家邀请了几位嘉宾。第一位嘉宾是谁呢?它是多年来被大众熟悉的一个动画形象,它总能想出一个又一个办法,它屡战屡败,又屡败屡战,每一次失败之后,它都不忘警告对方一句——"我一定会回来的!"它是谁呢?

生：灰太狼。

师：老师想采访一下大家，你们能在众多的动画形象中立马锁定灰太狼先生，是源于它哪一个主要特点呢？

生：灰太狼的那句经典台词："我一定会回来的！"

师：哦，原来是源于灰太狼富有个性的语言特点。好，有请嘉宾继续登场。这是？

生：鲁迅的照片和漫画。

师：对比一下，看漫画作者突出了鲁迅外貌上的哪些特点呢？谁来说说？

生：鲁迅胡子很特别。

师：仔细观察，胡子像什么呢？

生："一"字式的胡须。

师：还有吗？

生：头发。

师：头发有什么特点？

生：一根一根直竖着。

师：同学们真是火眼金睛。漫画作者用夸张的手法突出了鲁迅的胡须、头发等外貌上的特点。再来看，这是谁的雕像？

生：李小龙。

师：你是怎么认出来的？

生：李小龙的招牌式武打动作。

师：哦，李小龙的动作特点。再看他，光头强有什么特点？

生：光头，外貌特点。

生：瞪着暴突的眼睛，眼睛瞪得好像要掉下来啦，这是神态特点。

师：同学们，几位嘉宾的到来，都想告诉我们描写人物时一定要抓住什么呢？

生：抓住人物特点。

"微镜头"之二"人物素描——初级挑战"

师：好，下面让我们来"牛刀小试"一下吧！

生跃跃欲试。

师：选择我们班你最熟悉的一个同学，抓住对方的特点（可以是外貌特点、也可以是标志性的语言、动作、神态特点），用50字左右给他"画"一幅肖像。（温馨提示：注意说的过程中不能出现对方姓名，看看你们小组能否猜出你说的是谁。）

生小组交流——全班交流。

师：你来说，大家猜。自己站起来说。如果被很多同学猜中，就说明你抓住了特点，人物速描环节就成功了！

生：他看上去也就30来岁，那张严肃的长方形脸上戴着一副黑宽边眼镜，两只不大的眼睛在镜片后边闪着亮光。在我的记忆里，好像他只有那么一身半新不旧的蓝衣服，袖子也总爱往上挽一截。每当下课的时候，他就把书本往胳肢窝下一夹，把用剩下的半截粉笔往口袋里一装，低着头，像找来时的脚印似的，慢慢地，一步步向着自己的办公室走去。

师：猜猜他是谁？

生：我们历史老师。

师：抓住了历史老师的外貌特点、动作特点，人物如在眼前，很棒。请继续分享。

生：近了，更近了，组长终于来到他的身边，像一座泰山定在他面前，嚷道："快交作业，快交作业！"他"嘿嘿"一笑，表情是那样滑稽，又是那样神秘，猛然，他把头一扎，像一条滑溜溜的泥鳅从组长胳膊旁闪过，脚底像抹了油一样飞奔逃走了。

师：再猜猜？

生：小彤。

师：哈哈，抓住了动作特点，很棒！谁来继续分享？

生：她上课总是面带微笑，那双大眼睛都能眯成月牙；有时眼睛和嘴巴又会张得很大，好似在对我们说："你们真厉害！"有一次我在做题，题目很难，我读出了声，她轻轻地走了过来，拍了拍我的肩膀，把手指放在了嘴上，嘴巴嘟着，眼睛瞪得圆圆的，做出了"嘘"的动作，示意我不要出声，免得影响他人。她还紧皱眉头，撇着嘴，斜着眼睛，做出了很生气的样子，让我哭笑不得，从此我记住了做题要保持安静。

师：猜猜？

生：我们英语老师。

师：抓住了神态特点，如见其人，棒啊。

"微镜头"之三 "例文引路——寻金钥匙"

师：同学们的人物"速描"都能抓住特点，非常成功！刚才我们看到的只是这些同学的外部特点，老师想了解他们的性格或者品质，你会接着怎么写呢？

生：还需要写他（她）的品质。

师：怎么写呢？下面，我们就一起到《皇帝的新装》中寻找写人的金钥匙吧。

生充满好奇。

师：下面自由朗读老大臣片段，边读边想象画面，最后给老大臣定格一张照片，并用（　　　　）的老大臣为你的照片取名。

生自由读——全班交流。

生：我拍到了一个口是心非的老大臣。

生：我拍到了一个内心惊慌，装作镇定的老大臣。

生：我拍到了一个虚伪的老大臣。

师：可见，写人物的性格或品质时，仍需抓住人物的主要特点。同学们，可是在皇帝心里，老大臣是什么样的呢？

生：诚实。

生：理智。

生：称职。

师：对，如果在这里给老大臣拍照片加底色的话，你会用彩色还是黑白色？

生：彩色，因为这是一个充满正能量的老大臣。

师：可是在这段描写中，老大臣的形象却轰然倒塌了，如果让你们再给照片加底色的话，你们会用什么颜色？

生：黑白色。

师：对，是一件什么样的事情让老大臣的形象发生了惊天逆转呢？

生：看不见布却假装看见。

师：他为什么要假装看见呢？如果你是老大臣的好朋友，他跟你说了真话，他会怎么说呢？

生：说实话，我确实没看见那块布，但如果我跟皇帝说了真话，不仅我的乌纱帽保不住，还会被别人嘲笑傻。

师：骗子的广告词不称职或愚蠢是咒语啊。老师想问，虚伪的老大臣背后，我们看到了他的无奈和自我保护，那么，你是怎么看出来的呢？

生：老大臣无奈和自我保护下的虚伪是通过一件小事表现出来的。

师：可见，若想表现人物的品质或性格特点，我们需要什么？

生：需要选取事件。

师：可是，与人物有关的事件众多，我们应该选择什么样的事件呢？

生：我们应该选择能突出人物特点的事件。

师：对，选择能突出人物特点的事件，这就是典型事例啊。

生顿悟。

师：同学们，老大臣的形象刻画得栩栩如生，作者是用了什么方法刻画的呢？

生：语言描写。

生：神态描写。

生：心理描写。

生：动作描写。

师：你能通过有感情地朗读老大臣的心理描写、语言描写、神态描写，再现他的无奈和自我保护下的虚伪吗？

生自由读——齐读。

师：同学们，透过这段文字，我们发现想让笔下的人物生动起来，除了刻画外部特点（语言、动作、神态、外貌）外，还需要添加人物的心理描写，这样才能让人物形象真实、立体。

生整理笔记。

师：除了描写，这个片段还有其他的表达方式吗？

生：这位善良的老大臣……色彩是不是很漂亮，这是记叙。

生：可是他仍然看不见什么东西，因为的确没有什么东西可看，这是议论。

师：可见，想让笔下的人物鲜活起来，除了生动的描写，还有记叙、议论等多种表达方式的运用。

生记笔记。

师：好，请同学们根据老师的提示总结一下这把写人的金钥匙：（屏显）写人，首先要抓住人物的主要特点，然后选择典型事例，最后通过描写、记叙、议论等多样表达，使人物形象生动鲜活起来。

"微镜头"之四 "速写PK——高级挑战"

师：好，我们再来挑战一个片段描写：选择我们班你最熟悉的一个同学，抓住同学的一个突出特点，选用一件典型的小事，通过描写、记叙、议论等多样表达，让你笔下的同学生动起来。

师：等会儿我们全班评选"速写"小明星。好，限时10分钟，开始。

生片段描写。

师：好，时间到。先来看一下我们评选"速写"小明星的标准：人物特点突出；选取的事件能突出人物特点；多样表达。评委是大众评委，评委注意做好点评哦！

生：我有一个乐于助人的同桌李小勇。别看李小勇同学长得胖乎乎的，但他特别能干，是我们心中的热心小帮手。记得那是一个星期日，我和李小勇去广场玩，坐上公共汽车刚走一会儿，车上就坐满了人，连站着的人都是你挨着我，我挨着他。当公共汽车开到下一个候车亭的时候，上来一位满头银发的老奶奶，她伸出颤抖的手紧紧抓住扶手，生怕自己一不小心摔倒了。李小勇看到这一幕毫不犹豫地站了起来，对老奶奶说："老奶奶，您到我的座位坐吧。"说完，他把老奶奶搀到了自己的座位上。老奶奶感动地说："谢谢你！小朋友。"车上的乘客们也纷纷夸奖李小勇是一个乐于助人的好孩子。

师：评委点评一下吧。

生：我认为他能评选上"速写"小明星。因为他抓住了同学乐于助人的特点。为了突出这个特点，他选用了公交车让座的典型事例，并用了记叙、描写、议论等多样表达。

师：老师认识了一个乐于助人的孩子，为他点赞。

生：我有一个幽默又善良的同桌张康康。眨眼到了语文测试的日子。那天下午，老师发下试卷后，我破例没有叫他一起走。天阴沉沉的，我拿着只有83分的考卷，硬着头皮，垂头丧气地朝家走着。可不知什么时候，他赶到了我身边，挤了挤眼，说："嘿，朋友，考了多少分？"我没有理他，低着头只顾走路。他没有再问，却把一句安慰的话丢了过来："咳，胜败乃兵家常事。曲折一点嘛，好事！"我继续走我的路，摇了摇头，说："不行啦。"他笑着摇头："No，No，No，真是的，一点自信心都没有。听说过吗？'失败乃成功他娘'，努力点，下次准没问题！"说着，还用手拍了拍我的肩膀。我一听，"扑哧"一声笑了，瞬间有了信心，说"好吧，下次，咱俩比试比试，我准比你强！"他爽快地笑了："一言为定！"我们把手握到了一起，我心里也轻松了许多。

师：评委继续点评。

生：我认为他能评上"速写"小明星。因为他抓住了同学幽默又善良的特点。为了突出这个特点，他选用了考试后安慰我的典型事例，并用了记叙、描写、议论等多样表达。

师：我又认识了一个幽默又善良的小男孩！今天老师认识了乐于助人的孩子，课堂上积极发言的孩子，爱学习的孩子，还有幽默的孩子，你们都是独一无二的！同学们，今天我们评出了两个"速写"小明星，请大声喊出他们的名字，请小明星上台颁奖。

小明星上台领取奖品。

师：同学们，今天我们跟着《皇帝的新装》找到了一把写人的金钥匙（板书钥匙形状）。老师希望你们能用这把金钥匙打开写作之门，在以后的学习生活中，写出更多精彩的文章，让自己的写作园地变得郁郁青青，鲜花盛开。

【自评自悟】

本届七年级学生语文基础不错，读书多，积累多。但学生对于"跟着课文学写作"这一领域还比较陌生。这与平时老师的授课有很大关系，大部分老师把阅读课与作文课分开进行。作文课和阅读课是两张皮，阅读课只谈阅读，作文课只谈写作，未能很好地打通阅读与写作之间的壁垒。因此，学生对"跟着课文学写作"的认知远远不够，对于课文与写作的链接点更是没有概念。在这样的背景下，第一节"跟着课文学写作"课就显得尤为重要了。若能激活这第一堂课，学生一定会打开一扇全新的"写作之门"，开启高速读写结合之路。

基于七年级孩子好奇心偏重的特点，我在课堂伊始，便把动画人物、照片和漫画引入到了课堂。学生对于动画人物、照片和漫画的兴趣远大于文字的刺激，所以导入环节起到了"激活一池春水"的作用。导入成功后，我把重点放到了打通读写"链接通道"之上。我引导学生在《皇帝的新装》"老大臣"经典文段中游走，带领他们对文本进行重新解读，层层深入，慢慢浸润，最后学生提炼出了写人的"金钥匙"。学生在润物细无声中找到了描写人物的金钥匙，并装进了自己的写作行囊。我相信，从这之后，学生一定会对课本中的经典美文再审视，也一定会从中学到更多写作的"金钥匙"。

【课例点评】

"微镜头"聚焦，让人物写作更清晰
—— 品评刘艳红老师《跟着〈皇帝的新装〉学写人》课堂"微镜头"

龚燕

看到课例《课堂"微镜头"，跟着〈皇帝的新装〉学写人物》，我的脑海中特别清晰地浮现出"聚焦"二字，课例借助部编版语文教材七年级上册第六单元精读课文《皇帝的新装》，展开学生对人物写作的聚焦点的学习，本质上把他们小学时候接触到的人物写作的零散技法，以"微镜头"跟拍的方式，有条理地具体细化，使一种常见的写人作文写起来更加有迹可循，写出来的文章也更有骨感和质感。

"聚焦"是确立文章焦点的一种写作技法。如果说"立骨"是文章直陈意旨的一种技法，"聚焦"则是文章暗示文眼的一种技法。具体到人物写作的课堂中，焦点便是如何让学生学习到将人物活灵活现的跃然纸上的技法，并追寻到人物写作的真谛。"微镜头"的不断聚焦，如何写人的焦点就逐步随着课堂的推移而变得清晰明了起来。

"焦点"一：聚焦人物，聚焦人物的主要特点。

课例中通过"微镜头"一，邀请同学们非常熟悉的嘉宾做客，以嘉宾最明显的特点出场，让学生明确写人的文章"立骨"就在他的独一无二、与众

不同，和别人有区分的特点上面。如灰太狼的语言"我一定会回来的"，鲁迅先生的外貌"一字胡"和一根根直竖着的头发，李小龙的"招牌式"武打动作……由此引出学生对"人物主要特点"的明确认识，明确写人记事的文章，唯有抓住人物的主要特点，才能区分出"你非我，我非你"。

如果说活动一中"邀请嘉宾做客"的"微镜头"还停留在电视荧幕等形象直观、特点分明的人物身上，那么"微镜头"二便将"镜头"拉回到学生的现实生活中，通过"小试牛刀"环节写写自己班级的同学和老师。写作文最好的"落地"方式，就是能把书本上学到的方法运用到实际生活中来，用自己的笔触反映现实生活中的真人、真事和真情，才能达到写作的本质。"微镜头"聚焦到身边的人的语言、外貌、动作和神态，历史老师和小彤同学的形象就浮现在每个读者的脑海。

"焦点"二：聚焦事件，聚焦人物描写的方法。

"跟着课文学习写作"是现今比较流行的一种作文教学方式。课例的另外一个重点就是借助《皇帝的新装》中对大臣、骗子的描写，凸显人物的性格。"微镜头"继续拉近，定格在人物性格特点的表现上，通过为"_____的老大臣"拍照片，引出写人的作文必不可少的事件支撑，照片底色的彩色抑或黑白，解读出典型事件对典型人物性格的突出作用。

写作中，人物和事件总是密不可分的，写人的文章离不开记事，人物形象需要在事件的展开中描写；记事的文章离不开写人，事是人做的。写人记事的区别就在于比例分配的多少问题，艳红老师的课例中为拍的照片上底色，皇帝信任老大臣，所以有了"彩色"的正直、诚实、称职的老大臣；读者明白老大臣说谎，所以有了"黑白色"的口是心非、虚伪的老大臣。这一环节的设置，以具体事件令同一人物的性格有了大的反转，这就是事件不同，所表现的人物性格不同。让学生明白典型人物一定要有典型事件的滋养，不然人物刻画也不会惟妙惟肖、出神入化。

事件中凸显人物性格，事件中描写人物的方法尤为重要。"微镜头"延伸到文本中，此刻便聚焦在人物描写的方法上面，点明人物写作主要通过外貌描写、语言描写、神态描写、动作描写、心理描写来刻画人物形象，多方面、多角度的描写可以使人物形象更加真实、立体。同时，还可以通过多种表达方式的交互纵横，例如在记叙中运用议论性的语言，达到清晰地表情达意的意蕴；还可以有描写、抒情的恰当使用，一定会为人物写作增添妙不可言的效果。

古人讲究"理不可直指，情不可显出"，意旨在文章中有时并不用明线直陈，而往往如云中之龙，只隐约露其鳞爪。人物写作的文本在学生接触学习的过程中，就占据主要位置；作为一个社会的个体，我们的交往、交流的主体也是人，所以如何写好人物，其实是学生面对的最简单又最不简单的一种文体。艳红老师的课例，用"微镜头"聚焦人物写作的过程，逐条梳理，逐步细化，根植于文本，又不是高高在上、居高临下地面对生活，让学生在文本与生活中，采撷到人物写作的"金钥匙"。整堂课上学生在文本中探究，在生活中写作，乐亦无穷矣！

龚燕，酒泉市初中语文骨干教师，初中语文教育硕士，王君青春语文名师工作室成员。

跋 遇见更美的自己
—— 谨以此书献给我所深爱的语文和我生命中的贵人、亲人

我不是什么名师，只是一位行走在教育理想与现实之间的草根型老师！我就像一只蜗牛，虽生于田野，却志向远大！我就像一只蜗牛，虽行动缓慢，却始终保持爬行的姿态！

我的专业成长分为三个阶段：第一个阶段是没有方向，没有路径的混沌期；第二个阶段是经历磨课后的成长和沉淀期；第三个阶段是拜王君老师为师傅后的聚焦研究期。

混沌期

其实，我小时候的梦想是当一名医生，但最终误打误撞地考入了师范院校，且成了中文系中的一员。成为一名老师，成为一名语文老师，是我生命中的偶然。两年的师范专业学习后，我于1999年12月正式上班，成为一名初中语文老师。虽然成为一名语文老师不是我心之所愿，但上班后，我很快发现，我异常喜欢老师这一职业。

课堂上凝望着孩子们求知的眼神，我顿时感觉生命有了意义，人生有了意义。那时我笃信"严师出高徒"，所以学生在我的严厉管教下，学习成绩非常突出。但这一时期，我的语文课堂并没有形成自己的特色和风格。

成长期

时间很快到了2006年。我开始从网上购买并观看名师课例，这其中包括王君老师、余映潮老师、程翔老师等名家课例。观课时，我把名家的课堂语

言——记录，课堂环节精心梳理，反复琢磨，反复研究。我的课堂开始有了更可喜的变化。从学生亮闪闪的眼睛中，我读出了学生在语文课堂上的快乐。

2012年，我参加了邹平县初中语文优质课评选，获得了全县第三的好成绩，这让我兴奋不已。当教研员打电话告知我被推报参加滨州市初中语文优质课评选时，我竟然激动得泪流满面，语无伦次。对我而言，这是人生的一次巨大转折点。

这时，我遇到了人生中第一个贵人——邹平市教研员赵方新老师。犹记得当时滨州市优质课课题是《老王》《背影》《中国石拱桥》。跟我一同被推报到市里的三位美女老师都不约而同地选择了《老王》一课，我却选择了经典散文名篇《背影》。还记得当时一位朋友的善意提醒："你抽签若抽到1号，那么你的课就是跟名家比，那就恐怖了。如果你抽签抽到中间，或最后，那就是跟其他选手比。"听了朋友的话，我有过短暂的犹豫，但观看了众多名家的课例后，我有了信心，最后战胜了自己，坚定地选择了《背影》一课。我反复素读课文20多遍后，开始着手设计教案。教案设计成型后，我非常满意，理念超前，设计新颖独特，就等赵主任听课验收了。

2012年9月20日那天，赵主任终于来了。我神采奕奕，精神饱满，导入……但奇怪的是，我没有从学生的眼睛中读到兴奋和激动。我把课堂思路全部推翻了，心沉到了谷底。关闭手机，清空一切，进入调整状态，短暂调整后，又进入状态，再设计课，再试课，自己学校试，别的学校试。在赵主任的指导下，反复磨课达15节左右。一篇经典散文《背影》被我上得荡气回肠。课堂上学生感动地落了泪，我也泪眼蒙眬。最后，凭借这节课我获得了滨州市初中语文优质课一等奖。我就像一只"破茧"蝴蝶翩然起飞在挚爱的课堂上，从此，我的课堂发生了翻天覆地的变化，我看到了学生眼睛里亮闪闪的光！

沉淀期

时针指到2016年，这一年12月份，我成功入选滨州市三名培养工程，培养期为三年。这三年是我的教学理念和实践发生翻天覆地变化的三年。这三年亦是我人生的第二个转折点。三年的外出学习，让我眼界大开。这期间，我听了诸多语文教育界大咖的报告和讲座，做了10多万字的听课笔记，我的课堂理念又受到了很大冲击。

我不是"名师"，但名师的种子，却早已种在了心田，开始了发芽，我，勤奋地浇灌，潜心地研究，我……

我开始启迪专业自觉，用专业的眼光去看待教育教学中的所有问题。我找到每一个学生发展中遇到问题的真正原因，给出科学的解释，并给予切实指导。我有了一双善于发现的眼睛，我有了一颗潜入教学研究的诚心，从此，我开启了执着的专业追求。只要有公开课，我第一个抢着上。机会总是留给有准备的人，我的课越来越大气，越来越有语文味。

我又开启了读书模式，每月一本。我把读书收获融进每一堂课。读书和实践成为我最喜欢的工作状态。我不断地进行教育创新。不断创新的教师，浑身才会散发出诱人的芬芳。课堂教学方法的创新，让人心潮澎湃；课堂教学设计的创新，让人耳目一新；教材使用的创新，让课堂景象焕然一新；作业方式方法的创新，让学生惊喜不已。每一次教学创新都变得意义非凡。我觉得自己的教育生活充满了幸福！

聚焦研究期

指针指到2019年6月，我遇到了人生中第二个贵人——王君老师。她把我拉到了青春语文群。这个群每天都热气腾腾，青春洋溢，我从中汲取到了满满的正能量。在青春语文工作室的4年时间里，我发布了50余个教学实录。在王君老师的指导下，我对语文课堂又有了更深的理解。读书、实践、探索，我慢慢形成了自己的课堂风采，并自创了"七彩课堂"：

红：课堂上洋溢着满满的、积极的正能量，学生能长期浸染其中，"阳光"普照，"水分"充足，每一个孩子皆能茁壮成长。让每一个孩子都能成长为三观正、心灵美的人儿。

橙、黄：课堂上有投射到学生心灵深处的那一缕阳光，直抵学生心灵的阳光能温暖每一个孩子的心。这缕阳光，可以是有创意的课堂实践活动，可以是搭建的精彩展示平台。让每一个孩子的心灵之门打开，成长为善表达、乐分享的人儿。

绿、青：课堂要有深度。课堂上老师能聚焦一点，引领学生走进文本的纵深处，带领学生在文字中来来回回地穿梭、行走，触摸文字的温度。课堂有深度，决定于教师对文本的解读有深度。所以，修炼文本解读能力十分重要。让每一位老师成长为文本解读高手，让每一个孩子成长为思维有深度的人儿。

蓝：课堂要有广度。语文课要打通文本与生活的通道。让每一篇文章都活在当下，让每一篇经典文本都有当下的时代意义。打通是唤醒文本生命活力的最佳路径，也是让古诗文重新焕发生命光彩的唯一路径，只有这样，文化传承才会成为可能。

紫：课堂要有宽度。老师既能进行大单元整合，又能进行 1+X 整合，还能进行群文、群诗整合。在整合中，老师引领学生走进立体、丰满的李白、杜甫、陆游、范仲淹等名家先贤，走进更广阔的语文天地。在不同形式的整合中，提升每一个孩子的审美鉴赏能力。

我不停地实践着，反思着，写作着！写着，写着，我竟然写出了一本书！

我要出书了！这是一本教学的书，蕴集着发现、思考;蕴集着智慧和厚重。

我打通文本与文本的通道，打通文本与生活的通道，我设计了"跟着课文学写作"创意课堂，我设计了"经典现代文"创意课堂，我设计了"经典古诗文"创意课堂……想了解，那就看看这本书吧！

明月不老，精华不朽；明月不老，精神永在！面对语文教学中的风雨坎坷，请读一读这本书吧！看后，或许我们的眼睛更亮，我们的心灵更澄澈明净。

刘艳红
2022 年 10 月 27 日于山东邹平